ACCESO GRATIS *a la Lectura en la Nube*

Para visualizar el libro electrónico en la nube de lectura envíe junto a su nombre y apellidos una fotografía del código de barras situado en la contraportada del libro y otra del ticket de compra a la dirección:

ebooktirant@tirant.com

En un máximo de 72 horas laborables le enviaremos el código de acceso con sus instrucciones.

La visualización del libro en **NUBE DE LECTURA** excluye los usos bibliotecarios y públicos que puedan poner el archivo electrónico a disposición de una comunidad de lectores. Se permite tan solo un uso individual y privado

TERAPIAS DIGITALES.
ASPECTOS REGULATORIOS Y SU IMPACTO EN EL DERECHO A LA SALUD

Procedimiento de selección de originales, ver página web:
www.tirant.net/index.php/editorial/procedimiento-de-seleccion-de-originales

TERAPIAS DIGITALES. ASPECTOS REGULATORIOS Y SU IMPACTO EN EL DERECHO A LA SALUD

Marina Morla González

tirant lo blanch
Valencia, 2024

Este trabajo ha sido realizado en el marco del proyecto de investigación "Medicamentos digitales y bioderecho: oportunidades y limitaciones del desarrollo de medicamentos con sensor integrado en conexión con un sistema de recogida y transmisión de datos de los pacientes [LE043P20]", concedido por la Junta de Castilla y León y cofinanciado por el Fondo Europeo de Desarrollo Regional.

La aceptación de la presente obra ha tenido en consideración la evaluación y calificación sobresaliente cum laude otorgada por los expertos componentes del tribunal calificador de la tesis doctoral que ahora se publica, cumpliendo con el criterio correspondiente de los revisores externos y ofreciendo la calidad debida a la presente obra.

© TIRANT LO BLANCH
EDITA: TIRANT LO BLANCH
C/ Artes Gráficas, 14 - 46010 - Valencia
TELFS.: 96/361 00 48 - 50
FAX: 96/369 41 51
Email: tlb@tirant.com
www.tirant.com
Librería virtual: www.tirant.es
DEPÓSITO LEGAL: V-2098-2024
ISBN: 978-84-1056-292-9

A Fernando y Xenia

Índice

Abreviaturas

ADPIC: Aspectos de los Derechos de Propiedad Intelectual Relacionados con el Comercio y la Salud Pública

AEM: Agencia Europea del Medicamento

AEMPS: Agencia Española de Medicamentos y Productos Sanitarios

APPS: Aplicaciones

ART.: Artículo

CDESC: Comité de Derechos Económicos Sociales y Culturales

CDRH: Center for Devices and Radiological Health

CE MARK: Marcado europeo

CE: Constitución Europea

CFR: Código de Regulación Federal

CHMP: Committee for Medicinal Products for Human Use

DOT: Directly observed therapy

DUDH: Declaración Universal de Derechos Humanos

EEUU: Estados Unidos

FDA: Food and Drug Administration

FDCA: Food, Drug and Cosmetic Act

IEM: Ingestible Event Marker

IoT: Internet de las cosas

LOPDGDD: Ley Orgánica de Protección de Datos y Garantía de los Derechos Digitales

MDDS: Medical Device Data System

MDSW: Medical Device Software

MHEALTH: Mobile health

NDA: New drug application

ODM: Objetivos de desarrollo del milenio

OMS: Organización Mundial de la Salud

ONU: Organización de las Naciones Unidas

OPQ: Office of Pharmaceutical Quality

PÁRR: Párrafo

PIDESC: Pacto Internacional de Derechos Económicos, Sociales y Culturales

PMA: Premarket approval

PMOA: Primary mode of action

RD: Real Decreto

RFIDS: Identificadores por radiofrecuencia

SIDA: Síndrome de inmunodeficiencia adquirida

UE: Unión Europea

VIH: Virus de la inmunodeficiencia humana

WOT: Wirelessly observed therapy

Agradecimientos

Al Prof. Dr. Íñigo de Miguel, quien dio origen a esta idea y ha sido un referente en mi carrera.

Al Prof. Dr. Maximilian Kiener, por darme la mejor de las acogidas posibles en la Universidad de Oxford, por sus valiosos comentarios a este trabajo y por contagiarme su pasión entusiasta por la investigación. Un referente y un extraordinario ejemplo a seguir.

A Prof. Dr. Dionisio Llamazares, por sus valiosas ideas y comentarios que han inspirado este trabajo, y por su lectura pausada del mismo.

Al Prof. Dr. Javier Fernández-Costales Muñiz, por sus consejos y ayuda constante.

Introducción

Las terapias digitales: de la medicina tradicional a la medicina personalizada de precisión.

La Medicina ha sido, tradicionalmente, una ciencia basada en la observación y en la experiencia, en conocimientos agregados durante generaciones de profesionales. Sin embargo, la creación de conocimiento en el ámbito biomédico está cambiando hoy en día debido al impulso y avance vertiginoso de nuevas y sofisticadas tecnologías[1]. La entrada al mercado de innovadores dispositivos médico-tecnológicos para el cuidado de la salud provoca un cambio de paradigma en la práctica

---

1 SHAFFER, D. W. et al., What is Digital Medicine? en R.G. BUSHKO (ed.), *Future of Health Technology*, IOS Press: Amsterdam, 2002, pp. 195-204, p. 200; CERRATO, P. y HALAMKA, J., *The Transformative Power of Mobile Medicine*, Elsevier: India, 2019, pp. 1 y 2; BOTRUGNO, C. The Spread of Telemedicine in Daily Practice. Weighing Risks and Benefits, en M. IENCA, O. POLLICINO, L. LIGUORI, E. STEFANINI, R. ANDORNO (eds.), *Information technology, life sciences and human rights*, Cambridge University Press: UK, 2022, pp. 102 – 112, p. 102 y 103.
La FDA incluye a la medicina digital dentro de la categoría general de salud digital, de la cual señala que "su extenso ámbito incluye las categorías de salud móvil (*mobile heealth/mHealth*), tecnología de la información en salud (*Information Technologies, IT*), dispositivos inalámbricos, telesalud y telemedicina, y medicina personalizada. FDA, Digital Health, disponible en: https://www.fda.gov/medical-devices/digital-health-center-excellence/what-digital-health, última consulta: 23/11/2022.

clínica[2], en tanto que su empleo transforma la Medicina tradicional en una Medicina personalizada de precisión en la que ineficiencias y costes se ven reducidos, la gestión del tratamiento optimizada, y se facilita el acceso a la información, mejorando de esta manera el conocimiento que usuarios y pacientes poseen sobre su propia salud, y con ello, es posible reforzar la prevención y la protección de la salud pública[3].

La medicina personalizada de precisión puede definirse como aquella medicina asentada en el empleo de nuevas tecnologías e internet, uso y cruce masivo de datos a través de sistemas informáticos inteligentes que permiten arrojar información contrastada, precisa y objetiva sobre el diagnóstico o sobre el eventual éxito o fracaso de tratamientos para determinado paciente, teniendo en consideración sus específicas características[4].

A lo largo de las últimas décadas se ha podido observar un crecimiento exponencial en el desarrollo de dispositivos tecnológicos que, si bien se concibieron inicialmente con finalidades recreativas, han terminado convirtiéndose en auténticos asistentes personales en el día a día con el objetivo de

---

2 DIMITROV, D. V., Medical Internet of Things and Big Data in Healthcare, *Healthcare Informatics Research*, 22 (3), 2016, pp. 156 – 163, p. 157.

3 SHAFFER, D. W. et al., What is Digital Medicine?... cit., p. 20; SHACKELFORD, S. J., *The Internet of Things: what everyone needs to know*... cit., pp. 95 y 96; FLEISHCH, E., FRANZ, C. y HERRMANN, A., *The digital pill: what everyone should know about the future of our healthcare system*, Emerald Publishing: UK, 2021, pp. 34 – 36, pp. 34, 36 y 37.

4 FUNDACIÓN INSTITUTO ROCHE., *Propuesta de competencias en Medicina Personalizada de Precisión de los profesionales sanitarios*, disponible en: https://www.institutoroche.es/static/archivos/INFORME_MARCO_COMPETENCIAS_MPP_web.pdf, última consulta: 25/11/2022.

monitorizar ciertos aspectos de la vida personal, entre ellos y especialmente, la salud. Uno de los más ilustrativos ejemplos viene constituido por los conocidos como *smartwatches* o relojes inteligentes, que, si bien se desarrollaron inicialmente como complemento de una aplicación móvil para ayudar al usuario a conocer ciertos datos biométricos de su salud y sus pautas diarias de actividad, hoy en día pueden considerarse como dispositivos con auténtica utilidad médica.

En este nuevo escenario en el que se asienta la medicina personalizada de precisión, el internet de las cosas asume un papel protagonista. El término *Internet de las Cosas* (del anglosajón: *Internet of Things, IoT*) hace referencia a la conectividad entre varios objetos con tecnología integrada que, a través de internet, les permite comunicar información entre ellos y con el exterior sin que para ello sea necesaria la intervención humana[5]. Se trata de la última generación de sistemas de comunicaciones inalámbricas[6]. El IoT ha mostrado su utilidad más

---

5 DIMITROV, D. V., Medical Internet of Things and Big Data... cit., p. 156; HAGHI, M., THUROW, K. y STOLL, R., Wearable Devices in Medical Internet of Things: Scientific Research and Commercially Available, *Healthcare Informatics Research,* 23(1), 2017, pp. 4 – 15, p. 4; PEDERSEN, I., Will the Body Become a Platform? Body Networks, Datafied Bodies, and AI Futures, en I. PEDERSEN y A. ILIADIS (eds.), *Embodied Computing: Wearables, Implantables, Embeddables, Ingestibles,* The MIT Press, Massachusetts Institute of Technology: Massachusetts, 2020, pp. 21 – 47, p. 24 y 25; GREGORIO, F. et al., *Signal Processing Techniques for Power Efficient Wireless Communication Systems, Signals and Communication Technology,* Switzerland: Springer, 2020, p. 218; SHACKELFORD, S. J., *The Internet of Things: what everyone needs to know,* Oxford University Press: USA, 2020, p. 21.

6 Hoy en día, ya puede encontrarse un amplio espectro de dispositivos portables con sensores incorporados que generan información digital que comunican a dispositivos inteligentes como *smartphones* u otras tecnologías conectadas a una red wifi. Así, relojes inteligentes, tobilleras o complementos inteligentes para el

allá de la interconexión de objetos, llegando a extenderse al propio cuerpo humano, naciendo de esta forma el concepto *Internet de los cuerpos* (del anglosajón *Internet of Bodies, IoB*), donde la red o algunos de los dispositivos inteligentes que forman parte de esa red van adheridos al cuerpo humano o se encuentran integrados en él[7].

El impacto del IoT en el sector del cuidado de la salud es significativo[8]. El uso de tecnología integrada en dispositivos médicos no solo permite reducir ineficiencias y costes, sino

---

calzado, anillos inteligentes, ropa inteligente, gafas inteligentes, auriculares u otro tipo de tecnología conectada al oído, y dispositivos tecnológicos para el cuidado de la salud, como audífonos, gafas de contacto inteligente o parches inteligentes. LUPTON, D., Wearable Devices: Sociotechnical Imagineries and Agential Capacities, en I. PEDERSEN y A. ILIADIS (eds.), *Embodied Computing: Wearables, Implantables, Embeddables, Ingestibles*, The MIT Press, Massachusetts Institute of Technology: Massachusetts, 2020, pp. 50 – 69, p. 50; GREGORIO, F. et al., *Signal Processing Techniques for Power Efficient Wireless...* cit., p. 217; IDRAKUMARI, R. et al., The growing role of Internet of Things in healthcare wearables, en V. ELIMIA BALAS, V. KUMAS SOLANKI, R, KUMAR (eds.), *Emergence of Pharmaceutical Industry Growth with Industrial IoT Approach*, Elsevier: London, 2020, pp. 163 – 194, pp. 163–166.

7 SHACKELFORD, S. J. *The Internet of Things. What...* cit., pp. 27 y 28.

8 El cuidado de la salud es, quizás, el sector donde mayor impacto tendrá el Internet de las Cosas. Estudios confirman que casi el 50% de la tecnología relativa al Internet de las Cosas está destinada al cuidado de la salud, constituyendo un mercado de 117 millones de dólares. Al respecto: BAUER, H. et al., (1 de diciembre de 2014), The Internet of Things: Sizing up the opportunity, *McKinsey&Company*, disponible en: https://www.mckinsey.com/industries/semiconductors/our-insights/the-internet-of-things-sizing-up-the-opportunity#, última consulta: 23/11/2022; CHOUDHURI, A. et al., Internet of Things in Healthcare: A Brief Overview, en V. E. BALAS, L. HOANG SON, S. JHA, M. KHARI, R. KUMAR (eds.), *Internet of Things in Biomedical Engineering*, Elsevier: India, 2019, pp. 131 – 160, 147 – 148.

también mejorar la salud de las personas y salvar vidas[9]. A través de dispositivos inteligentes interconectados es posible un rastreo de parámetros de salud del sujeto que facilita notablemente la gestión de su estado de salud[10]. Conocer información precisa sobre diferentes características de, por ejemplo, un paciente diabético, como su alimentación o su estilo de vida, permite al profesional manejar una serie de datos que le facilitarían no solo calcular con mayor precisión la correcta dosis de insulina, sino también hacerle sugerencias personalizadas para el cuidado de su salud y que, de esta manera, pueda controlar de la manera más óptima posible sus niveles de azúcar en sangre[11]. Este es solo uno de las muchas aplicaciones del IoT en el cuidado de la salud, pues hoy en día existen múltiples dispositivos tecnológicos con elevado potencial en diferentes esferas, como la detección de alergias a través de la conexión a un sistema de información farmacéutica[12],

---

9 DIMITROV, D. V., Medical Internet of Things and Big Data... cit., p. 157.

10 GREGORIO, F. et al., *Signal Processing Techniques for Power Efficient Wireless...* cit, p. 218; BAUER, H. et al., (1 de diciembre de 2014), The Internet of Things... cit.

11 JARA, A. J. et al., An Internet of Things-Based Personal Device for Diabetes Therapy Management in Ambient Assisted Living (AAL), *Personal and Ubiquitous Computing,* 15 (4), 2011, pp. 431 – 440, p. 431 y 432; UELMEN, S. y MACLEOD, J., Diabetes technologies to support behavior change: challenges and opportunities, en D. C. KLONOFF, D. KERR, S. A. MULVANEY (eds.), *Diabetes Digital Health,* Elsevier: India, 2020, pp. 25 – 36, pp. 32 y 33.

12 JARA, A. J. et al. A Pharmaceutical Intelligent Information System to Detect Allergies and Adverse Drugs Reactions based on Internet of Things, *2010 8th IEEE International Conference on Pervasive Computing and Communications Workshops, PERCOM Workshops,* 2010, pp. 809 – 812, p. 809.

la detección de arritmias y previsión de fallos cardíacos o el control de la adherencia al tratamiento[13].

Sistemas integrados, computación en la nube, protocolos de comunicación, *Big Data*, aprendizaje automático (del anglosajón *machine learning*)[14] y la conexión de redes, son los elementos que componen el IoT. La funcionalidad de los sistemas de redes del IoT será posible a través de identificadores por radiofrecuencia (*RFIDs*), nanotecnologías, sensores, o redes de conexión inteligentes, que permite conectar dispositivos entre sí, dispositivos con personas, y personas entre sí[15]. De esta forma, es posible, por ejemplo, conectar un dispositivo médico-tecnológico tanto con el *smartphone* del paciente como con el

---

13 CHOUDHURI, A. et al., Internet of Things in Healthcare… cit., pp. 147 a 153; SHACKELFORD, S. J., *The Internet of Things: what everyone needs to know*… cit., p. 31.

14 El aprendizaje automático podría definirse como "una rama de la inteligencia artificial dedicada a generar modelos (abstracciones matemáticas) que describen un determinado fenómeno o problema, a partir de conjuntos de datos obtenidos del mismo". MAGDALENA LAYOS, L., ¿Por qué debería confiar en ti (máquina)? en F. LLEDÓ YAGÜE, I. BENÍTEZ ORTÚZAR, O. MONJE BALMASEDA (dirs.), M.J. CRUZ BLANCA, I. LLEDÓ BENITO (coords.), *La robótica y la inteligencia artificial en la nueva era de la revolución industrial 4.0 (Los desafíos jurídicos, éticos y tecnológicos de los robots inteligentes)*, Dykinson: Madrid, 2021, pp. 617 – 641, p. 633.

15 PEDERSEN, I., Will the Body Become a Platform?… cit., pp. 36, 37 y 38; DHINGRA, P. et al., Internet of Things based pharmaceutics data analysis, en V.E. BALAS, V.K. SOLANKI y R. KUMAR (eds.), *Emergence of Pharmaceutical Industry Growth with Industrial IoT Approach*, Elsevier: UK, 2020, pp. 85-131, p. 86; CHOUDHURI, A. et al., Internet of Things in Healthcare… cit., pp. 138 a 149; TURCU, C. E. y TURCU, C. O., Internet of Things as Key Enabler for Sustainable Healthcare Delivery, The 2nd International Conference on Integrated Information, *Procedia Social and Behavioral Sciences*, (73), 2013, pp. 251 – 256, p. 255.

portal sanitario del facultativo. Este nivel de interconexión ha abierto la puerta a conceptos como la *e-Health*, *mHealth* o salud asistida por el móvil[16], que se centra en la explotación de las posibilidades que ofrecen los dispositivos móviles inteligentes que rastrean útil información personal del usuario para el seguimiento de su estado de salud[17].

El monitoreo continuo de los datos de salud arrojados por el paciente le permite tener al alcance de su mano grandes cantidades de información, lo cual será extremadamente útil a la hora de tomar decisiones o en la comunicación con su profesional sanitario. En último término, controlar los datos de

---

16 El concepto *e-Health* no solo se refiere a la medicina en internet, sino a prácticamente todo lo relacionado con ordenadores y medicina. El término aparentemente se usó por primera vez por líderes comerciales más que académicos, en el contexto de otros términos precedidos de igual forma, por ejemplo, *e-commerce, e-business,* en un intento de transmitir las promesas del empleo de internet y del comercio electrónico al área de la salud. EYSENBACH, G., What is e-health? Journal of Medical Internet Research, 3 (2), 2001, pp. 1–2, p. 1. Algunos autores lo han definido como aplicaciones informáticas para la salud o *web health informatics* PAGLIARI, C. et al., What is eHealth? A Scoping Exercise to Map the Field, *Journal of Medical Internet Research,* 7 (1), 2005, pp. 1 – 20, p. 17.
El concepto *mHelaht* ha sido definido por la OMS como prácticas del cuidado de la salud individual y pública asistida por dispositivos móviles, como *smartphones* dispositivos para la monitorización, asistentes personales digitales, y otros dispositivos inalámbricos. WHO, *mHealth: New horizons for health through mobile technologies,* World Health Organization: Geneva, 2011, p. 6.

17 DHINGRA, P. et al., Internet of Things based pharmaceutics… cit., p. 110; BHARATHI, A. et al., Internet of Things Technologies, en V. E. BALAS, L. HOANG SON, S. JHA, M. KHARI, R. KUMAR (Eds.), *Internet of Things in Biomedical Engineering,* Elsevier: India, 2019, pp. 291 – 322, p. 295.

salud que arroja el dispositivo le permite cambiar sus hábitos o estilo de vida y, potencialmente, mejorar su estado de salud[18].

Los dispositivos médico-tecnológicos destinados al cuidado de la salud se clasifican en dos grupos: invasivos y no invasivos. Los primeros se encuentran insertados o implantados en tejidos del cuerpo, o son ingeribles. Los no invasivos (en su terminología anglosajona *Wearable Internet of Things*) pueden ir adheridos a la piel, insertados en la ropa (la denominada ropa inteligente), o pueden ser de otra manera portados por el individuo[19]. La función de estos sensores o dispositivos portables consiste en recoger información de salud del usuario, traduciendo las señales vitales en distintos tipos de señales eléctricas. Las señales eléctricas posteriormente se procesan y esa información es interpretada bien por el profesional, o bien por un sistema computacional, a fin de que pueda ser utilizada para el diagnóstico o para un control clínico del tratamiento[20].

---

18 VAN UEM, J. M. T. et al., Twelve-Week Sensor Assessment in Parkinson's Disease: Impact on Quality of Life, *Movement Disorders*, 0 (0), 2016, pp. 1-2, p. 1.

19 KHAN, Y. et al., Monitoring of Vital Signs with Flexible and Wearable Medical Devices, *Advanced Materials*, 28, 2016, pp. 4373 – 4395, p. 4373; KLUGMAN, C. M. et al., The Ethics of Smart Pills and Self-Acting Devices: Autonomy, Truth-Telling, and Trust at the Dawn of Digital Medicine, *American Journal of Bioethics*, 18(9), 2018, pp. 38–47, pp. 38 y 39.

20 Los biosensores fabricados a menudo se conectan a un extremo frontal analógico, donde la señal eléctrica analógica se filtra y amplifica. Un microcontrolador (MCU) o microprocesador (MPU) lee la señal después de digitalizar la señal analógica utilizando un convertidor analógico a digital (ADC). A continuación, los datos se procesan utilizando algoritmos que se ejecutan en la MCU/MPU y finalmente se envían a una computadora o dispositivo portátil a través de una interfaz cableada o inalámbrica para la interpretación y visualización de datos. KHAN, Y. et al., Monitoring of Vital Signs with Flexible... cit., p. 4387.

Capítulo I.

Big data en el sector del cuidado de la salud

La medicina personalizada de precisión va más allá de la mera recopilación y procesamiento de información sanitaria. En sus últimas aplicaciones propone una conexión de la información sanitaria con aquella otra información *no* estrictamente *sanitaria* e igualmente generada por el usuario, que se recopila y almacena a través de herramientas tecnológicas de uso habitual, como *smartphones, apps*, redes sociales, u otro tipo de dispositivos (por ejemplo, la geolocalización u otra información recogida por otras aplicaciones móviles). Muchas de estas herramientas no están concebidas originariamente para un uso médico y no se comercializan como tal, sin embargo, el potencial que presentan para el cuidado de la salud ha conducido a reconocer a algunas de ellas como auténticos dispositivos médicos[21].

I. OPERABILIDAD DEL BIG DATA

El cruce y análisis masivo de esa cantidad heterogénea de datos abre la puerta a una medicina predictiva y preventiva, anticipando diagnósticos e incluso tratamientos, facilitando de esta forma en último término la sostenibilidad del sistema sanitario[22]. El *Big Data* puede definirse como "un conjunto

---

21 VAYENA, E. et al., Digital health: meeting the ethical and policy challenges, *Swiss Medical Weekly*, (148), 2018, w14571, p. 1.

22 TURCU, C. E. y TURCU, C. O., Internet of Things as Key Enabler... cit., p. 255; MEHL, G. et al, Harnessing mHealth in Low-Resource

inmenso de datos, estructurados o no estructurados, cuyo crecimiento es exponencial y cuyo tratamiento no es posible a través de las aplicaciones informáticas de procesamiento de datos tradicionales o convencionales"[23]. Todas las propuestas que han pretendido atribuir un significado a este concepto parecen presentar cuatro denominadores comunes: *volumen*, el *Big Data* se refiere a grandes cantidades de información recogida de individuos o de grupos de personas; *variedad*, esos datos son heterogéneos (no solamente se refieren a información sanitaria almacenada en registros sanitarios –información genética, información arrojada por ensayos clínicos, imágenes clínicas, etc.–, sino también de otras fuentes: redes sociales, indicadores socioeconómicos o indicadores de comportamiento, preferencias, gustos o intereses, información ocupacional, *apps* móviles, información ambiental, etc.); y *velocidad*, la rapidez de acceso con la que un usuario o un técnico de datos puede acceder a esa información. Adicionalmente, la *veracidad* de esos datos se configura como un factor elemental para la practicidad de su estudio. El análisis del *Big Data* no consiste en enseñar a un ordenador a pensar como pensamos los seres humanos, sino a aplicar matemáticas a grandes cantidades de información para inferir probabilida-

---

Settings to Overcome Health System Constraints and Achieve Universal Access to Healthcare, en L. A. MARSCH, S. E. LORD y J. DALLERY (eds.), *Behavioral Healthcare and Technology*, Oxford University Press: USA, 2015, pp. 239 – 263, p. 242; DE MONTALVO JÄÄSKELÄINEN, F., El uso secundario de los datos de salud en el marco del desarrollo de la e-health, en C. GIL MEMBRADO (dir. y coord.), *E-Salud, autonomía y datos clínicos*, Dykinson: Madrid, 2021, pp. 217–259, p. 218;

23 MUÑOZ VELA, J. M., *Retos, riesgos, responsabilidad y regulación de la inteligencia artificial: Un enfoque de seguridad física, lógica, moral y jurídica*, Aranzadi: Navarra, 2022, p. 234.

des o, dicho de otra manera, construir patrones de información a los que asociar un significado[24].

La computación en la nube o *cloud computing* hace las veces de esa estructura centralizada donde toda la información recogida puede ser analizada eficientemente. No se trata de una tecnología en sí, sino de un servicio para la ubicación y tratamiento de los sistemas y los datos[25]. Sin embargo, este servicio se ha observado inviable cuando tratan de conectarse numerosos dispositivos, dado que requeriría un ancho de banda que sería demasiado elevado para una transferencia rápida y sin interrupciones de información. Por otra parte, la comunicación de baja potencia de muchos de los dispositivos encargados de captar y recoger información, debido a la baja frecuencia alcanzada, también hace inviable el uso de la computación en la nube. Se ha propuesto como solución la "computación en la niebla" o *fog computing*. Este sistema de computación trae el servicio de computación en la nube a los dispositivos de redes IoT, de forma que permite procesar y analizar la información recogida por diversos dispositivos dentro de una red en lugar de comunicarla a través de una base centralizada del tipo de la "nube", donde el retardo de respuesta es mayor. Este sistema

---

24 DÖOG GUNNARSDÓTTIR, H. et al., The Ethics and Laws of Medical Big Data, en M. IENCA, O. POLLICINO, L. LIGUORI, E. STEFANINI, R. ANDORNO (eds.), *Information technology, life sciences and human rights*, Cambridge University Press: UK, 2022, pp. 48 – 55, p. 48; AUFFRAY, C. et al., Making sense of big data in health research: Towards an EU action plan, *Genome Medicine*, 8 (71), 2016, pp. 1 – 13, p. 2; DIMITROV, D. V., Medical Internet of Things and Big Data... cit., p. 159; BELLE, A. et al., Big Data Analytics in Healthcare, *BioMed Research International*, 2015 (370194), 2015, pp. 1 – 16, p. 2; MAYER-SCHÖNBERGER, V. y CUKIER, K., *Big Data: A revolution that will transform how we live, work and think*, John Murray: London, 2013, p. 12.

25 MUÑOZ VELA, J. M., *Retos, riesgos, responsabilidad y regulación...* cit. p. 235

permite obtener respuestas de distintos servidores en menos tiempo que cuando se acude a la nube, lo cual resulta de notoria relevancia cuando se trata de respuestas ante estados de salud alterados del paciente[26].

Posteriormente, la aplicación de algoritmos de aprendizaje automático trata de reconocer patrones de información, comparándolos con otros similares, y realizando deducciones al momento, que se traducen en recomendaciones predictivas basadas en esos patrones espejo, lo cual permite sugerir un diagnóstico preciso y un tratamiento adecuado a dicho diagnóstico, de forma anticipada[27].

Las aplicaciones de todas estas herramientas en el cuidado de la salud resultan obvias. El cruce de información arrojada por imágenes, constantes vitales, genómica, etc., arroja resultados que son transmitidos entre sistemas sanitarios y otras entidades como aseguradoras de salud, entidades gubernamentales, investigadores y un largo etcétera de agentes. Ello ayuda a la investigación, a la mejora de las prestaciones sanitarias, a ampliar el acceso al cuidado de la salud y, en último término, a salvar vidas[28].

II. *PHARMA IOT* PARA LA RECOPILACIÓN DE INFORMACION

La incorporación del IoT en la industria farmacéutica ha dado lugar al fenómeno conocido como *Pharma IoT*, es decir, la integración de tecnología en los propios productos farmacéuticos, tanto medicamentosos como no medicamentosos. La

---

26 DHINGRA, P. et al., Internet of Things based pharmaceutics... cit., p. 89.

27 DIMITROV, D. V., Medical Internet of Things and Big Data... cit., p. 161.

28 BELLE, A. et al., Big Data Analytics in Healthcare... cit., pp. 1 y 2.

industria farmacéutica, al igual que muchas otras industrias, ha observado en la revolución tecnológica una oportunidad de innovación y de mercado. Los motivos que están empujando a esta industria a tomar parte en ella son principalmente dos: el primero, las posibilidades que ofrece la tecnología sofisticada para desarrollar terapias digitales más precisas que las terapias tradicionales, y el segundo, la fuente de beneficios que puede proporcionar el valor añadido de las terapias digitales frente a las tradicionales, es decir, la explotación de un negocio que puede ser de especial interés para afrontar las pérdidas económicas derivadas de la expiración de patentes o el agotamiento de las carteras de medicamentos[29].

El *Pharma IoT* supone un avance sustancial en múltiples esferas, a saber: en la investigación y desarrollo de medicamentos, en su control de calidad, en la optimización de ensayos clínicos, en el mantenimiento de hospitales digitales, en el almacenamiento de medicinas, en cuestiones logísticas, en la gestión de emergencias, en el control remoto de pacientes, el cumplimiento normativo, o en el combate de la falsificación de productos farmacéuticos, entre un largo etcétera[30].

Ello es posible gracias a un amplio abanico de sistemas, tales como sensores incorporados a inyecciones para la administración automática de medicamentos, empleo de sistemas de inteligencia artificial para acelerar el proceso de investigación

---

29 DIMITROV, D. V., Medical Internet of Things and Big Data... cit., p. 157 y 158; POLLICINO, O. et al., M-Health at the Crossroads between the Right to Health and the Right to Privacy, en M. IENCA, O. POLLICINO, L. LIGUORI, E. STEFANINI, R. ANDORNO (eds.), *Information technology, life sciences and human rights*, Cambridge University Press: UK, 2022, pp. 11 – 25, p. 11.

30 DHINGRA, P. et al., Internet of Things based pharmaceutics... cit., p. 90.

y desarrollo de nuevos fármacos[31], o desarrollo de sistemas de transmisión de información para el rastreo del comportamiento del paciente a lo largo de su tratamiento.

Una de las aplicaciones más originales de estos sistemas ha estado orientada, precisamente, al control de la adherencia del paciente hacia su tratamiento a través de la integración de la tecnología en el propio producto farmacéutico, lo que se ha observado de gran utilidad para el seguimiento de tratamientos crónicos.

Los pastilleros electrónicos (también denominados pastilleros inteligentes, *smart pill boxes*) permiten rastrear el momento exacto en el que paciente extrae una dosis. Este dispositivo es especialmente útil en personas mayores polimedicadas en las que el manejo farmacológico puede ser complejo, pues pueden olvidarse, confundirse o no recordar las instrucciones de ingesta. Entre sus aplicaciones, permite avisar al *smartphone* del paciente con alarmas sonoras o luces cuando llega el momento de la toma de la dosis correspondiente. Al estar conectado con el *smartphone*, el calendario de dosis puede ajustarse a través del teléfono y, además, el dispositivo permite avisar a la farmacia de la próxima visita del paciente a reponer sus medicamentos[32].

También se ha llegado a desarrollar un sistema médico-tecnológico interactivo de inteligencia artificial que utiliza la iden-

---

[31] FREEDMAN, D. H., Hunting for new drugs with AI, *Nature*, 576, 2019, pp. 849 – 853.

[32] ABDUL MINAAM, D. S. y ABD-ELFATTAH, M., Smart drugs: Improving healthcare using Smart Pill Box for Medicine Reminder and Monitoring System, *Future Computing and Informatics Journal*, 3 (2), 2018, pp. 443–456, p. 444; MEHTA, S. J., et al., Electronic Pill Bottles or Bidirectional Text Messaging to Improve Hypertension Medication Adherence (Way 2 Text): a Randomized Clinical Trial, *Journal of General Internal Medicine*, 34, 2019, pp. 2397 – 2404.

tificación biométrica para comprobar que el paciente toma el tratamiento correctamente, así como para comprender cómo responde al mismo. Cuando el paciente se dispone a tomar la pastilla, ha de enfocar la cámara frontal de su *smartphone* o *tablet* hacia su rostro, para que el sistema identifique que se ha introducido la pastilla dentro de la boca. Si el paciente no tomara la medicación correctamente, el sistema activaría una alarma en la *app* de su *smartphone*, y si dicha situación se repite por uno o dos días, puede incluso llamar por teléfono al paciente[33]. El sistema es fácil de utilizar, por lo que está indicado para personas mayores que no tienen mucha experiencia con teléfonos inteligentes, y es recomendado para pacientes que toman opiáceos y que registran bajos índices de adherencia a tratamientos[34]. Este sistema de recogida de información del paciente proporciona a la industria farmacéutica acceso a la información del comportamiento del paciente, lo que les permite comprender y predecir qué tratamientos serán más efectivos[35].

La última frontera cruzada por el *Pharma IoT* ha sido el desarrollo de medicamentos con sensores integrados (medicamentos digitales, *digital pills* por su terminología en inglés). En noviembre de 2017, la *Food and Drug Administration* (en adelante, FDA) dio luz verde al primer medicamento

---

33 COMSTOCK, J. (24 de noviembre de 2014), AiCure clinical trial seeks to validate smartphone camera-enabled medication adherence, *Mobihealthnews,* disponible en: https://www.mobihealthnews.com/38512/aicure-clinical-trial-seeks-to-validate-medication-adherence, última consulta: 23/11/2022.

34 COMSTOCK, J. (7 de abril de 2017), In small study, AiCure *app* led to 50 percent improvement in medication adherence, *Mobihealthnews,* disponible en: https://www.mobihealthnews.com/content/small-study-aicure-*app*-led-50-percent-improvement-medication-adherence, última consulta: 23/11/2022.

35 AICURE, disponible en: https://aicure.com, última consulta: 23/11/2022.

con un sensor incorporado conectado a un parche portable cuya finalidad es rastrear la ingesta del medicamento por parte del paciente, así como otro tipo de información de salud relevante, y comunicar en el momento al facultativo toda la información recogida por el sistema[36].

La recopilación y almacenamiento de información sanitaria tradicionalmente se ha realizado a través de dispositivos de uso médico autorizado, manejados por profesionales sanitarios en entornos clínicos controlados y bajo estrictas condiciones de seguridad[37]. El nuevo contexto tecnológico para el cuidado de la salud ofrecido por la medicina personalizada de precisión exige la implementación de tecnologías de conectividad de calidad para crear redes de conexión y compartir eficientemente la información. Esas conexiones pueden realizarse a través de diferentes medios, como *bluetooth* o identificadores de radiofrecuencia. La selección de una buena tecnología para la gestión de la información, la conectividad, portabilidad y almacenamiento de información es de vital importancia para que la red de dispositivos pueda desarrollar eficazmente su función[38].

---

36 OTSUKA PHARMACEUTICAL Co., Ltd., disponible en: https://www.*Otsuka*.co.jp/en/, última consulta: 23/11/2022.

37 VAYENA, E. et al., Digital health: meeting the ethical… cit., p. 1.

38 ILIADIS, A., Computer Guts and Swallowed Sensors: Ingestible Made Palatable in an Era of Embodied Computing, en I. PEDERSEN y A. ILIADIS (eds.), *Embodied Computing: Wearables, Implantables, Embeddables, Ingestibles*, The MIT Press, Massachusetts Institute of Technology: Massachusetts, 2020, pp. 1 – 20, p. 4 y 5; DHINGRA, P. et al., Internet of Things based pharmaceutics… cit., p. 86; DIMITROV, D. V., Medical Internet of Things and Big Data… cit., pp. 160 – 161; HAGHI, M., THUROW, K. y STOLL, R., Wearable Devices in Medical… cit., pp. 11 y 12; MUÑOZ VELA, J. M., *Retos, riesgos, responsabilidad y regulación…* cit., p. 143; KHAN, Y. et al., Monitoring of Vital Signs with Flexible… cit., pp. 4381 y 4388.

En los próximos apartados tendrán ocasión de estudiarse diversas cuestiones que plantea la integración de tecnología en el interior del producto farmacéutico. Entre otros aspectos, se profundizará en la novedosa aplicación de un sofisticado sistema de transmisión de información de forma integrada en el propio medicamento para el control de sus patrones de comportamiento a lo largo de su tratamiento, con intención, especialmente, de rastrear sus pautas de ingesta. También se estudiará el proceso y requisitos de aprobación de productos farmacéuticos con tecnología integrada desde el punto de vista del derecho comparado, partiendo de la experiencia observada en el ámbito jurídico estadounidense. Por otra parte, se analizará cómo este tipo de terapias afectan al individuo en uno de sus derechos fundamentales, el derecho a la salud, analizando aspectos tan fundamentales como el acceso a medicamentos o la cuestión tecnológica de la brecha digital para un pleno ejercicio del derecho a la salud.

Capítulo II.

Sistemas de transmisión de información para la monitorización del paciente. Los medicamentos digitales

Los dispositivos médico-tecnológicos y los sensores de los que estos se sirven para funcionar correctamente pueden ser, como ya se ha señalado, invasivos o no invasivos. Hoy en día ya es posible el empleo de dispositivos adheridos a la piel o insertados bajo esta que permiten extraer información relevante de salud o incluso administrar el tratamiento. La integración de la tecnología en los tratamientos terapéuticos ha avanzado hasta que en el año 2017, por primera vez en el mercado, se aprobó por la FDA un tratamiento con un sistema de transmisión de información incorporado para el seguimiento del paciente, cuya mayor particularidad radicaba en el empleo de un sensor ingerible conectado a un parche y a una *app* instalada en el *smartphone* del paciente.

I. LOS MEDICAMENTOS DIGITALES (*DIGITAL PILLS*) CON SENSOR INTEGRADO

La forma de controlar la ingesta del medicamento por el paciente puede realizarse a través de métodos directos o indirectos. Tradicionalmente, esa tarea ha consistido en una observación directa (también denominada, por su terminología en inglés, *Directly Observed Therapy, DOT*)[39]. Sin embargo, esta

[39] OSTERBERG, L. y BLASCHKE, T., Adherence to Medication, *New England Journal of Medicine*, 335 (5), 2005, pp. 487-497, p. 487.

técnica es difícil de llevar a cabo, conlleva un coste –personal que administre directamente el tratamiento al paciente en cada una de las tomas– y, a menos que el medicamento haya sido inyectado –lo que también presenta desventajas– no es completamente fiable, pues no permite conocer con certeza si el medicamento ha sido correctamente administrado[40].

La observación indirecta (también denominada *Wirelessly Observed Therapy, WOT*) abarca una serie de técnicas sin contacto personal que permiten conocer la ingesta del medicamento. La información relativa a la ingesta es reportada a través de medios eminentemente tecnológicos de transmisión de información que no requieren de observación directa, por ejemplo, un dispositivo electrónico de recuento de pastillas, un sistema informático de reposiciones de recetas, un bote electrónico de pastillas, o incluso sistemas de identificación facial, como se mencionó anteriormente[41]. Este tipo de técnicas presentan ventajas, pero también muestran obstáculos en su implementación, como tendrá ocasión de estudiarse.

El estado de la ciencia ha ido un paso más allá, y con la fabricación de los medicamentos digitales con sensor integrado, se ha comprobado que puede rastrearse con un 50% más de precisión la ingesta del tratamiento que con las técnicas de observación directa. El propósito inicial de este avance es paliar el grave problema que supone la mala adherencia a los tratamientos[42].

---

[40] Entre las desventajas, se encuentra que no todos los medicamentos pueden adaptarse a un método de administración inyectable, y dicha forma de administración es dolorosa para el paciente. BROWNE, S. H. et al., Digitizing Medicines for Remote Capture of Oral Medication Adherence Using Co-encapsulation, *Clinical Pharmacology & Therapeutics,* 103 (3), 2017, pp. 502-510, p. 503.

[41] SCOOTER PLOWMAN, R. et al., Digital medicines: clinical review on the safety of tablets with sensors, *Expert Opinion on Drug Safety,* 17 (9), 2018, pp. 849-852, p. 850.

[42] Ibid.

Existen dos formas de incorporar este sensor a un tratamiento. Una de ellas consiste en la integración de dos elementos (el compuesto medicamentosos y el sensor) de forma separada, pero dentro de una única cápsula[43].

Otra de las fórmulas para incorporar el sensor al tratamiento consiste en la integración del sensor en el propio comprimido cuya ingesta pretende rastrearse. Ello se realiza en el proceso de fabricación farmacéutica, en el momento de compresión de la pastilla puede incorporarse el sensor como un elemento más de su composición, como lo son el principio activo y los excipientes, adhiriéndose a la superficie de la pastilla o integrándose dentro de ella como un ingrediente más[44].

Independientemente de la fórmula de elaboración de este producto combinado o medicamento digital, el método de funcionamiento del sensor es el mismo: cuando los componentes del sensor entran en contacto con los fluidos gástricos se activa la batería que enciende el dispositivo, pues estos actúan como

---

43 Esta fórmula exige que la calidad del producto no se vea alterada, con especial consideración a la propia cápsula y al material en su interior. Asimismo, la bioequivalencia será importante para evaluar si esta técnica de coencapsulación de la medicina con el sensor ingerible altera la farmacocinética del medicamento. También será necesario analizar su disolución para observar cómo afecta en ella la combinación de la medicina con el sensor. BROWNE, S. H. et al., Digitizing Medicines for Remote Capture of Oral Medication… cit.; VIRDI, N. S., Digital Medicines to Measure Drug Ingestion Adherence, en M. BURNIER (ed.), *Drug Adherence in Hypertension and Cardiovascular Protection,* Springer: Switzerland, 2018, pp. 87-98, p. 88.

44 En este caso, también se exigen una serie de estándares para asegurar la seguridad y efectividad del producto farmacéutico. HAFEZI, H. et al., An Ingestible Sensor for Measuring Medication Adherence, *IEEE Transactions on Biomedical Engineering,* 62(1), 2015, pp 99 – 109, p. 107.

una solución electrolítica que actúa como fuente de energía suficiente para el funcionamiento[45].

La señal electroquímica continúa emitiéndose hasta que los electrodos del sensor se agotan –de acuerdo con los ensayos realizados en vivo en uno de los sensores ya aprobados en el mercado, tardará unos cuatro minutos en agotarse–[46], tiempo en el que se habrá enviado un código privado digital que contiene información sobre el medicamento ingerido y la dosis al otro dispositivo portado por el paciente. Es posible que dicho elemento portable también pueda rastrear otro tipo de información de forma autónoma, por ejemplo, la frecuencia cardíaca, actividad física, respuesta fisiológica a la medicación, calidad del sueño, presión sanguínea, etc.[47].

Los datos recogidos por el dispositivo portado por el paciente serán enviados posteriormente a otro computacional: el *smarthpone* del paciente, que permite visibilizar de forma ordenada toda la información recopilada dentro de una *app* previamente instalada. Desde ahí, esa información puede enviarse a la nube, donde podrá almacenarse y estar a disposición de terceros autorizados, como el profesional sanitario o los cuidadores del paciente.

---

45 Sobre el funcionamiento técnico del sensor: HAFEZI, H. et al., An Ingestible Sensor for Measuring Medication Adherence… cit., p. 100.

46 Es de similar naturaleza a la señal electrofisiológica generada por el corazón el cerebro o el tracto gastrointestinal, y se compone por un número binario que representa el medicamento ingerido y la dosis. Los paquetes de datos se transmiten, aproximadamente, dos veces por segundo en varias frecuencias entre 10 y 30 kHz, para asegurar que la señal no experimenta interferencias de otros instrumentos electrónicos o señales electrofisiológicas del cuerpo humano, que normalmente oscilan entre 10 y 100 Hz. Ibid., p. 101.

47 Ibid., p. 99.

1. Sistemas aprobados en el mercado que utilizan sensores ingeribles. El sistema *Proteus*

Hasta la actualidad, dos son las compañías tecnológicas que han desarrollado sensores ingeribles que facilitan el control de la ingesta a otro producto de interés y que han obtenido una aprobación para introducir su producto en el mercado. Tanto una como otra (*Proteus* y *Etectrx*) han conseguido la aprobación de la FDA para entrar en el mercado estadounidense, además, el sistema *Proteus* ha obtenido el Marcado Europeo para entrar en el mercado europeo, por lo que el comercio como producto sanitario está autorizado tanto en Europa como en Estados Unidos[48].

La compañía tecnológica *Proteus Digital Health*™ Inc. (en adelante, *Proteus*) fue pionera en el desarrollo de un sistema de monitoreo de la ingesta del medicamento. El sistema desarrollado por esta compañía la llevó a firmar acuerdos con empresas farmacéuticas y al desarrollo de los primeros medicamentos digitales con sensor integrado para el tratamiento de diversas enfermedades.

1.1. Aprobación por la FDA

El sistema *Proteus* está compuesto por tres elementos: un sensor, un parche y un *software* –de este último harán uso los dispositivos computacionales que organizan y muestran la información

---

48 ILIADIS, A., Computer Guts and Swallowed Sensors: Ingestible Made Palatable... cit., p. 2; EMA. COMMITTEE FOR MEDICINAL PRODUCTS FOR HUMAN USE (CHMP) (15 de febrero de 2016), *Qualification opinion on ingestible sensor system for medication adherence as biomarker for measuring patient adherence to medication in clinical trials*, p. 2, disponible en: https://www.ema.europa.eu/en/documents/regulatory-procedural-guideline/qualification-opinion-ingestible-sensor-system-medication-adherence-biomarker-measuring-patient_en.pdf, última consulta: 23/11/2022.

recogida por los otros dos elementos–. Toda la información comunicada entre estos tres componentes se transmitirá de forma inalámbrica. Este sistema recibió originariamente la aprobación por la FDA para entrar en el mercado en el año 2012[49], a través de un procedimiento *de novo* para dispositivos de bajo riesgo. Su uso comercial comenzaría poco después[50].

Además de los controles generales contemplados en la *Federal Food, Drug and Cosmetic Act* (*FDCA*), el dispositivo habría de superar una serie de controles exigidos por la FDA: (1) demostrar biocompatibilidad y no toxicidad; (2) someterse a estudios clínicos sobre animales, y estudios no clínicos que garantizasen suficientemente la seguridad y efectividad del dispositivo incluyendo el funcionamiento del mismo, su durabilidad, su compatibilidad, su manejabilidad (sería necesario ensayos de uso por personas), su capacidad de registro de eventos, y la correcta excreción del mismo; (4) su compatibilidad electromagnética, funcionamiento inalámbrico y seguridad eléctrica deberían ser validadas a través de ensayos no clínicos y otros análisis oportunos; además, (5) el etiquetado debería incluir un resumen de los ensayos clínicos y no clínicos relevantes para el uso del dispositivo, y el número máximo de ingestas diarias admitidas[51] y, por último, (6) debería cumplir con los requisitos establecidos el Título 21 del Código de Regulación Federal (en adelante, CFR) en Estados Unidos, artículo 808.109[52].

---

49 FDA, DEPARTMENT OF HEALTH & HUMAN SERVICES (2012), disponible en: https://www.accessdata.fda.gov/cdrh_docs/pdf11/K113070.pdf, última consulta: 23/11/2022.

50 SCOOTER PLOWMAN, R. et al., Digital medicines: clinical review on the safety of tablets… cit., p. 849.

51 FDA, DEPARTMENT OF HEALTH & HUMAN SERVICES (2012)… cit.

52 FDA (19 de septiembre de 2019), *CFR–Code of Federal Regulations Title 21,* disponible en: https://www.accessdata.fda.gov/scripts/

cdrh/cfdocs/cfCFR/CFRSearch.cfm?fr=801.109, última consulta: 23/11/2022.

Para un funcionamiento correcto de los componentes del sistema, *Proteus* realizó una serie de estudios enfocados en la biocompatibilidad del sensor (ISO 10993-5 *cytotoxicity testing*, ISO 10993-10 *irritation testing*, ISO 10993-11 *systemic toxicity testing*). En relación a la toxicidad de los materiales, estudió sobre animales la caracterización química, la toxicidad del cobre y la citotoxicidad del sensor; sin que los mismos arrojasen resultados que invalidasen su seguridad. Entre los estudios en vivo, *Proteus* desarrolló 42 ensayos, incluyendo modelos roedores, caninos y porcinos para analizar el funcionamiento del dispositivo y su seguridad. Los modelos porcinos y caninos frecuentemente son utilizados en pruebas gastrointestinales de este tipo de dispositivos por su similitud con la anatomía humana. Se incluyeron animales de diferentes tallas en los experimentos no clínicos, desde 25 a 95 kgs, para así analizar la eventual variabilidad del funcionamiento del sistema en función de la talla del cuerpo. Estas pruebas se centraron en la seguridad mecánica (excreción y daños intestinales en modelos caninos), con las que se demostró que los sensores eran correctamente expulsados y que, en caso de ingesta de dosis por encima de lo normal, no se producían daños clínicamente significativos; la seguridad eléctrica (estimulación de tejidos en modelos caninos) con las que no se observó una morfología de electrocardiograma anormal o arritmias; y la toxicidad *in vivo*, demostrándose los siguientes parámetros:

- En modelos caninos: no se mostró evidencia de toxicidad, ni cambios en la sangre tras la ingesta de materiales inorgánicos del sensor.
- En roedores: no se observó evidencia de toxicidad, ni si quiera en el grupo que más dosis recibió (30.000 sensores al día).
- En humanos: en un escenario práctico (de 15 sensores ingeridos simultáneamente al día o dos veces al día) no se encontraron evidencias de toxicidad derivada del cobre; en un escenario extremo (30 sensores ingeridos simultáneamente al día) no se encontraron evidencias de toxicidad sistémica, pero se observó que estas elevadas dosis pueden ocasionar una alteración gástrica transitoria, cuyo efecto se mitigaría si se ingieren con comida.

Para la aprobación del sistema *Proteus* por la FDA, aquella se respaldó en la prueba efectiva y segura del sistema en un

---

- Evaluación del sensor (componente de cobre) en la salud humana en un grupo específico de pacientes trasplantados de riñón. Para 4 ingestas del sensor al día, no se observó riesgo de toxicidad mayor que para la población normal. Se concluyó que no existe una base científica que asegure que la repuesta al cobre que existe en el sensor pueda diferir de la respuesta al cobre naturalmente encontrado en alimentos.
- Citotoxicidad cuantitativa: su estudio corroboró las conclusiones sobre el cobre en el sensor y su evaluación en la salud humana.
- Características químicas adicionales: no se detectaron compuestos que superasen los estándares de análisis.

La compatibilidad electromagnética y seguridad eléctrica fue testada y aprobada de acuerdo con los estándares de la FDA.
Analizaron, asimismo, el funcionamiento tanto del sensor como del parche. No se llegó a desarrollar ninguna prueba que demostrase compatibilidad de resonancia magnética, debiendo, por tanto, advertirse en el etiquetado ante la realización de una eventual resonancia magnética.
Proteus proporcionó una descripción del proceso de desarrollo del *software*, análisis de daños del *software*, y las pruebas de funcionamiento del sistema del dispositivo. El *software* del parche fue revisado de acuerdo con la *Guidance for the Content of Premarket Submissions for Software Contained in Medical Devices*, del 11 de mayo de 2005. U.S. DEPARTMENT OF HEALTH AND HUMAN SERVICES, FOOD AND DRUG ADMINISTRATION; CENTER FOR DEVICES AND RADIOLOGICAL HEALTH, OFFICE OF DEVICE EVALUATION, OFFICE OF *IN VITRO* DIAGNOSTICS; CENTER FOR BIOLOGICS EVALUATION AND RESEARCH, OFFICE OF BLOOD RESEARCH AND REVIEW (11 de mayo de 2005), *Guidance for the Content of Premarket Submissions for Software Contained in Medical Devices*, pp. 2 – 3, disponible en: https://www.fda.gov/media/73065/download, última consulta: 25/11/2022.
FDA (2012), *Evaluation of Automatic Class III Designation (de novo) for Proteus Personal Monitor Including Ingestion Event Marker*, disponible en: https://www.accessdata.fda.gov/cdrh_docs/reviews/K113070.pdf, última consulta: 23/11/2022, pp. 4 y ss.

total de 254 sujetos que llevaron el parche y 219 que ingirieron el sensor; durante 3.811 días, sumando un total de 11.655 ingestas. Los estudios realizados por la compañía acreditaban seguridad y funcionamiento del sistema. Se registraron todos los efectos adversos durante el proceso de estudio, estuviesen relacionados con el sistema o no, que resultaron ser mínimos (no se observaron eventos severos adversos relacionados o posiblemente relacionados con el funcionamiento del dispositivo). Asimismo, se estudió la precisión positiva de detección –definida como el número de detecciones por el sensor entre el número de sensores administrados– que llegó a 97,2% teniendo en cuenta todos los estudios clínicos realizados, con un 95% de identificación correcta. La FDA también señaló que, aunque el sistema no aportaba mayores beneficios más allá que conocer que el sensor ha sido ingerido, los riesgos observados en su uso eran escasos, por lo que, si se cumplían los controles especiales, se contrarrestarían esos mínimos riesgos que pudieran existir[53].

---

[53] En relación con el sensor no se observaron eventos adversos severos o leves: cuatro sujetos sufrieron náuseas o vómitos (1,8% de la muestra), dos sujetos experimentaron estreñimiento (0,9% de la muestra de sujetos), uno padeció ansiedad, uno manifestó un ataque de asma, uno experimentó dolores abdominales, uno sufrió dolores en el pecho no cardíacos, y uno experimentó sabor amargo en la boca. En relación con el parche, 45 experimentaron irritación en la zona del parche, y siete dejaron de continuar con el tratamiento debido a la irritación en la piel. En total, 219 sujetos ingirieron el sensor, dentro de un grupo de 254 que también llevaban el parche, sumando un total de 11.655 ingestas, 3810 días de uso del sistema, un máximo de ingestas de 34 ingestas al día y un máximo de uso del sistema de 42 días. La precisión en la detección de los estudios clínicos en humanos fue del 99,3%, con una identificación correcta en el 100% de los casos, y sin efectos adversos severos o inesperados debidos al sistema. FDA (2012), *Evaluation of Automatic Class III Designation (de novo)...* cit., pp. 8–10; y SCOOTER PLOWMAN, R. et al., Digital medicines: clinical review on the safety of tablets... cit., p. 849.

Este histórico permitió a la compañía obtener la aprobación del producto bajo el Título 21 del Código de Regulación Federal en Estados Unidos en el año 2012, con la clasificación de dispositivo médico de tipo II (Título 21 CFR 880.6305)[54].

Aunque el sistema parece ideado para su combinación con un producto farmacéutico, podría acompañar a cualquier otro tipo de alimento o suplemento alimenticio, constituyendo así una herramienta para un mejor control de la dieta[55].

No obstante, es importante subrayar que, aunque este sistema se desarrolla con la intención de mejorar la adherencia al producto (farmacéutico o de otra índole) que acompañe[56], aún no se han publicado estudios que acrediten que tras su uso se haya advertido un aumento de esta. Sobre esta cuestión se volverá en el siguiente apartado.

1.2. Marcado Europeo

El sensor de *Proteus* está clasificado como un dispositivo médico clase IIa (CE #559373) por la Agencia Europea del Medicamento (AEM), indicado para fijar la fecha y hora de la ingesta y comunicarlo a un sensor portable, el parche, que también recibió la marca comunitaria como dispositivo médico clase IIa en el año 2010[57]. La compañía solicitó en el año 2015 a la AEM que emitiese una opinión en la que calificase al sistema como un método cualificado para medir la adherencia y pará-

---

54 SCOOTER PLOWMAN, R. et al., Digital medicines: clinical review on the safety of tablets… cit., p. 850; y FDA, DEPARTMENT OF HEALTH & HUMAN SERVICES (2012)…, cit.

55 HAFEZI, H. et al., An Ingestible Sensor for Measuring Medication Adherence… cit., p. 108.

56 Ibid.

57 EMA. COMMITTEE FOR MEDICINAL PRODUCTS FOR HUMAN USE (CHMP) (15 de febrero de 2016), *Qualification…* cit., p. 2.

metros fisiológicos y de comportamiento relevantes asociados. El Comité de Medicamentos de Uso Humano (*Committee for Medicinal Products for Human Use*, CHMP)[58] emitió una opinión favorable en la que consideraba el sistema como un "método cualificado" para medir la adherencia en ensayos clínicos. Para ello, se basó en la información y estudios que respaldaban la seguridad y funcionamiento del sistema y que impulsaron la aprobación para su entrada en el comercio tanto por la FDA como por la AEM. Al mismo tiempo, el CHMP advertía a la compañía de que, ante una eventual comercialización en conjunto con un medicamento, debería realizarse una valoración de riesgos-beneficios en el momento de solicitar la autorización para su entrada en el mercado[59].

La obtención del Marcado Europeo implica el cumplimiento con los estándares específicos de funcionamiento, calidad,

---

58 El Comité de Medicamentos de Uso Humano de la Agencia Europea de Medicamentos realiza una evaluación científica de las solicitudes enviadas por compañías que buscan una autorización de entrada en el mercado de su producto. Su función es formular una recomendación acerca de la conveniencia o no de comercialización de dicho producto. Posteriormente, la Comisión Europea concederá la autorización correspondiente de comercialización a través de un procedimiento centralizado. Esta autorización tiene validez en todos los países del Espacio Económico Europeo, incluidos Islandia, Liechtenstein y Noruega. AEM (8 de noviembre de 2019), *Acerca de la agencia Europea del Medicamentos*, disponible en: https://www.ema.europa.eu/en/documents/other/about-us-european-medicines-agency-ema_es.pdf, última consulta: 23/11/2022.

59 El método cualificado ha sido definido por la CHMP como como el uso de una metodología novedosa o un método de obtención de imágenes en el contexto de la investigación y el desarrollo. El método puede aplicarse a estudios no clínicos o clínicos, como el uso de un biomarcador novedoso. EMA. COMMITTEE FOR MEDICINAL PRODUCTS FOR HUMAN USE (CHMP) (15 de febrero de 2016), *Qualification*... cit., pp. 4 y 24.

seguridad y eficacia que contempla la normativa europea. Por lo que, en caso de que el dispositivo médico estuviese asociado a un concreto tratamiento, se exigiría el cumplimiento de una serie de requerimientos regulatorios adicionales[60].

1.3. Componentes del sistema Proteus

El sistema *Proteus* fue el primero en recibir luz verde por parte de la FDA para entrar en el mercado. Esta terapia digital está compuesta por tres elementos: un sensor (*Ingestible Event Marker*), un parche (*Patch*) y el *software*[61] de funcionamiento tanto de la *app* que instalarán en su *smartphone* el paciente y aquellos familiares o cuidadores que aquel designe, como del portal web que instalará su facultativo o cuidador, a través del cual podrá acceder a la información recogida por el sistema en su conjunto[62].

---

60 BITTNER, B. et al., Connected drug delivery devices to complement drug treatments: potential to facilitate disease management in home setting, *Medical Devices: Evidence and Research*, 12, 2019, pp. 101–127, p. 104.

61 FDA (2012), *Evaluation of Automatic Class III Designation (de novo)*… cit.

62 PROTEUS DIGITAL HEALTH (2016), *Proteus Digital Health Feedback Device: Instructions for Use,* disponible en: https://www.proteus.com/wp-content/uploads/2017/03/LBL-0171-Rev-6-IFU-Proteus-Digital-Health-Feedback-Device-DW5.pdf, última consulta: 15/5/2020. Tras la pandemia por Covid-19 la empresa quebró, despareciendo tanto esta como su página web. *Otsuka Pharmaceuticals* firmó un acuerdo en 2018 de 5 años por 88 millones de dólares para seguir fabricando medicamentos digitales por 5 años. Posteriormente, en el año 2020 *Otsuka* compró los activos y la propiedad intelectual del sistema de transmisión de información de *Proteus*. OTSUKA (24 de agosto de 2020), *Otsuka America Pharmaceutical, Inc., purchases the assets of Proteus Digital Health, Inc.*, disponible en: https://www.*Otsuka*-us.com/discover/proteus-assets-purchase, última consulta: 23/11/2022.

1.3.1. El sensor

La finalidad de este dispositivo es detectar su ingesta. El sensor (*Ingestible Event Marker, IEM)*, puede ser incorporado a un comprimido medicamentoso o alimenticio de varias maneras: de forma separada al compuesto dentro del mismo comprimido, o integrándose directamente al compuesto cuya ingesta se pretende rastrear[63].

a) Composición y funciones

El sensor está compuesto por tres elementos: un circuito integrado, tres capas activas y un disco aislante. El circuito integrado es un chip diminuto de 1mm x 1mm x 0.3mm que está cubierto por una delgada capa de silicona a la que se adhieren dos finas capas activas, una superior, de oro, y otra inferior, de magnesio. A la superficie de la capa de oro se adhiere otra capa de cloruro de cobre. El contenido mineral del sensor es menor a los niveles de minerales encontrados en cualquier dieta. Este sistema no funciona con una batería independiente, antenas o transmisión por radiofrecuencia, sino que la fuente de energía será el propio cuerpo humano, así, cuando las capas activas entran en contacto con el fluido gástrico, el sensor se activa. El sensor está insertado en un disco disoluble aislante compuesto de etilcelulosa, hidroxipropilcelulosa y citrato de trietilo, cuya función es medir y amplificar el campo eléctrico generado[64].

Si el sensor está destinado al rastreo de la ingesta de un medicamento, de acuerdo con la compañía, será incorporado

---

63 HAFEZI, H. et al., An Ingestible Sensor for Measuring Medication Adherence… cit., p. 107.

64 SCOOTER PLOWMAN, R. et al., Digital medicines: clinical review on the safety of tablets… cit. p. 849; HAFEZI, H. et al., An Ingestible Sensor for Measuring Medication Adherence… cit., p. 106.

en el momento de compresióin de la pastilla. Su comunicación con el parche portado por el paciente se realiza a través de lo que se denomina comunicación intracorporal[65]. La señal electroquímica se mantendrá activada hasta que se agote el material activo (unos pocos minutos). Finalmente, el sensor es expulsado de manera natural por el organismo[66].

Este sistema permite llevar un rastreo en tiempo real de la ingesta del comprimido, lo cual posibilita la correlación directa del seguimiento del tratamiento a otros parámetros fisiológicos rastreados por el parche o la *app* móvil[67].

b) Estándares de seguridad en el sensor

El elemento del sistema *Proteus* que ha planteado más cuestiones en torno a la seguridad y al funcionamiento es el sensor. Para su aprobación, fue evaluado conforme al marco definido en la norma "*ISO-10993 International Standard for Biological Evaluation of Medical Devices*"[68], y la Guía para la Industria Farmacéutica "*Q3A Impurities in New Drug Substances*"[69].

---

65 FDA (2012), *Evaluation of Automatic Class III Designation (de novo)*... cit.

66 VIRDI, N. S., Digital Medicines to Measure Drug Ingestion Adherence... cit. p. 88.

67 SCOOTER PLOWMAN, R. et al., Digital medicines: clinical review on the safety of tablets... cit. p. 849; y HAFEZI, H. et al., An Ingestible Sensor for Measuring Medication Adherence... cit., pp. 99, 100 y 108.

68 INTERNATIONAL ORGANIZATION FOR STANDARIZATION: *ISO 10993-12:2007, Biological evaluation of medical devices – Part 12: Sample preparation and reference materials,* disponible en: https://www.iso.org/standard/40384.html, última consulta: 23/11/2022.

69 FDA, DEPARTMENT OF HEALTH AND HUMAN SERVICES (Junio de 2008), *Guidance for Industry—Q3A Impurities in New Drug Substances,* disponible en: https://www.fda.gov/media/71727/download, última consulta: 24/11/2022.

Tras esa evaluación, el sensor fue considerado como un componente más del producto farmacéutico, y se determinó que cualquier material (como cobre o magnesio) liberado por aquel al organismo es considerado una "impureza"[70].

Para comprobar la seguridad química, toxicológica, mecánica y eléctrica del sensor, se llevaron a cabo estudios sobre animales y, para comprobar su funcionamiento, estudios clínicos en humanos. En un total de 412 sujetos, reuniendo tanto población sana como población con diferentes patologías (hipertensión, fallo cardíaco, tuberculosis, desorden bipolar y esquizofrenia), se sumaron 20.993 ingestas (con un máximo de ingestas diarias de 34, y un máximo de uso del sistema de 90 días). La precisión en la detección del sensor fue del 99,1%, con una identificación correcta del sensor en el 100% de los casos[71]. No se observaron falsos positivos ni

70 De acuerdo con la norma ISO-10993, el sensor es un dispositivo que se activa por su contacto con la mucosa y que, en su funcionamiento, puede liberar cobre y magnesio en el organismo. Esa liberación de materiales al organismo fue abordada empleando el estándar establecido por la Conferencia Internacional para comunicar y clasificar impurezas en una nueva sustancia medicamentosa. Empleando dicho estándar, se consideró que el sensor ingerible forma parte del producto farmacéutico y cualquier sustancia liberada por el dispositivo al organismo es considerada una impureza. HAFEZI, H. et al., An Ingestible Sensor for Measuring Medication Adherence... cit., p. 105.

71 Recopilando el funcionamiento en todos esos ensayos, y mencionando que el estudio confirmatorio más reciente el dispositivo detectó 321 ingestas de las 324 ingestas observadas, con una identificación correcta media del sensor de 95%. HAFEZI, H. ET AL. analizaron, en relación con la seguridad química y toxicología, la realización dos fases de estudio. En una primera fase, se estudió la reacción *in vitro* en ambientes gástricos recreados con agua desionizada y ácido clorhídrico o un tampón de fosfato de cada uno de los componentes del sensor teniendo en cuenta la ingesta diaria aceptable para cada material. En una segunda fase se utilizaron animales para llevar a cabo dos estudios toxicológicos. Se administraron de 24 a 48 sen-

eventos adversos serios o inesperados[72], por lo que estos estudios con resultados favorables respaldaron positivamente la aprobación del sensor.

---

sores al día a 12 modelos caninos durante 7 días consecutivos. Los análisis de sangre realizados no mostraban alteraciones clínicas: no experimentaron cambios el peso del cuerpo, ni en los órganos internos, ni en el consumo de comida, ni desarrollaron patologías. En el segundo estudio toxicológico, se utilizaron ratas *Sprague-Dawley* para analizar la respuesta a dosis más altas durante 14 días. Se tuvieron en cuenta los siguientes valores: mortalidad/morbilidad, peso del cuerpo, consumo de comida, y estudio oftalmoscópico. Ninguna evidencia al final del estudio mostraba que existiese toxicidad relacionada con el sensor, incluso en el grupo al que se administró la dosis más alta de sensores, que equivalía a un total de 33.000 sensores al día en un sujeto humano de 70 kgs.
Por otra parte, en relación con la seguridad mecánica, se realizaron dos estudios en animales para analizar el tiempo de tránsito gástrico y riesgos potenciales de daños luminales. En uno de los experimentos, se administraron 40 sensores al día durante 3 días a modelos caninos. En el otro se administraron los elementos del dispositivo por separado. Ni en uno ni en otro se observaron cambios en los parámetros de las excreciones ni se revelaron evidencias de lesiones mecánicas. El tiempo de tránsito intestinal fue similar al de pequeñas partículas de comida en humanos y caninos. La seguridad mecánica quedó acreditada.
En fin, en relación con la seguridad eléctrica, se estudió sobre modelos caninos la estimulación de tejido cardíaco y gastrointestinal, la interferencia con otros dispositivos médicos implantados (como marcapasos o desfibriladores), y la eventual producción lesiones luminales en el tracto gastrointestinal por reacciones electroquímicas. Los riesgos se mostraron bajos, dado que el sensor emite un voltaje máximo de solo 1.85 V en circuito abierto con pulsos muy cortos, de 5 a 50 µs. Tras las pruebas realizadas no se detectaron daños electroquímicos derivados de la ingesta del sensor. HAFEZI, H. et al., An Ingestible Sensor for Measuring Medication Adherence… cit. p. 106 – 108.

72 Sobre la cuestión, también VIRDI, N. S., Digital Medicines to Measure Drug Ingestion Adherence… cit., p. 90.

1.3.2. El parche

El parche (*Proteus Personal Monitor*) recibe y almacena la información enviada por el sensor. Una vez ha recibido esa información, envía una señal de confirmación a un elemento computacional externo, el *smartphone*[73].

En el año 2010 el parche de *Proteus* recibió la aprobación por el procedimiento de entrada al mercado 510(k) de la FDCA. Su objetivo era rastrear la frecuencia cardíaca, actividad física, posición corporal y otra información del paciente[74].

El paciente porta el parche adherido a su piel, en el torso. Mide aproximadamente 10 cm de largo, y registra el día y hora de la ingesta del sensor. Está cubierto por una superficie de espuma impermeable que protege los elementos electrónicos de su interior. El sujeto puede llevarlo puesto mientras realiza cualquier actividad: hace deporte, se baña, etc. Se recomienda no usarlo durante más de una semana[75], pues es el tiempo que dura la batería incorporada en él. Transcurrida esa semana, el paciente tendrá que cambiar el parche por uno nuevo[76].

---

73 FDA (2012), *Evaluation of Automatic Class III Designation (de novo)*... cit.

74 PROTEUS DIGITAL HEALTH (21 de abril de 2010), Proteus Announces FDA Clearance of Wireless Personal Health Monitor, *Proteus Press Releases,* disponible en: https://www.proteus.com/press-releases/proteus-announces-fda-clearance-of-wireless-personal-health-monitor/, última consulta: 24/11/2022.

75 OTSUKA PHARMACEUTICAL CO. LTD, *Medication Guide. Abilify MyCite* (2002), disponible en: https://www.accessdata.fda.gov/drugsatfda_docs/label/2017/207202lbl.pdf, última consulta: 24/11/2022.

76 FDA, CENTER FOR DRUG EVALUATION AND RESEARCH, *Application number 207202Orig1s000: Administrative and Correspondence Documents,* p. 11, disponible en: https://www.accessdata.fda.gov/drugsatfda_docs/nda/2017/207202Orig1s000AdminCorres.pdf, última consulta: 24/11/2022.

El parche recogerá, además del código enviado por el sensor ingerido, otra serie de información fisiológica del paciente, como su frecuencia cardíaca, actividad física (los pasos dados por el paciente a lo largo del día), posición corporal (si está de pie, sentado, tumbado; midiendo el ángulo del cuerpo), la temperatura del cuerpo y el tiempo de descanso[77], lo que posibilitará establecer una correlación entre la información enviada por el sensor y otros parámetros de salud del individuo en ese momento.

Toda la información almacenada por el parche es encriptada y enviada vía *bluetooth* a un dispositivo computacional[78], el *smartphone* del paciente (se desplegará la información en la *app*), y desde allí se enviará toda la información directamente a un servidor seguro de datos o nube[79].

---

77 VALLEJOS, X. y WU, C., Digital Medicine: Innovative Drug-Device Combination as New Measure of Medication Adherence, *Journal of Pharmacy Technology*, 33 (4), 2017, pp. 137 – 139, p. 138; PROTEUS DIGITAL HEALTH (7 de febrero de 2014), *510(k) Summary*, disponible en: https://www.accessdata.fda.gov/cdrh_docs/pdf13/K133263.pdf, última consulta: 24/11/2022; VIRDI, N. S., Digital Medicines to Measure Drug Ingestion Adherence… cit. p. 88.

78 VALLEJOS, X. y WU, C., Digital Medicine: Innovative Drug-Device… cit., p. 138.

79 FDA, CENTER FOR DRUG EVALUATION AND RESEARCH, *Application number: 207202orig1s000: Summary Review*, p. 3, disponible en: https://www.accessdata.fda.gov/drugsatfda_docs/nda/2017/207202Orig1s000SumR.pdf, última consulta: 24/11/2022; OTSUKA PHARMACEUTICAL CO. LTD., (14 de noviembre de 2017), Otsuka And Proteus® Announce The First U.S. FDA *App*roval Of A Digital Medicine System: ABILIFY MYCITE® (aripiprazole tablets with sensor), *News Releases*, disponible en: https://www.*Otsuka.*co.jp/en/company/newsreleases/2017/20171114_1.html, última consulta: 24/11/2022; VIRDI, N. S., Digital Medicines to Measure Drug Ingestion Adherence… cit., pp. 87 – 98, p. 88.

1.3.3. El software

El *software* del sistema *Proteus* es el encargado de conectar al parche con un dispositivo computacional, el *smartphone* del paciente. Es el *software* el que permite procesar y analizar la información recogida por el sistema[80].

El *software* facilita a los pacientes autogestionar la *app* que tienen instalada en su *smartphone*, que recibirá y mostrará la información recogida por el parche. De esta forma, el paciente puede fijar su calendario de tomas, incluir alarmas o mensajes de texto que le avisarán de cuándo ha de tomar la medicación o de cuándo ha de cambiar el parche, y que pueden también avisar a sus allegados acerca de cuestiones tales como una falta de ingesta de la dosis correspondiente. Esas alarmas también pueden ser un aviso para que se aproxime a su *smartphone* y la información pueda fluir sin problemas. En el caso de que el paciente deje de tomar una de las dosis, el sistema proporciona al paciente a través de la *app* un cuestionario para que indique las razones de la falta de ingesta (si olvidó tomarla, si experimentó efectos secundarios, si no pudo acceder a ella)[81]. Además, a través de la *app* el paciente también puede introducir otro tipo de información, como su estado de ánimo y la calidad del descanso[82].

Solo es posible conectar un *smartphone* al parche portado por el paciente. La información que recibe aquel será enviada a un servidor de datos seguro o nube, desde donde podrá

---

80 FDA (2012), *Evaluation of Automatic Class III Designation (de novo)...* cit., p. 2.

81 VIRDI, N. S., Digital Medicines to Measure Drug Ingestion Adherence... cit. p. 88.

82 OTSUKA PHARMACEUTICAL CO. LTD., (14 de noviembre de 2017), *Otsuka* And Proteus® Announce... cit.

compartirse a terceros autorizados[83]: los familiares podrán instalar la *app* en sus respectivos *smartphones* y su profesional sanitario o cuidador podrá acceder desde su portal web a los datos recogidos por el sistema[84].

De esta forma, sus familiares y su profesional sanitario podrán tener acceso a toda la información rastreada por el sistema y almacenada en la *app* del paciente. El sistema posee un potencial para proporcionar una información objetiva que permita mejorar la comunicación entre todos los sujetos implicados en el tratamiento[85].

1.4. Indicaciones de uso

El sistema *Proteus* constituye en su conjunto un registro de información portable que coloca al paciente en el centro de atención. La agregación en tiempo real de datos del sujeto provenientes de diferentes fuentes (sensor, parche, *app*) facilitará un análisis conjunto de los mismos –por ejemplo, permitirá establecer una correlación entre la dosis administrada y la calidad del sueño–, conociendo así con mayor precisión tanto el índice de adherencia al tratamiento como los efectos del mismo. Esta recopilación de información posee un potencial que podrá utilizarse con fines de investigación o clínicos[86].

Es importante destacar que la compañía aclara que no se hace responsable de la información recogida erróneamente

---

83 FDA, CENTER FOR DRUG EVALUATION AND RESEARCH, *Application number 207202Orig1s000: Administrative and Correspondence Documents*... cit., p. 12.

84 VIRDI, N. S., Digital Medicines to Measure Drug Ingestion Adherence... cit. p. 88.

85 Ibid., p. 95.

86 FDA (2012), *Evaluation of Automatic Class III Designation (de novo)*... cit., p. 10.

por el dispositivo, o de cualquier mal uso o mal funcionamiento como consecuencia de un abuso, accidentes, alteraciones, negligencias, o fallos producidos por un mantenimiento del producto diferente al indicado. Además, advierte en sus instrucciones de uso que, si el paciente experimenta un empeoramiento o síntomas clínicos nuevos, debe consultarlo con su profesional sanitario, quien deberá realizar un juicio clínico teniendo en cuenta la información arrojada por el sensor o el parche durante el tratamiento[87].

1.5. Funcionalidad del sistema Proteus en humanos

La posibilidad de combinación de este sistema con productos farmacéuticos ha dado lugar a una serie de estudios orientados a demostrar su eficacia y funcionalidad en diferentes tipos de patologías

1.5.1. Enfermedades infecciosas

El contacto con determinadas bacterias, virus, parásitos u hongos puede desencadenar el contagio de una enfermedad infecciosa[88]. La transmisión de este tipo de enfermedades

---

87 Además, la compañía realiza una serie de recomendaciones en relación al uso del sistema. Por ejemplo, recomienda no exceder de 30 ingestas de sensores al día, y tomar la pastilla con suficiente agua. En cuanto al uso del parche, recomiendan no continuar su uso si la piel está irritada o inflamada como consecuencia del mismo, no llevar el parche por más de una semana, no utilizarlo para diagnosticar patologías del corazón, o no utilizarlo durante resonancias magnéticas o procesos de desfibrilación. PROTEUS DIGITAL HEALTH (2016), *Proteus Digital Health Feedback Device*... cit.

88 WORLD HEALTH ORGANIZATION, *Infectious diseases*, disponible en: https://www.emro.who.int/health-topics/infectious-diseases/index.html, última consulta: 24/11/2022.

puede producirse por un contacto directo con una persona que esté enferma (a través de tos o estornudos, por ejemplo), o contacto indirecto, cuando la persona toca una superficie contaminada por el germen. También pueden transmitirse a través de picaduras de insectos o de animales, o incluso de alimentos, agua, suelo o plantas contaminadas[89].

Una falta de contención de este tipo de enfermedades podría desencadenar en una expansión descontrolada del virus. El empleo de medicamentos digitales en contextos epidemiológicos se muestra de interesante aplicación. El eventual desarrollo de un tratamiento que cure una enfermedad extendida a gran escala plantearía la imperiosa necesidad de que los ciudadanos contagiados siguiesen estrictamente las instrucciones del tratamiento, en aras de romper la cadena de transmisión y no incrementar el peligro para la salud pública. Esta situación conllevaría necesariamente un confinamiento supervisado del individuo hasta que finalice el tratamiento, bien en el hospital, bien en su domicilio; asegurando que las instrucciones de ingesta son estrictamente cumplidas, pues solamente superar la enfermedad podrá devolverle su libertad ambulatoria (un caso similar lo proporcionó el virus del Ébola en España en el año 2014). El empleo de medicamentos digitales puede resultar de gran utilidad para este tipo de tratamientos, en tanto que, dependiendo de la patología, podría facilitar la observación del cumplimiento de las instrucciones del tratamiento en tiempo real, sin necesidad de que el individuo se desplace a su centro sanitario o sin exigirle un confinamiento hospitalario o domiciliario. Además, permite comunicar a distancia de manera sencilla la experimentación de efectos secundarios o la mejoría o empeoramiento del estado de salud del

---

89 MEDLINE PLUS, *Enfermedades infecciosas*, disponible en: https://medlineplus.gov/spanish/infectiousdiseases.html, última consulta: 24/11/2022.

individuo a su profesional sanitario durante el seguimiento del tratamiento, tiempo durante el cual aquel podrá atender de manera continua y remota a su paciente.

Ante una enfermedad infecciosa, el cumplimiento del tratamiento de manera estricta resulta de extrema necesidad para la protección de la salud pública. Dada la efectividad que, en teoría, podrían mostrar los medicamentos digitales, se han realizado estudios que acreditan su utilidad para este este tipo de enfermedades.

a) Tuberculosis

La tuberculosis es una enfermedad infecciosa cuyo principal tratamiento consiste en la ingesta de antibióticos durante varios meses. Si no se respetan las pautas en cuanto a las dosis y a la duración de la terapia, existe riesgo de que la enfermedad se contagie a otras personas expandiéndose al resto de la población, y pueda generarse una resistencia a antibióticos, lo cual elevaría el número de fallecimientos por esta enfermedad. Por tanto, resulta de especial interés que los pacientes de tuberculosis sigan correctamente las pautas clínicas del tratamiento[90].

En relación con el empleo de medicamentos digitales para tratar la tuberculosis se han desarrollado, hasta la fecha, cuatro estudios: AU-YEUNG, K. y DICARLO, L. estudian su impacto económico; BELKNAP, R. ET AL. estudian su viabilidad; y dos

---

90 BROWNE, S.H. et al., Wirelessly observed therapy compared to directly observed therapy to confirm and support tuberculosis treatment adherence: A randomized controlled trial, *PLoS Medicine,* 16 (10), 2019, pp. 1 – 19, p. 2.

estudios dirigidos por BROWNE S. H., analizan la efectividad de estos medicamentos[91].

---

91 AU-YEUNG, K. Y DICARLO, L., en su estudio prospectivo publicado en 2012, analizan el coste del control de la adherencia al tratamiento de tuberculosis comparando técnicas de observación directa con técnicas de observación indirecta (empleando el sistema *Proteus*). En el estudio se muestra que las técnicas indirectas para controlar la adherencia a tratamientos de tuberculosis suponen un coste personal y un coste económico sustancialmente inferior al que suponen las técnicas directas, en el tiempo empleado por los profesionales para supervisar la ingesta por los pacientes, en su remuneración, y en el tratamiento de las recaídas asociadas a una mala adherencia. En el análisis se estudia el uso de estos medicamentos en 190 participantes durante 14 días. AU-YEUNG, K. Y., y DICARLO, L., Cost comparison of wirelessly vs. directly observed therapy for adherence confirmation in anti-tuberculosis treatment, *The International Journal of Tuberculosis and Lung Disease,* 16 (11), 2012, pp. 1498 – 1504, pp. 1500 y 1501. Los autores que realizan el estudio son trabajadores para *Proteus Digital Health.*
BELKNAP, R. ET AL., en su estudio de viabilidad publicado en 2013, evaluaron uno de los primeros prototipos del sensor ingerible y del parche del sistema *Proteus* en pacientes de tuberculosis. En él participaron 30 sujetos. Un total de 1080 sensores fueron ingeridos simultáneamente a la medicación de tuberculosis. Se obtuvo un 95% de precisión positiva en la detección. La precisión en la identificación del sensor (definida como el número de identificaciones correctas de sensores dividido en el número de sensores detectados) por el parche fue del 100%. Se reportaron 11 eventos adversos por 8 participantes, ninguno de gravedad, de los cuales, 4 estaban probablemente relacionados con el dispositivo: tres sujetos reportaron sarpullidos y uno reportó náuseas. Se detectaron 3 falsos positivos: se apuntó al ruido ambiental o interferencias derivadas de la ingesta simultánea de varios sensores. Aunque los resultados parecen respaldar la viabilidad del sistema para monitorizar el tratamiento de tuberculosis, los autores señalan que la muestra de sujetos estudiados es pequeña y que se necesitarían más estudios para acreditar con mayor precisión la sensibilidad, especificidad, utilidad, aceptabilidad y rentabilidad del sistema. BELKNAP, R. et al., Feasibility of an Ingestible Sensor-Based System for Monitoring Adherence to

De estos estudios se deduce, en primer lugar, que el sistema es de fácil uso y es, en general, bien acogido por estos pacientes; en segundo lugar, que los pocos efectos adversos manifestados durante el tratamiento y que pudieran estar relacionados con el sistema tecnológico son de menor entidad; y, en tercer lugar, que emplear la terapia digital en lugar del tratamiento tradicional conlleva menores costes, tanto para pacientes como para profesionales. Para la valoración de esta información cabe destacar que la empresa *Proteus Digital Health* participó en la mayoría de estos estudios, bien en la investigación, o bien en la financiación.

Tuberculosis Therapy, *PLoS ONE,* 8 (1), 2013, pp. 1 – 5, pp. 2–4. En este estudio, tres de los siete autores pertenecen a la empresa *Proteus Digital Health,* y este está financiado por la misma.
Browne S. H. et al., en su estudio publicado en 2019, analizaron la efectividad del sistema en 77 participantes sometidos al tratamiento para esta enfermedad. La precisión positiva de detección fue de un 99,3%. Se manifestaron efectos adversos asociados al sistema (sarpullidos en la piel en la zona del parche) en un 9,8% de los casos. En general, fue de fácil uso para los participantes (así lo reportaron el 75,3% de los participantes en la primera fase y el 92,8% en la segunda fase). Todos los participantes (tomados al azar) querían continuar usando el sistema, y el 100% de los participantes preferían que les controlasen la adherencia a través del este sistema que lo hiciesen con un sistema de observancia directa. BROWNE, S.H. et al., Wirelessly observed therapy compared to directly observed... cit., pp. 13 y ss. En este estudio, ninguno de los autores pertenece a *Proteus Digital Health,* ni aquel está financiado por la empresa. La empresa solo proporcionó la tecnología a estudiar.
Existe otro estudio dirigido por la misma autora principal, que data del año 2015, sobre 12 sujetos sometidos a un tratamiento de tuberculosis, cuyos resultados fueron en esa misma línea. De los 6 autores, 1 pertenece a *Proteus Digital Health.* BROWNE, S. H., et al., Wirelessly Observed Therapy (WOT): A New Paradigm in TB Therapy Monitoring. Abstract Body, *Conference on Retroviruses and Opportunistic Infections,* disponible en: http://www.croiconference.org/sessions/wirelessly-observed-therapy-wot-new-paradigm-tb-therapy-monitoring, última consulta: 24/11/2022.

b) Hepatitis C

Se estima que en el mundo hay aproximadamente 71 millones de personas que padecen Hepatitis C crónica, una enfermedad infecciosa cuya transmisión se produce a través del contacto con sangre infectada. Los antivíricos pueden curar más del 95% de estos casos, en tanto que reducen el riesgo de muerte por cáncer de hígado y cirrosis[92]. Por tanto, un estricto cumplimiento de estos tratamientos contribuiría a la reducción de la enfermedad a nivel global.

Hasta la fecha se han realizado dos estudios que analizan el impacto que podría tener el empleo de medicamentos digitales en pacientes de Hepatitis C: SULKOWSKI, M. S. ET AL.[93] se

---

92 WORLD HEALTH ORGANIZATION. *Hepatitis-C,* disponible en: https://www.who.int/es/news-room/fact-sheets/detail/hepatitis-c, última consulta: 25/11/2022.

93 SULKOWSKI, M. S. ET AL. desarrollaron un estudio prospectivo desde agosto de 2017 hasta abril de 2019, con 288 participantes, en el que pretendían analizar el impacto del sistema *Proteus* en pacientes con riesgo de no adherencia al tratamiento de Hepatitis C al que estaban sometidos. Para considerar con riesgo de no adherencia, se valoraron una serie de factores en esos sujetos: algunos tenían deudas de hasta 25.000 dólares, 9,4% de ellos no tenían hogar, 61% tenían un desorden psiquiátrico o abusaban de sustancias, y el 19% tenían además VIH. Poblaciones de estas características han mostrado ratios de adherencia inferiores al 60%. Con el uso de este sistema, se observó que la adherencia media llegó al 93%. El 80% de los participantes afirmaron que el sistema les ayudaba a llevar un control de su medicación, se sentían más conectados a su equipo sanitario y motivados para conseguir sus objetivos con el tratamiento, colaborando así en la consecución del objetivo de la OMS de eliminar la Hepatitis C para el año 2030. SULKOWSKI, M.S. et al., 1554 Efficacy and adherence to oral Hepatitis C (hcv) treatment through a digital medicine program (dmp) among a population at high risk for nonadherence (Conference paper, 12 de noviembre de 2019), disponible en:

centran en el impacto en los índices de adherencia, y BONACINI ET AL.[94] realizan un estudio más prospectivo.

En ambos se observa que la adherencia en estos pacientes, cuando emplean medicamentos digitales, se encuentra por encima del 90%, unido a un aumento del compromiso por el paciente en su tratamiento y reducción del coste sanitario. En estos casos, la empresa *Proteus Digital Health* también formó parte en los estudios mencionados.

---

https://plan.core8-*app*s.com/tristar_aasld19/abstract/0b8716de6c519b8c26b6b46a115476e6, última consulta: 24/11/2022; PROTEUS DIGITAL HEALTH®. (2016). DigiMeds Data Demonstrates 99% of Hepatitis C Patients at High Risk for Nonadherence Achieved a Cure, *Proteus Press Releases,* disponible en: https://www.proteus.com/press-releases/proteus-digital-health-digimeds-data-demonstrates-99-of-hepatitis-c-patients-at-high-risk-for-nonadherence-achieved-a-cure/, última consulta 20/5/2020. En este estudio, uno de los autores pertenece a *Proteus Digital Health.*

94 BONACINI et al. publicaron en el año 2019 un estudio abierto, prospectivo, observacional, de brazo único, en el que se estudió a 28 pacientes, durante 12 semanas. El 89% de los pacientes mostraron una adherencia igual o superior al 95%. Se observaron 4 efectos adversos no serios relacionados con el dispositivo, en concreto con el parche. Los autores concluyen con que el sistema puede facilitar la adherencia a las terapias, aumentar el compromiso del paciente, reducir el malgasto sanitario, y optimizar las ratios de respuesta virológica de pacientes crónicos. BONACINI, M. et al., Wirelessly Observed Therapy to Optimize Adherence and Target Interventions for Oral Hepatitis C Treatment: An Observational, Pilot Study, *Journal of Medical Internet Research,* 22 (4), 2020, pp. 1 – 26, p. 4, 5 y 7. Del estudio, dos autores pertenecen a *Proteus Digital Health,* otro autor, recibió financiación de *Proteus,* y el estudio está financiado por la empresa.

c) Virus de la Inmunodeficiencia Humana (VIH)

El virus de la inmunodeficiencia humana ha constituido una de las mayores amenazas para la salud pública en todo el mundo, posiblemente, el asunto sanitario más importante del último cuarto de siglo. En la década de los 90 la extensión de esta enfermedad llegó a niveles de pandemia mundial[95]. Se trata de una infección que produce un deterioro progresivo del sistema inmunitario del individuo. En los estados más avanzados de la enfermedad, el individuo puede presentar el síndrome de inmunodeficiencia adquirida (SIDA), cuando padece además alguna de las más de 20 infecciones o cánceres relacionados con el VIH[96]. Se trata de una enfermedad que no tiene cura a día de hoy, aunque, afortunadamente, el desarrollo de terapias antirretrovirales no solo ha logrado que los enfermos puedan convertir esta infección en una enfermedad crónica manejable, sino que permite reducir incluso a un 96% el riesgo de transmisión del virus a otras personas[97]. Una correcta adherencia a los tratamientos antirretrovirales ha permitido disminuir la expansión de la enfermedad. Por esta razón, los medicamentos digitales se han observado útiles para el tratamiento de este virus.

---

95 PASTOR BERMEJO, A. (10 de agosto de 2020), La pandemia de sida, una alarma sanitaria marcada por el estigma social, *Infolibre*, disponible en: https://www.infolibre.es/veranolibre/pandemia-sida-alarma-sanitaria-marcada-estigma-social_1_1186277.html, última consulta: 24/11/2022.

96 WORLD HEALTH ORGANIZATION, HIV, disponible en: https://www.who.int/news-room/fact-sheets/detail/hiv-aids, última consulta: 24/11/2022.

97 MEDLINE PLUS, *VIH y SIDA* Disponible en: https://medlineplus.gov/spanish/hivaids.html Última consulta: 24/11/2022; y WORLD HEALTH ORGANIZATION, HIV… cit.

En 2018 se realizó un estudio[98] con personas sometidas a tratamientos de profilaxis preexposición (PrEP)[99] –tratamientos que muestran un potencial de reducir la posibilidad de infección por VIH de hasta un 90%–, en el que se observó que una amplia mayoría del espectro de pacientes estudiados se mostraba satisfecho con el tratamiento de medicamentos digitales.

---

98 Se estudió el caso de 60 sujetos seronegativos durante 12 semanas a los que se les administró su medicación encapsulada con una pastilla inerte en cuyo interior se encontraba el sensor. El 92% de los pacientes dijo que había tenido una experiencia positiva con el sistema. Hasta el momento solo se ha presentado información obtenida en el mismo en el *22 International AIDS Conference en Amsterdam*, del año 2018. CHEN, J. (24 de julio de 2018), Adherence to PrEP, the HIV prevention drug, is low. A new study suggests a pill with a tiny sensor might help, *STAT*, disponible en: https://www.statnews.com/2018/07/24/digital-pill-prep-truvada/, última consulta: 25/11/2022; AIDS (23 de julio de 2018), HIV prevention research advances unveiled at AIDS 2018, *Official Press Releasses*, disponible en: http://www.aids2018.org/Media-Centre/The-latest/Press-releases/ArticleID/184/HIV-prevention-research-advances-unveiled-at-AIDS-2018, última consulta: 25/11/2022; y SUSMAN, E. (24 de julio de 2018), Tech-Driven Adherence Monitoring Comes to HIV –Embedded sensor tells whether patients take their meds, *MedPageToday*. disponible en: https://www.medpagetoday.com/meetingcoverage/iac/74200, última consulta: 25/11/2022.

99 Medicamentos destinados a personas que tienen alto riesgo de contraer VIH, para prevenir la infección por VIH, que puede ser muy efectivo en caso de que se tome de manera constante, y no serlo si no se respetan las pautas de adherencia. CENTROS PARA EL CONTROL Y PREVENCIÓN DE ENFERMEDADES, *PrEP (Profilaxis prexposición)*, disponible en: https://www.cdc.gov/hiv/spanish/basics/prep.html, última consulta: 25/11/2022.

1.5.2. Enfermedades cardiovasculares

Las enfermedades cardiovasculares, como la hipertensión arterial, infarto de miocardio, o la insuficiencia cardíaca, son un cojunto de trastornos del corazón y de los vasos sanguíneos. Estas enfermedades constituyen la principal causa de defunción a nivel mundial: todos los años causan más fallecimientos que cualquier otra enfermedad. Un incorrecto tratamiento de las mismas puede desencadenar en problemas de salud serios, como infartos, embolias y daños a los riñones[100]. Se han desarrollado varios estudios que abordan el empleo de medicamentos digitales en pacientes que padecen hipertensión, diabetes, e hipertensión y diabetes conjuntamente.

a) *Hipertensión*

Según informaciones de la OMS, más de uno de cada cinco adultos padece una tensión arterial elevada, patología responsable de aproximadamente la mitad de los fallecimientos por accidente cerebrovascular o cardiopatías. Una tensión elevada mal controlada puede derivar en un infarto de miocardio, accidentes cerebrovasculares, deficiencia renal, ceguera o deterioro cognitivo, entre otros[101]. Se estima que entre un 60-65% de pacientes con hipertensión no controlan adecuadamente su índice de presión arterial, siendo causa de ello principalmente una mala adherencia a su tratamiento[102].

---

[100] RIOJA SALUD, *Enfermedades cardiovasculares*, disponible en: https://www.riojasalud.es/servicios/cardiologia/articulos/enfermedades-cardiovasculares, última consulta: 25/11/2022.

[101] WORLD HEALTH ORGANIZATION, *Hypertension*, disponible en: https://www.who.int/news-room/fact-sheets/detail/hypertension, última consulta: 25/11/2022.

[102] ÁLVAREZ VILLASEÑOR, A. S., Adherencia al tratamiento farmacológico en pacientes con hipertensión arterial de un consultorio

Se han realizado hasta la fecha un total de seis estudios sobre el empleo de medicamentos digitales en pacientes hipertensos, dirigidos, respectivamente, por DiCarlo. L. et al., Godbehere, P. y Wareing, P., Kim, Y. A. et al., Virdi, N. et al., Noble, K. et al., Naik R. et al.[103].

---

auxiliar. *Medicina general y de familia. Edición digital*, 8 (2), 2019, disponible en: http://mgyf.org/adherencia-al-tratamiento-farmacologico-en-pacientes-con-hipertension-arterial-de-un-consultorio-auxiliar/, última consulta: 25/11/2022.

103 DiCarlo. L. et al., en su estudio de 2014, analizaron 190 sujetos hipertensos, que utilizaron el sistema *Proteus* durante 14 días. La adherencia media de los participantes que completaron el estudio (169) fue de 88%, de ellos, el 78% presentó una adherencia superior al 70%, el 53% logró un control de su presión sanguínea y el 25% requirió modificaciones de su régimen de tratamiento. El 11% restante necesitó alguna intervención para lograr adherencia a su tratamiento. DICARLO, L. et al., PCV16 Real-Time assessment of medication taking and activities of daily living in patients with uncontrolled hypertension, *Value in Health*, 17, 2014, A323-A686, A475. Estudio promovido por la empresa *Proteus Digital Health.*
Godbehere, P. y Wareing, P. publicaron en 2014 un estudio prospectivo de ocho pacientes con hipertensión realizado durante dos semanas que utilizaron el sistema *Proteus* en su tratamiento. Los resultados mostraban que la adherencia en cuanto a dosis aumentó de un 70% a un 100%, y la adherencia al tratamiento en cuanto al momento de ingesta aumentó de un 67% a un 100%. Ese comportamiento con el uso del sistema *Proteus* condujo a la reducción de la presión sanguínea en todos los pacientes. GODBEHERE, P. y WAREING, P., Hypertension Assessment and Management: Role for Digital Medicine, *The Journal of Clinical Hypertension*, 18 (3), 2014, p. 235. Los autores no reportaron financiación específica en relación con la investigación. *Proteus Digital Health* solo participó en la asistencia editorial para la preparación de la comunicación publicada.
En el estudio de KIM Y.A. et al., PCV38 Modeling The Impact Of A Digital Health Feedback System In Uncontrolled Hypertensive Patients, *Value in Health*, 17, 2014, A323 – A686, A479, los cuatro autores pertenecen a *Proteus Digital Health*.

Virdi, N. et al., en su estudio controlado, aleatorio y por grupos, de 2016, analizaron 103 pacientes de hipertensión durante cuatro semanas. Los pacientes que utilizaron el sistema *Proteus* lograron un mayor índice de reducción de la presión sanguínea. La adherencia media en estos pacientes alcanzó el 84%. La mayoría de aquellos que finalizaron el tratamiento utilizando el sistema *Proteus*, coincidieron en que les ayudó a mejorar el diálogo con sus profesionales sanitarios (el 84,5%), comprendieron el plan de cuidados (89,7%) y mejoraron su experiencia (86,2%). VIRDI, N. et al., P134 Optimizing treatment in patients with uncontrolled hypertension and type 2 diabetes by using a digital health offering, *Journal of the American Society of Hypertension,* 10 (4s), 2016, e56-e73. De los cinco autores, cuatro pertenecen a la compañía *Proteus Digital Health.*
Naik R. et al. publicaron un estudio prospectivo de grupo en 2017 en el que, durante 2 semanas, estudiaron a 167 pacientes con hipertensión que utilizaron el sistema *Proteus* para gestionar su tratamiento. La adherencia en cuanto a ingestas aumentó de un 53% al 100%, la adherencia en cuanto al momento de la ingesta aumentó de un 21% al 100%. Su presión sanguínea decreció, y el 32 % de los participantes logró sus objetivos terapéuticos sin cambiar de terapia. NAIK, R. et al., First Use of an Ingestible Sensor to Manage Uncontrolled Blood Pressure in Primary Practice: The UK Hypertension Registry, *Journal of Community Medicine & Health Education,* 7 (1), 2017, pp. 1 – 5, p. 4. De los once autores, cinco pertenecen a la compañía *Proteus Digital Health,* y el estudio está patrocinado y financiado por la misma.
También se ha estudiado la utilidad del sistema *Proteus* para el profesional farmacéutico practicante. Noble, K. et al. publicaron un estudio en 2016 en el que participaron 15 farmacéuticos y 39 pacientes. El estudio se desarrolló en Reino Unido (Isle of Wight). Se observó que, tras 2 semanas de evaluación de 34 pacientes, la persistencia de la hipertensión se debía a la resistencia al medicamento en un 68% de los casos, y en un 32% a una adherencia incorrecta. El 29% logró un control de la adherencia, lo que facilitó el control de la presión sanguínea. El 68% necesitó un tratamiento adicional, y el 3% necesitó ayuda en su control de la medicación. Los farmacéuticos reportaron que el sistema les ayudaba a enfocar sus recomendaciones y a establecer una relación más colaborativa con los pacientes. Los

Todos ellos estudiaron el impacto del uso de medicamentos digitales en los índices de adherencia de los pacientes. Como resultado, la mayoría concluyeron el estudio con un incremento en términos generales de dicho índice, llegando hasta el 90 – 100%. Las experiencias reportadas por los usuarios, tanto pacientes como profesionales farmacéuticos, fueron positivas. De nuevo, la empresa *Proteus Digital Health* intervino de alguna u otra forma en la consecución de estos estudios.

b) Diabetes

En las últimas décadas, el número de personas que padecen diabetes ha aumentado considerablemente, incrementándose de 108 millones de personas en el mundo en 1980, a 422 millones en 2014, subiendo en un 5% la mortalidad prematura por diabetes entre los años 2000 y 2016. Los adultos que padecen diabetes presentan un riesgo de sufrir infarto de miocardio y accidentes cerebrovasculares de dos a tres veces mayor que aquellos que no la padecen, la enfermedad puede derivar, asimismo, en amputaciones o en ceguera, además de encontrarse entre las principales causas de insuficiencia renal[104]. Una correcta adherencia al tratamiento en estos pacientes resulta crucial para un efectivo control de la

---

pacientes lo percibieron como una experiencia positiva. NOBLE, K., et al., Medication adherence and activity patterns underlying uncontrolled hypertension: Assessment and recommendations by practicing pharmacists using digital health care, *Journal of the American Pharmacists Association,* 56, 2016, pp. 310–315, p. 314. De los siete autores, tres pertenecen a *Proteus,* y nada se menciona acerca de la financiación del artículo.

104 WORLD HEALTH ORGANIZATION, *Diabetes,* disponible en: https://www.who.int/es/news-room/fact-sheets/detail/diabetes, última consulta: 25/11/2022.

enfermedad, evitando en la medida de lo posible consecuencias indeseadas para el paciente.

En el año 2015 se realizó un estudio centrado en el empleo de medicamentos digitales en pacientes de diabetes. BROWNE, S. ET AL. observaron una adherencia correcta en cerca del 80% de los casos, y destacaron la utilidad del sistema para realizar una correlación entre los datos recogidos del paciente. De los tres autores, uno pertenece a la empresa *Proteus Digital Health*[105].

[105] El objetivo era evaluar el potencial del sistema *Proteus* para captar patrones longitudinales de comportamiento en la toma de medicación y autogestión del tratamiento por los pacientes. Se analizaron un total de cinco participantes que padecían diabetes tipo II, durante 37 – 42 días, sumando un total de 197 días de estudio. Un monitor móvil recogió los niveles de glucosa, y el sistema *Proteus* rastreó la adherencia al tratamiento, frecuencia cardíaca, actividad y descanso o sueño. Se desarrollaron algoritmos que analizasen esa información en diferentes períodos, durante todo el estudio, diaria y semanalmente. Se elaboraron correlaciones entre el descanso/sueño y la ingesta de la medicación en todos los pacientes. Se observó que la mayor parte de sujetos que dejaban de tomar la medicación lo hacían por la tarde-noche. Los sujetos tomaron la medicación una media del 78% de los casos, y en el momento correcto (con un margen de dos horas), en el 77% de los casos. Concluye el estudio con que el sistema utilizado permite visualizar múltiples fuentes de datos a la vez, lo cual facilita una representación completa y reveladora de información, que no sería posible manejar si no se diese esa simultaneidad en la recogida y análisis de información. BROWNE, S.H., Let Visuals Tell the Story: Medication Adherence in Patients with Type II Diabetes Captured by a Novel Ingestion Sensor Platform, *JMIR mHealth uHealth*, 3 (4), 2015, pp. 1 – 19, p. 2 y 4. De los tres autores, uno es empleado y consultor de *Proteus Digital Health*.

c) Hipertensión y diabetes

El padecimiento de diabetes puede implicar el desarrollo de otras enfermedades y complicaciones, como la hipertensión arterial. Se han realizado un total de cuatro estudios hasta la fecha en pacientes que presentan esta combinación de patologías: KIM Y. A, ET AL., OSTERBERG, L. ET AL, FRIAS ET AL Y MOORHEAD ET AL.[106].

---

[106] En el estudio, KIM et al. mostraron que el ahorro estimado, en términos de atención a pacientes, monitoreo y gestión de la enfermedad y costes en medicación, oscilaba entre 850 y 980 dólares por paciente y por año. KIM, Y.A., PMD14 An economic model of the impact of digital medicines with a Mobile *app*lication in patients with Comorbid Hypertension, Diabetes, and Hypercholesterolemia, *Value in health,* 18, 2015, A1-A307, A40. De los cinco autores, cuatro pertenecen a *Proteus Digital Health.*
Otro estudio publicado en 2016 centrado en hipertensión y diabetes tipo II, realizado por OSTERBERG, L. et al., se centró en 96 sujetos durante 12 semanas. Se observó que los pacientes que utilizaron el sistema lograban una mayor reducción de la presión sanguínea, reduciendo sus factores de riesgo de accidentes cerebrovasculares, y era más probable que ellos alcanzaran un nivel adecuado de presión sanguínea que el grupo de pacientes que no estaba utilizando el sistema *Proteus.* OSTERBERG, L. et al., First clinical evaluation of a digital health offering to optimize treatment in patients with uncontrolled hypertension and type 2 diabetes, *Journal of the American College of Cardiology,* 67 (13), 2019, p. 2028. Los autores pertenecen a *Proteus Digital Health.*
FRIAS et al. (2017) desarrollaron un estudio en el que participaron un total de 109 sujetos que padecían hipertensión y diabetes tipo II. Los sujetos fueron divididos en tres grupos, dos de ellos utilizaron el sistema *Proteus,* y el tercer grupo llevó el cuidado habitual de su enfermedad sin ese sistema. En todos ellos se monitorizó la presión sanguínea sistólica y la hemoglobina glucosilada. En relación a la hipertensión, a las cuatro semanas, se mostraba una reducción significativa en la presión sanguínea sistólica en aquellos sujetos que gestionaban su tratamiento con el sistema *Proteus,* en comparación al otro grupo. También experimentaron una ratio de adherencia

superior (entorno al 84%-86%) al nivel medio habitual de pacientes crónicos (<50%). A la semana 12, el grupo que utilizó el sistema *Proteus* logró llegar a la presión sanguínea adecuada en el 98% de los casos, comparado al 51,7% de los que lo hicieron sin el sistema. De los pacientes de diabetes, no existieron grandes diferencias en la reducción de hemoglobina glucosilada en el grupo que utilizó el sistema *Proteus*, comparándolo con el que no lo utilizó. Sin embargo, aquellos que partían de una base de hemoglobina glucosilada superior al 8%, y que utilizaron el sistema *Proteus*, sí que experimentaron un descenso significativo de aquella en comparación al aumento que experimentó el grupo que no lo utilizó. FRIAS, J. et al., Effectiveness of Digital Medicines to Improve Clinical Outcomes in Patients with Uncontrolled Hypertension and Type 2 Diabetes: Prospective, Open-Label, Cluster-Randomized Pilot Clinical Trial, *Journal of Medical Internet Research*, 19 (7), 2017. p. 1 – 17, pp. 11 y 13. Cuatro de los 6 participantes pertenecen a *Proteus Digital Health*, y el estudio también está patrocinado por la empresa, esta intervino en el diseño, dirección, análisis e interpretación de los datos, preparación, revisión y aprobación del manuscrito, y decisión sobre el envío a publicación. No participó en la recogida o gestión del estudio. El autor principal reporta una relación de consulta con *Proteus Digital Health, Johnson and Johnson, AstraZeneca, CeQur*, y *Sanofi*. También reporta haber recibido becas de *Abbvie, Amgen, AstraZeneca, Boehringer Ingelheim, Bristol-Myers Squibb, Eli Lilly, Johnson & Johnson, Merck, Novo Nordisk, Pfizer*, y *Sanofi*.

MOORHEAD et al., en el año 2017, publicaron un estudio aleatorio por grupos en el que analizaron a 57 pacientes durante 12 semanas. El objetivo era observar la eficacia y seguridad en el uso de alarmas que avisaran de cuándo ha de tomarse la medicación y el riesgo de una sobredosis por la misma. Se observó que las alarmas enviadas por el sistema estuvieron asociadas con un incremento de la adherencia en el 16% de los casos que no se había tomado la medicación antes de que sonase la alarma. El 79% de los sujetos lograron una adherencia superior al 80%. No se registraron sobredosis relacionadas con el uso del sistema *Proteus*. MOORHEAD, P. et al., Efficacy and safety of a medication dose reminder feature in a digital health offering with the use of sensor-enabled medicines, *Journal of the American Pharmacists Association*, 30, 2017, pp. 1 – 7. Todos los

Estos estudios demuestran que el empleo de medicamentos digitales en pacientes de diabetes e hipertensión mejoró la salud de los participantes, al incrementar la adherencia a los tratamientos que estos seguían.

De nuevo, se observa que la empresa *Proteus Digital Health* contribuye de manera notoria en el desarrollo de estos estudios.

1.5.3. Trasplante de órganos

Los efectos secundarios de la medicación inmunosupresora para pacientes trasplantados, un número elevado de tomas, el acceso a la medicación, etc., son factores que contribuyen a una baja adherencia a los tratamientos en este tipo de pacientes, lo cual está asociado a un alto número de rechazos de órganos, necesidad de segundos trasplantes, y también a una mayor mortalidad y morbilidad[107].

Se han realizado hasta la fecha un total de tres estudios del empleo de medicamentos digitales con pacientes trasplantados de algún órgano, con el objetivo de analizar el funcionamiento del sistema, así como las ventajas y desventajas que presenta para este tipo de pacientes. Los estudios fueron conducidos por EISENBERG, U. ET AL., SULLIVAN, S. ET AL. Y TRIPLETT, K. ET AL[108].

---

autores son empleados de *Proteus Digital Health* y la empresa financió el estudio.

107 PRENDERGAST, M.B. y GASTON, R.S., Optimizing Medication Adherence: An Ongoing Opportunity To Improve Outcomes After Kidney Transplantation, *Clinical Journal of the American Society of Nephrology*, 5 (7), 2010, pp. 1305 – 1311, pp. 1305 y 1307.

108 En el año 2013, EISENBERGER, U. ET AL. publicaron un estudio abierto de brazo único, exploratorio, en el que se trató de medir la precisión del Sistema Proteus para el control de la adherencia a los tratamientos en este tipo de pacientes. Durante 12 semanas

se estudió a 20 pacientes estables, tras haber sido trasplantados de riñón una media de 5 – 6 años antes. Se observó una precisión de detección del sensor del 100% en las 34 ingestas realizadas directamente en las visitas clínicas. Cuando no se detectó la ingesta bajo observancia directa la razón fue, principalmente, que el parche no estaba colocado adecuadamente. EISENBERGER, U. et al., Medication Adherence Assessment: High Accuracy of the New Ingestible Sensor System in Kidney Transplants, *Transplantation,* 96 (3), 2013, pp. 245 – 250, p. 246. De los 12 autores, dos son empleados de *Proteus*. Otros dos, de *Novartis*. *Proteus* fue la responsable de la gestión del flujo de información recogido por el sistema. El servidor de *Proteus* era seguro y los datos anonimizados, solo se identificó a los participantes por su número de estudio. El estudio fue financiado por *Proteus*. La información fue transferida a *Novartis*. En el año 2010 *Novartis* invirtió en *Proteus* 24 millones de dólares para utilizar su sistema de medición de la presión sanguínea para comprobar si los pacientes tomaban la medicación que recibían en caso de tratamientos para trasplantes de órganos. Dentro de ese acuerdo también firmaban una serie de derechos opcionales para su uso en oncología, patologías cardiovasculares, y desarrollo clínico. DOLAN, B. (12 de enero de 2010), Novartis invests $24M in Proteus Biomedical, *MobiHealthNews,* disponible en: https://www.mobihealthnews.com/6013/novartis-invests-24m-in-proteus-biomedical última consulta: 25/11/2022.

El estudio dirigido por Sullivan, S. et al. estuvo centrado en 46 pacientes de una media de 14 años, 34 de los cuales habían sido trasplantados de riñón, hígado o corazón y 12 iban a serlo de riñón. En la encuesta realizada a los pacientes y cuidadores, un 89% respondieron que el sistema les ayudaba a realizar una mejor gestión de la condición del paciente, y un 91% que era sencillo utilizarlo. SULLIVAN, S. et al., Impact of a Novel Digital Medicine Program on Adherence and Utilization in Pediatric Transplant Patients, *2019 American Transplant Congress,* disponible en: https://atcmeetingabstracts.com/abstract/impact-of-a-novel-digital-medicine-program-on-adherence-and-utilization-in-pediatric-transplant-patients, última consulta: 25/11/2022. En el estudio, dos de los cinco autores son empleados de *Proteus*.

En su estudio de 2018, Triplett K, et al., analizaron los beneficios y problemas que podría presentar el sistema *Proteus,* tanto reporta-

De estos análisis se puede extraer que el funcionamiento del sistema fue correcto, y en general, los pacientes se sintieron cómodos empleándolo, a la vez que experimentaban una mejora en sus índices de adherencia. Los profesionales sanitarios, sin embargo, observaron ciertas complicaciones en la configuración del sistema.

De los estudios mencionados, solamente en uno no participaba la empresa *Proteus Digital Health.*

---

dos por pacientes, como por cuidadores y profesionales. Uno de los mayores obstáculos que observaron fueron las declinatorias a participar: un total de 43 de 79 potenciales participantes. Finalmente, solo participaron 33, de los cuales 27 abandonaron el estudio antes de los 6 meses, y solamente 6 completaron el programa. Los datos que permitieron realizar el estudio se obtuvieron de 21 pacientes, a los que se les realizó una encuesta. Los pacientes tenían de 6 a 21 años, y habían sido trasplantados de hígado (13) o trasplantados de riñón (8). La encuesta a los niños y niñas arrojaba datos tales como que el 100% de ellos se sintieron cómodos con que sus profesionales sanitarios conocieran cómo estaban tomando la medicación, y a todos les resultó fácil usar el iPad y la *app* de *Proteus.* La encuesta a adolescentes reflejaba que el 71% se sentía cómodo conociendo que sus profesionales controlaban su adherencia a la medicación, al 69% le resultó fácil manejar el iPad y la *app,* y al 43% no le importó llevar el parche. Al 79% (el porcentaje más alto) le pareció sencillo aprender cómo funcionaba el sistema. Los padres estuvieron cómodos compartiendo la información de la adherencia de sus hijos en un 91% de los casos. De entre los profesionales sanitarios, hubo un 17 % que consideró dificultoso configurar el sistema y solo un 33% estaba completamente de acuerdo en que el sistema *Proteus* ayudaba a los pacientes a alcanzar sus objetivos con el tratamiento, el 50% estaba parcialmente de acuerdo, y el 17% no manifestó opinión al respecto. TRIPLETT, K.N. et al., Digital medicine program with pediatric solid organ transplant patients: Perceived benefits and challenges, *Pediatric Transplantation,* 23 (7), 2019, pp. 1 – 12. Ninguno de los autores pertenece a *Proteus Digital Health,* y no declaran conflictos de interés.

1.5.4. Cáncer

Desde septiembre de 2018 también se ha estudiado la utilidad del sistema *Proteus* para pacientes de cáncer. El sensor de *Proteus* ha sido incorporado a un medicamento quimioterapéutico oral (capecitabina)[109]. En la investigación, siete pacientes de cáncer colorectal en fase 3 o 5 están siendo tratados, con el objetivo de observar si es posible mejorar la adherencia a los tratamientos y con ello, mejorar la salud de los pacientes[110]. El estudio piloto fue desarrollado con la colaboración de la Universidad de Minnesota, *Fairview Health Services* y *Proteus Digital Health,* si bien, aún no ha sido publicado[111].

1.5.5. Trastornos mentales

Los pacientes que sufren enfermedades mentales tienen altas probabilidades de presentar índices de baja adherencia debido a sus particulares patologías: en ocasiones no son conscientes de estar enfermos, padecen impedimento cognitivo

---

109 NELSON, R. (6 de febrero de2019), Digital Pill May Improve Adherence to Oral Cancer Drugs, *Medscape,* disponible en: https://www.medscape.com/viewarticle/908759 última consulta: 25/11/2022.

110 ROBBINS, R. (17 de enero de 2019), A 'digital pill' for cancer patients is rolled out for the first time, in hopes of improving outcomes, *STAT,* disponible en: https://www.statnews.com/2019/01/17/a-digital-pill-for-cancer-patients-is-rolled-out-for-the-first-time-in-hopes-of-improving-outcomes/, última consulta: 28/4/2022.

111 Businesswire. (17 de enero de 2019), *Proteus Digital Health® Launches Digital Oncology Medicines to Improve Patient Outcomes.* disponible en: https://www.businesswire.com/news/home/20190117005164/en/Proteus-Digital-Health®-Launches-Digital-Oncology-Medicines-to-Improve-Patient-Outcomes última consulta 25/11/2022.

relacionado con psicosis, o perciben falta de eficacia de la medicación[112], entre otras razones.

Hasta la fecha se ha realizado un estudio sobre este tipo de pacientes. KANE ET AL.[113] observaron en su estudio que la adherencia fue superior al 70% en todos los pacientes que participaron, y el 89% de ellos consideró que el sistema *Proteus* les era de utilidad. Es especialmente en este tipo de patologías en las que el sistema *Proteus* presenta una sustantiva utilidad por la industria farmacéutica.

---

112 KANE, J. et al., Non-adherence to medication in patients with psychotic disorders: epidemiology, contributing factors and management strategies, *World Psychiatry,* 12 (3), 2013, pp. 216 – 226, p. 221.

113 En el año 2013 publicaron un estudio observacional de cuatro semanas desarrollado entre los años 2010 y 2011 en 12 adultos con trastorno bipolar y 16 adultos con esquizofrenia. El objetivo era observar la viabilidad y seguridad del sistema en este tipo de pacientes. El 96% de los sujetos completaron el estudio, mostrando una adherencia media del 74%, con una identificación correcta de entre el 64 y el 86%, el 67% de las dosis fueron tomadas en una ratio de dos horas entorno a la hora a la que correspondía. Se monitorizó su actividad física, y la calidad y duración del sueño. Los efectos adversos observados más comunes estaban relacionados con irritaciones en la piel como consecuencia del uso del parche, lo cual se manifestó en el 18% de sujetos. No se reportaron efectos adversos relacionados con la ingesta del sensor, ni tampoco se observó un empeoramiento del estado de salud mental como consecuencia del uso del este sistema de control del paciente. El 70% encontró el sistema fácil de entender, el 78% afirmó que les gustaría recibir recordatorios en su teléfono móvil si olvidaban tomar la medicina, y el 89% consideró que el sistema les era de utilidad. KANE, J.M. et al., First Experience With a Wireless System Incorporating Physiologic Assessments and Direct Confirmation of Digital Tablet Ingestions in Ambulatory Patients With Schizophrenia or Bipolar Disorder, *The Journal of Clinical Psychiatry,* 74 (6), 2013, pp. 533 – 540.

2. Otros sensores aprobados: el sensor del sistema *EtectRx*

A finales del año 2019, otra compañía, *Etectrx*, recibió la aprobación 510(k) por parte de la FDA de otro sensor ingerible[114]. El *ID-Cap System de EtectRx*, consiste en un sensor portable diseñado para rastrear la ingesta de una cápsula de gelatina ingerible. El objetivo es registrar, rastrear y establecer tendencias en los tiempos de ingesta, con la finalidad de realizar una recopilación de datos para aplicaciones clínicas[115].

En este caso, tras la ingesta del sensor, el sistema emite una señal de radiofrecuencia (RFID) de baja potencia, que consiste en un mensaje digital desde el interior del paciente que será detectada por un lector portable[116].

El sistema está compuesto por la cápsula, el lector, y el *software* que permite que la información se distribuya entre el paciente y el profesional. La cápsula (*ID-Capsule*) lleva en su interior el sensor (*ID-Tag*), y la señal es recogida por el lector portable (*ID-Cap Reader*). El lector portable verifica el mensaje como un evento de ingesta válido y envía la señal utilizando el protocolo de *Bluetooth Low Energy (BLE)*, al sistema utilizado por el paciente y el profesional[117]. En este caso no se trata de un parche,

---

114 La solicitud previa de comercialización 510(K) se utiliza para "demostrar que el producto es seguro y efectivo, esto es, equivalente sustancialmente a un producto que está legalmente en el mercado (*section* 513(i)(1)(A) FD&C Act), lo que implica que el producto no tendrá que transcurrir por el proceso de aprobación previa de comercialización" FDA, *510(k) Premarket Notification,* disponible en: https://www.accessdata.fda.gov/scripts/cdrh/cfdocs/cfpmn/pmn.cfm, última consulta: 22/11/2022.

115 FDA (6 de diciembre de 2019), *EtectRx 510(k) Premarket submission,* p. 3 de 15, disponible en: https://www.accessdata.fda.gov/cdrh_docs/pdf18/K183052.pdf, última consulta: 25/11/2022.

116 Ibid., p. 4.

117 Ibid.

lo cual, según la compañía, aporta más comodidad al paciente, que puede separarse del dispositivo en los intervalos de las tomas de la medicación, si bien, ha de asegurarse de que el dispositivo está cercano a su cuerpo cuando se disponga a ingerir la medicación. La información acerca de la ingesta es recogida y enviada a la *app* del *smartphone* del paciente y al portal web que puede instalar su profesional sanitario o farmacéutico, donde se reportarán informes de ingesta de la medicina. Ello permite al sanitario seguir en tiempo real las ingestas del tratamiento por el paciente, permite realizar analíticas de la información recogida por estos dispositivos en diferentes pacientes, y también, puede ser de utilidad para controlar las ingestas en ensayos clínicos[118].

En este caso, el objetivo es únicamente medir la adherencia, apartándose del rastreo de otros datos de salud, a diferencia del sensor de *Proteus*[119]. Este sistema ha sido probado con opioides, tratamientos para el VIH[120] y otro tipo de medicamentos[121].

La compañía se fundó hace una década. En octubre de 2018 solicitó la aprobación por la FDA de este nuevo sensor, aprobación que recibió en diciembre de 2019[122], por la vía

118 ETECTRX, disponible en: https://etectrx.com, última consulta: 25/11/2022.

119 REUTER, E. (9 de diciembre de 2019), New 'smart pill' maker gains FDA *app*roval, *MedCityNews,* disponible en: https://medcitynews.com/2019/12/new-smart-pill-maker-gains-fda-*app*roval/, última consulta: 25/11/2022.

120 ETECTRX (13 de enero de 2020), *Breakthrough ID-Cap System from EtectRx™ Selected to Measure Adherence to HIV Treatment in New University of Colorado Study,* disponible en: https://etectrx.com/breakthrough-id-cap-system-from-etectrx-selected-to-measure-adherence-to-hiv-treatment-in-new-university-of-colorado-study/, última consulta: 25/11/2022.

121 REUTER, E. (9 de diciembre de 2019), New 'smart pill' maker... cit.

122 ETECTRX (9 de diciembre de 2019), *EtectRx Announces U.S. FDA Clearance of Novel Ingestible Event Marker,* disponible en: https://etec-

de la solicitud previa 510(k) de la FDCA, como producto de clase II, a través de la comparación con un producto similar previamente en el mercado, el sensor de *Proteus*. La aprobación fue avalada por la innovación que suponía que, en lugar del parche, el sistema dispusiera de un dispositivo destinado a portar en el cuello del paciente a modo de colgante[123]. La compañía aún no ha llegado a ningún acuerdo con otras compañías farmacéuticas para desarrollar un producto tecnológico-farmacéutico combinado, como sí lo hicieron *Proteus* y *Otsuka* con *Abilify MyCite*[124].

II. EL PRIMER MEDICAMENTO DIGITAL APROBADO: *ABILIFY MYCITE*

El 13 de noviembre de 2017, la FDA anunciaba la aprobación de entrada en el mercado estadounidense del primer medicamento con el sistema *Proteus* integrado: *Abilify MyCite*.

El desarrollo de este medicamento digital (*digital pill*) ha sido posible con la colaboración de la empresa farmacéutica, *Otsuka Pharmaceutical*, Co. Ltd. (*Otsuka*) experimentada en terapias para enfermedades mentales, con la compañía tecnológica *Proteus Digital Health*. De la composición, *Otsuka* aporta el principio activo (aripiprazol) más excipientes, mientras que *Proteus* aporta el sistema digital del que hace uso el tratamiento.

---

trx.com/etectrx-announces-u-s-fda-clearance-of-novel-ingestible-event-marker/, última consulta: 25/11/2022.

123 Véase el análisis comparativo en: FDA (6 de diciembre de 2019), *EtectRx 510(k) Premarket submission*... cit., pp. 5 y ss.

124 REUTER, E. (9 de diciembre de 2019), New 'smart pill' maker... cit.

1. Indicaciones de uso

El tratamiento consiste en un antipsicótico indicado para el tratamiento de adultos con esquizofrenia, tratamiento agudo de episodios maníacos y mixtos asociados con trastorno bipolar I, y como tratamiento complementario del trastorno depresivo severo[125]. Su uso no ha sido autorizado ni para pacientes pediátricos ni para el tratamiento de pacientes con psicosis relacionada con demencia[126].

---

125 FDA, CENTER FOR DRUG EVALUATION AND RESEARCH, *Application number: 207202orig1s000: Product Quality Review(s)*, p. 14 de 86, disponible en: https://www.accessdata.fda.gov/drugsatfda_docs/nda/2017/207202Orig1s000ChemR.pdf, última consulta: 25/11/2022.
Los síntomas de esquizofrenia incluyen la paranoia, escuchar voces, creer que otras personas están leyendo su mente o controlando sus pensamientos, ser desconfiado y poco sociable. El trastorno bipolar, también conocido como enfermedad maniaco-depresiva, es otro trastorno mental que genera cambios de humor, de energía, en los niveles de actividad, y la en la capacidad de llevar a cabo actividades del día a día. Entre los síntomas: períodos alternativos de depresión y un humor irritable o excitado, mucha actividad y descanso, pensamientos apresurados, hablar deprisa, comportamiento impulsivo y poca necesidad de dormir. Estos pacientes deberán observar una vigilancia exhaustiva ante la posibilidad de que experimenten pensamientos o conductas suicidas. FDA (13 de noviembre de 2017), FDA approves pill with sensor that digitally tracks if patients have ingested their medication, *FDA News Release*, disponible en: https://www.fda.gov/news-events/press-announcements/fda-*app*roves-pill-sensor-digitally-tracks-if-patients-have-ingested-their-medication, última consulta: 25/11/2022.

126 OTSUKA PHARMACEUTICAL CO., LTD., (14 de noviembre de 2017), Otsuka and Proteus Announce the First U.S. FDA Approval of a Digital Medicine System: ABILIFY MYCITE® (aripiprazole tablets with sensor), *News Releases*, disponible en: https://www.otsuka.co.jp/en/company/newsreleases/2017/20171114_1.html, última consulta: 25/11/2022.

Este sistema está diseñado para ayudar al paciente a llevar un registro de la ingesta diaria de su medicación y facilitar un diálogo más informado y claro con su profesional, que pueda contribuir a una toma de decisiones más informada y participativa. A través de este tratamiento, el facultativo podrá controlar la adherencia del paciente, conocer si ha dejado de seguirlo, o por qué lo ha hecho[127], y hacer un seguimiento más cercano de los efectos de la toma de la medicación (o la falta de esta) por el paciente.

Que el primer medicamento digital esté destinado a sujetos que padecen trastornos psiquiátricos plantea serias preocupaciones pues, entre otras razones, algunos de estos pacientes experimentan síntomas paranoicos (sensación de sentirse vigilados, alucinaciones), lo que pone de relieve el potencial peligro que este tipo de terapias digitales de monitorización podrían suponer para su salud, con el agravante añadido de que, a día de hoy, solo existe un estudio publicado que analiza la utilidad y consecuencias de la aplicación de esta tecnología a este grupo de pacientes. No obstante, este tipo de tratamiento también ofrece beneficios, especialmente en lo que se refiere a la tranquilidad de los profesionales o familiares para el cuidado de su ser querido, habida cuenta de que ahora podrán llevar un control objetivo de la adherencia al tratamiento de su familiar y paciente enfermo[128].

Según *Otsuka*, los profesionales sanitarios pueden informar a los pacientes acerca de los extremos relevantes de este tratamiento, entre ellos, su funcionamiento. La formación a los

---

127 WAMSLEY, L. (14 de noviembre de 2017), FDA Approves First Digital Pill That Can Track Whether You've Taken It, *NPR*, disponible en: https://www.npr.org/sections/thetwo-way/2017/11/14/564112345/fda-approves-first-digital-pill-that-can-track-if-youve-taken-it, última consulta: 25/11/2022.

128 Ibid.

profesionales sanitarios acerca del funcionamiento del tratamiento será realizada por presentaciones rutinarias de *Otsuka*. La formación al cuidador figura en el portal web de la compañía farmacéutica[129].

2. Composición y funcionamiento

El sistema *Proteus* es incorporado a *Abilify* (aripiprazol), un medicamento que había sido patentado por la empresa farmacéutica *Otsuka* en el año 2002[130] y que vio expirada su patente recientemente. Nace así un nuevo medicamento digital: *Abilify MyCite*.

La composición y funcionamiento de este nuevo tratamiento se articula de la siguiente manera (Fig. 1): el comprimido de aripiprazol con la tecnología integrada, el sensor de *Proteus* que, al entrar en contacto con los fluidos gástricos, enviará una señal al parche que porta el paciente adherido a su piel, registrando el medicamento ingerido, la dosis y el momento de la ingesta; a continuación, el parche (*the Proteus Patch*) –un sensor portable adherido al torso del sujeto– recoge la información enviada por el sensor y otros datos de salud, encriptando toda la información y enviándola al *smartphone* del paciente vía *bluetooth*; allí el *software* médico de *Otsuka* procesa la información recibida, la organiza y la muestra en la *app (Proteus Discover)*. A continuación, esos datos son comunicados al servidor seguro de datos de *Otsuka* (*Otsuka cloud-based server*) –para lo cual puede utilizarse una red wifi–, al que podrán tener acceso terceros

---

129 FDA, CENTER FOR DRUG EVALUATION AND RESEARCH, *Application number: 207202orig1s000: Product Quality Review(s)*... cit., p. 82 de 86.

130 FDA (13 de noviembre de 2017), FDA approves pill with sensor... cit.

autorizados a través de portales web de *Otsuka*[131], que son dos: el portal web del profesional y el portal web del cuidador[132].

Fig. 1. Flujo de información bajo el tratamiento *Abilify MyCite.*

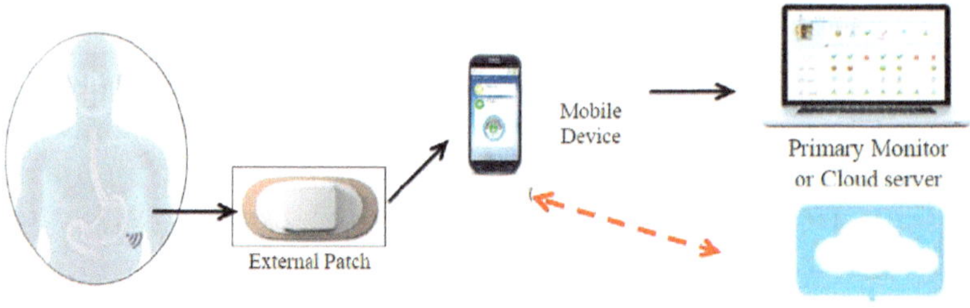

[Fuente: FDA, CENTER FOR DRUG EVALUATION AND RESEARCH, *Application number: 207202orig1s000: Summary Review*]

La novedad que presenta el nuevo tratamiento combinado con el sistema *Proteus* en contraste con la anterior versión no digital del medicamento radica en la posibilidad controlar, a través del sensor, en qué medida el paciente se adhiere a las pautas indicadas por su profesional sanitario. Aunque

---

131 FDA, CENTER FOR DRUG EVALUATION AND RESEARCH, *Application number: 207202orig1s000: Product Quality Review(s)*... cit., p. 15 de 86.

132 FDA, CENTER FOR DRUG EVALUATION AND RESEARCH, *Application number: 207202orig1s000: Other Review(s)*, p. 1, disponible en: https://www.accessdata.fda.gov/drugsatfda_docs/nda/2017/207202Orig1s000OtherR.pdf, última consulta: 25/11/2022; FDA, CENTER FOR DRUG EVALUATION AND RESEARCH, *Application number: 207202orig1s000: Summary Review*... cit., p. 3; FDA, CENTER FOR DRUG EVALUATION AND RESEARCH, *Application number: 207202orig1s000: Product Quality Review(s)*... cit., p. 7 de 86; FDA, CENTER FOR DRUG EVALUATION AND RESEARCH, *Application number: 207202orig1s000: Summary Review*... cit.

este tipo de tratamiento es innovador en el sentido apuntado, la empresa titular del medicamento no logró acreditar en el proceso de aprobación que los resultados de los ensayos evidenciasen que el producto muestra capacidad para mejorar adherencia al tratamiento por el paciente. Así lo menciona la propia FDA en uno de sus documentos: "la capacidad del producto para mejorar la adherencia [al tratamiento] no ha sido probada"[133]. Así, en el proceso de aprobación únicamente se pudo evidenciar que el sistema de transmisión de información funcionaba correctamente, sin que ello se tradujese directamente en un incremento de los índices de adherencia.

2.1. El comprimido de aripiprazol con el sensor de Proteus (Ingestible Event Marker) integrado

La composición de los comprimidos de aripiprazol de *Abilify MyCite*[134] es cualitativa y cuantitativamente idéntica a la de los comprimidos de aripiprazol de *Abilify*. Aquellos únicamente ven alterado su contenido en dos aspectos: con la integración en su interior, en el proceso de fabricación, del

[133] Traducción propia. BELLUCK, P., (13 de noviembre de 2017), First Digital Pill Approved to Worries About Biomedical 'Big Brother', *The New York Times,* disponible en: https://www.nytimes.com/2017/11/13/health/digital-pill-fda.html, última consulta: 25/11/2022.

[134] Se trata de comprimidos de 2 mg, 5 mg, 10 mg, 15 mg, 20 mg, y 30 mg, en dosis diarias, suministrados en botes de 30 comprimidos. FDA, CENTER FOR DRUG EVALUATION AND RESEARCH, *Application number: 207202Orig1s000: Proprietary Name Review(s),* p. 1, disponible en: https://www.accessdata.fda.gov/drugsatfda_docs/nda/2017/207202Orig1s000NameR.pdf, última consulta: 25/11/2022. Cada kit contiene 30 comprimidos y 7 parches. FDA, CENTER FOR DRUG EVALUATION AND RESEARCH, *Application number: 207202orig1s000: Other Review(s)*... cit., p. 11.

sensor de *Proteus*, y con el uso de colorantes para distinguir la nueva fórmula de la antigua[135].

2.2. El parche (the MyCite Patch)

El parche recoge la información enviada por el sensor cuando este es ingerido, así como otra serie de datos: actividad, frecuencia cardíaca y reposo. Toda la información recogida por el parche es encriptada y enviada vía *bluetooth* a la *app* del *smartphone* del paciente[136].

Desde que el parche recibe la información hasta que llega a la *app*, puede existir un retraso de algunos minutos, por ello, en las instrucciones de uso del tratamiento *Otsuka* advierte que los pacientes habrán de ser informados de este extremo[137].

La batería del parche dura una semana aproximadamente. La información generada después de que la batería del parche se agote, no será transmitida a la *app*. Asimismo, el parche posee un icono de estado que indica la calidad de su conectividad, de forma que se mostrará rojo en el caso de que la conectividad sea mala, cuando la señal *bluetooth* sea insuficiente y, por tanto, la conexión con la *app* no sea buena, cuando el contacto con la piel no es adecuado, o cuando necesite un recambio[138].

---

135 FDA, CENTER FOR DRUG EVALUATION AND RESEARCH, *Application number: 207202orig1s000: Summary Review*... cit., p. 3.

136 FDA, CENTER FOR DRUG EVALUATION AND RESEARCH, *Application number 207202Orig1s000: Administrative and Correspondence Documents*... cit., p. 12.

137 FDA, CENTER FOR DRUG EVALUATION AND RESEARCH, *Application number: 207202orig1s000: Product Quality Review(s)*... cit., p. 82 de 86.

138 FDA, CENTER FOR DRUG EVALUATION AND RESEARCH, *Application number 207202Orig1s000: Administrative and Correspondence Documents*... cit., p. 11.

El parche está diseñado para ser resistente al agua y ser utilizado durante el baño. El etiquetado incluye una guía sobre el manejo del parche e indicaciones de uso en determinadas circunstancias, por ejemplo, en el caso de que el paciente vaya a someterse a una resonancia magnética[139].

2.3. El software médico de Otsuka

Existen tres componentes principales en el *software* médico que emplea *Otsuka* en este tratamiento: la *app* del paciente, el servidor seguro de datos, y el portal web[140].

2.3.1. La app (Proteus Discover) instalada en el smartphone del paciente

La *app* posee una serie de características automáticas y opcionales. Las automáticas incluyen el registro de la adherencia al tratamiento, es decir, el registro de la información recopilada por el sensor sobre la dosis y el momento de la ingesta del medicamento, información que se organiza de forma diaria, semanal y mensual en la *app* y que el paciente puede consultar en cualquier momento. Esa información es automáticamente transmitida al servidor de datos de *Otsuka* para ser procesada y poder ser mostrada en el portal web del profesional sanitario o cuidador. Entre las características opcionales de la *app*, están introducir su estado de ánimo y calidad del sueño/descanso, y compartirlo con terceros autorizados (cuidadores o facultativo), así como compartir con esos terceros la información recogida por el parche sobre la actividad y el descanso[141]. La

---

139 FDA, CENTER FOR DRUG EVALUATION AND RESEARCH, *Application number: 207202orig1s000: Product Quality Review(s)*... cit., p. 82 de 86.

140 Ibid., p. 28 de 86.

141 Ibid., pp. 15 y 16 de 86.

app no necesita estar continuamente encendida para asegurar la recogida de datos; la información se transmite al servidor cuando se sincronice el sistema[142].

El *software* de *Proteus*, ubicado en el teléfono móvil, es el que permite almacenar la información del sensor y el parche, que una vez recibida es mostrada en la *app* del *software* de *Otsuka*, desde donde los pacientes podrán acceder a ella. Desde allí, la misma es enviada al servidor de datos de *Otsuka*[143]. De esta forma, terceros autorizados podrán tener acceso a esa información[144].

Es importante destacar que la *app*, de momento, no interpreta ni toma ninguna decisión clínica basándose en la información que recibe, y su funcionamiento no pretende sustituir la actuación del profesional, sino que se trata de un sistema de monitoreo del paciente cuya función es complementar la actividad del profesional[145].

---

142 FDA, CENTER FOR DRUG EVALUATION AND RESEARCH, *Application number 207202Orig1s000: Administrative and Correspondence Documents*... cit., p. 11.

143 FDA, CENTER FOR DRUG EVALUATION AND RESEARCH, *Application number: 207202orig1s000: Product Quality Review(s)*... cit., p. 28 de 86.

144 OTSUKA (1 de enero de 2018), *Ablify MyCite system Terms of Use, Privacy Notice, and Authorization & Consent. Patient authorization & consent*, disponible en: https://www.*Otsuka*-us.com/media/static/Abilify-Mycite-Patient-Consent.pdf, última consulta: 25/11/20221

145 Sin embargo, ese monitoreo, advierte la compañía, no se realiza en tiempo real y por tanto no debe utilizarse en situaciones de emergencia. FDA, CENTER FOR DRUG EVALUATION AND RESEARCH, *Application number: 207202orig1s000: Product Quality Review(s)*... cit., p. 28 de 86.

2.3.2. Servidor de datos de Otsuka (la nube)

Cuando la *app* se inicia, el parche es reconectado y los datos son sincronizados y descargados. Si se agota la batería del parche antes de que la información sobre la ingesta sea transmitida a la *app*, y por tanto, al servidor de datos de *Otsuka*, los datos se habrán perdido. Habrá una reconexión (y resincronización) automática de datos cuando se reponga el parche y se conecte a la *app*[146].

Solo es posible conectar un *smartphone* al parche. Si el teléfono se pierde o sufre daños, la información generada a partir de ese momento no se podrá transmitir a la nube, si bien, la información recopilada previamente sí podrá estar disponible en aquella[147]. Solo en ese caso, los datos podrán ser recuperados del servidor de datos y sincronizados a un teléfono nuevo[148]. Durante el periodo que el teléfono está perdido o inutilizado, la información recogida por el parche se perderá hasta que otro teléfono sea conectado. El etiquetado proporciona una guía sobre los pasos a seguir si el paciente pierde el teléfono o se le estropea[149].

Una vez la información es enviada al servidor de datos de *Otsuka*, podrán acceder a ella terceros autorizados por el

---

146 FDA, CENTER FOR DRUG EVALUATION AND RESEARCH, *Application number: 207202orig1s000: Product Quality Review(s)*... cit., pp. 81 y 82 de 86.

147 FDA, CENTER FOR DRUG EVALUATION AND RESEARCH, *Application number 207202Orig1s000: Administrative and Correspondence Documents*... cit., p. 12.

148 FDA, CENTER FOR DRUG EVALUATION AND RESEARCH, *Application number: 207202orig1s000: Product Quality Review(s)*... cit., p. 82 de 86.

149 Ibid., p. 84 de 86.

paciente: *Otsuka* y sus vendedores, el equipo médico, familiares y amigos, la farmacia o su aseguradora[150].

2.3.3. El portal web del profesional sanitario o cuidador

Ni la *app* instalada en el *smartphone* del paciente ni el portal sanitario al que accederán cuidadores o facultativos autorizados poseen actualmente funciones de apoyo de decisiones clínicas. Su función, únicamente, radica en monitorizar al paciente[151].

El paciente decide qué información comparte con terceros[152]. El cuidador o profesional solo podrá acceder a la información generada por el paciente, recogida por el sistema y almacenada en la nube cuando reciba una invitación por email que el paciente le envíe a través de su *app*. Del mismo modo, en cualquier momento, el paciente puede denegar el acceso a su información, o volver a concederlo enviándole una nueva invitación[153].

Ninguna información se perderá si el paciente reconecta a sus datos al mismo profesional, pero si el permiso que concede es a un profesional sanitario nuevo, la información que se ha compartido con el anterior no se compartirá con

---

150 OTSUKA. (1 de enero de 2018), *Ablify MyCite system Terms of Use, Privacy Notice, and Authorization & Consent,* disponible en: https://www.otsuka-us.com/products-solutions-and-patient-support/abilify-mycite-information, última consulta: 25/11/2022.

151 FDA, CENTER FOR DRUG EVALUATION AND RESEARCH, *Application number: 207202orig1s000: Other Review(s)...* cit., p. 1.

152 FDA, CENTER FOR DRUG EVALUATION AND RESEARCH, *Application number: 207202orig1s000: Product Quality Review(s)...* cit., p. 82 de 86.

153 FDA, CENTER FOR DRUG EVALUATION AND RESEARCH, *Application number 207202Orig1s000: Administrative and Correspondence Documents...* cit., p. 11.

este[154], con la salvedad de aquella que haya sido incorporada a la historia clínica.

La formación de los profesionales en el uso del portal web y del sistema en su conjunto es algo que *Otsuka* anticipa, señalando que cuidadores y profesionales sanitarios serán formados en el uso del parche y la *app*, y sobre cómo instruir y asistir a los pacientes que utilicen el sistema[155].

3. Procedimiento administrativo de aprobación por la FDA

Aripiprazol es un antipsicótico que fue aprobado originariamente el 15 de noviembre de 2002 (*Abilify; NDA021436*), por la FDA, a solicitud de *Otsuka Pharmacuetica Company,* Ltd.[156]. El 26 de junio de 2015, la compañía farmacéutica presentó a la FDA una nueva solicitud (*New Drug Application, NDA*) para la aprobación del medicamento *Abilify*, al incorporar a aquel el sistema *Proteus.* Los comprimidos del medicamento *Abilify* se verían únicamente alterados por la incorporación del sensor

---

154 FDA, CENTER FOR DRUG EVALUATION AND RESEARCH, *Application number: 207202orig1s000: Product Quality Review(s)...* cit., p. 84 de 86.

155 FDA, CENTER FOR DRUG EVALUATION AND RESEARCH, *Application number 207202Orig1s000: Administrative and Correspondence Documents...* cit., p. 12.

156 Una serie de ensayos clínicos con comprimidos de aripiprazol acreditaron la seguridad y eficacia del tratamiento.
a) Cuatro ensayos a corto plazo y un estudio de mantenimiento en adultos que padecían esquizofrenia.
b) Cuatro ensayos de monoterapia a corto plazo y un ensayo complementario de seis semanas en pacientes adultos con episodios maníacos o mixtos.
c) Un ensayo de monoterapia de mantenimiento y un ensayo complementario de mantenimiento en pacientes adultos con trastorno bipolar I.

de *Proteus* en su interior, así como por la adición de colorantes para distinguirlo de la versión previa del tratamiento[157].

Se trataba de una solicitud de aprobación como dispositivo médico clase II: *Abilify MyCite* (medicamento de Aripiprazol + sistema de transmisión de información de *Proteus* autorizado bajo el procedimiento 510 (k) FDCA). En la solicitud se exponía un uso del tratamiento en adultos, excluyendo un uso pediátrico (irritabilidad asociada a trastorno autista para el tratamiento del trastorno de Tourette, por ejemplo)[158].

El 3 de agosto de 2015 la *Division of Psychiatry Products (DPP)* solicitó que la *Division of Medical Policy Programs (DMPP)* revisara la propuesta que el solicitante había realizado sobre la *Medication Guide* para esa nueva aplicación del producto farmacéutico[159]. Tras un primer ciclo de revisión[160], se desestimó la solicitud presentada por *Otsuka*[161]; pues, aunque los estudios *in vitro* fueron positivos, los estudios *in vivo* no demostraron

---

157 Dos ensayos a corto plazo en pacientes adultos con trastorno depresivo severo que tuvieron una respuesta inadecuada a la terapia antidepresiva. FDA, CENTER FOR DRUG EVALUATION AND RESEARCH, *Application number: 207202Orig1s000: Labeling*, p. 34, disponible en: https://www.accessdata.fda.gov/drugsatfda_docs/nda/2017/207202Orig1s000Lbl.pdf, última consulta: 25/11/2022; FDA, CENTER FOR DRUG EVALUATION AND RESEARCH, *Application number: 207202orig1s000: Other Review(s)*... cit., p. 3 de 62

158 FDA, CENTER FOR DRUG EVALUATION AND RESEARCH, *Application number: 207202orig1s000: Summary Review*... cit., p. 1.

159 FDA, CENTER FOR DRUG EVALUATION AND RESEARCH, *Application number: 207202orig1s000: Other Review(s)*... cit., p. 46 de 62.

160 FDA, CENTER FOR DRUG EVALUATION AND RESEARCH, *Application number: 207202Orig1s000: Other Action Letters,* disponible en: https://www.accessdata.fda.gov/drugsatfda_docs/nda/2017/207202Orig1s000OtherActionLtr.pdf, última consulta: 25/11/2022.

161 FDA, CENTER FOR DRUG EVALUATION AND RESEARCH, *Application number: 207202orig1s000: Other Review(s)*... cit., p. 36 de 62.

que el funcionamiento fuese a ser óptimo[162]. En esta primera fase de revisión, se acreditó positivamente, no obstante, la compatibilidad electromagnética y la seguridad eléctrica, mecánica y termal[163]. *Otsuka* acreditó la bioequivalencia entre el aripiprazol oral ya aprobado (sin sensor) y el nuevo producto (aripiprazol con sensor), amparándose en los resultados de eficacia y seguridad que la agencia encontró previamente la versión no digital del medicamento[164].

En las instrucciones de uso de *Osuka* (*labeling*), mencionan que la seguridad de *Abilify MyCite* ha sido probada en los ensayos de *Abilify* (aripiprazol sin sensor), que incluyen a un total de 13.543 pacientes adultos que participaron en estudios en los que se les suministró múltiples dosis para esquizofrenia, trastorno bipolar, trastorno depresivo severo, y otros desórdenes.

---

162 FDA, CENTER FOR DRUG EVALUATION AND RESEARCH, *Application number: 207202orig1s000: Product Quality Review(s)*... cit., p. 37 de 86.

163 Ibid., p. 64 de 86.

164 Ibid., p 43 – 46 de 86; y FDA, CENTER FOR DRUG EVALUATION AND RESEARCH, *Application number: 207202orig1s000: Summary Review*... cit., p. 5.
El compuesto medicamentoso de aripiprazol más sensor es, en esencia, de la misma composición química que el aripiprazol sin sensor. El solicitante fue requerido demostrar, por tanto, que el sensor integrado no afecta negativamente la liberación de aripiprazol del comprimido oral. Se realizaron dos estudios comparativos *in vitro*, tras los que se concluyó que la incorporación del sensor a los comprimidos de aripiprazol no supone un cambio en el perfil de disolución *in vitro* del medicamento. Por ello, desde una perspectiva biofarmacéutica, se conceden todas las exenciones solicitadas por la compañía para los puntos fuertes del compuesto aripiprazol más sensor. Por recomendación de la FDA, el solicitante llevó a cabo una serie de estudios de factores humanos para establecer la seguridad y efectividad en el uso del compuesto aripiprazol más sensor. FDA, CENTER FOR DRUG EVALUATION AND RESEARCH, *Application number: 207202orig1s000: Product Quality Review(s)*... cit., p. 50 y 66 de 86.

Un total de 3.390 pacientes fueron tratados con aripiprazol oral durante al menos 180 días y 1.933 durante al menos un año. Las condiciones incluyeron estudios abiertos, doble ciego, comparativos y no comparativos, en pacientes hospitalizados y ambulatorios, estudios de dosis fija y dosis flexible, así como exposición a largo y a corto plazo. Los efectos adversos más comunes, que se dieron en alrededor de un 10% de los participantes, fueron náuseas, vómitos, estreñimiento, dolor de cabeza, mareos, acatisia, ansiedad, insomnio e intranquilidad. En el etiquetado puede encontrarse más información sobre aripiprazol sin sensor[165].

No se testó el compuesto sobre animales, en su lugar, se apela a los estudios sobre animales realizados en la solicitud de aprobación 510(k) del sensor de *Proteus*[166]. Se realizaron dos estudios *in vivo* para comprobar la precisión de detección del sensor y determinar la latencia de información en el sistema: los estudios fueron *Osmitter 316-13-206A* y *Osmitter 316-13-206B*[167]. Uno de los principales problemas detectados en ellos

---

165 FDA, CENTER FOR DRUG EVALUATION AND RESEARCH, *Application number: 207202Orig1s000: Labeling...* cit., p. 15 y ss.

166 FDA, CENTER FOR DRUG EVALUATION AND RESEARCH, *Application number: 207202orig1s000: Product Quality Review(s)...* cit., p. 68 de 86.

167 El estudio *Osmitter 316-13-206A* utilizó una versión anterior del sensor de *Proteus*, con el que se observó baja detectabilidad y elevada latencia en la transmisión de información. El estudio *Osmitter 316-13-206B* se realizó con la que sería la versión comercial del sensor, que arrojó unos resultados más favorables: de cada 116 ingestas, cuatro no fueron detectadas y siete (el 10%) tardaron más de 30 minutos en detectarse. El 95% de las ingestas se detectaron en un período dos horas. Aunque bajo las condiciones ideales del *206B* la *app* detectó el 90% de los comprimidos en menos de 30 minutos, llevó dos horas detectar dos comprimidos y fracasó en detectar el 50% de los comprimidos de un solo sujeto.
FDA, CENTER FOR DRUG EVALUATION AND RESEARCH, *Application number: 207202orig1s000: Summary Review...* cit., p. 7;

fue la relativamente elevada falta de detección de la ingesta de comprimidos, así como la elevada variabilidad en los tiempos de transmisión de la información: la significativa latencia del *software* de *Otsuka* en el contexto ideal en el que se desarrollaba el estudio fue indicativa de que en condiciones normales los pacientes no recibirían una confirmación de la detección de la ingesta[168]. Se mostró que esa circunstancia generaba el riesgo de que el paciente tomase comprimidos adicionales, o dejase de tomar los que debía, si el sistema no registraba el evento de la ingesta correctamente[169]; aunque el *206B* mostraba que el

---

FDA, CENTER FOR DRUG EVALUATION AND RESEARCH, *Application number: 207202orig1s000: Product Quality Review(s)*... cit., pp. 37 y 43 de 86.

168 FDA, CENTER FOR DRUG EVALUATION AND RESEARCH, *Application number: 207202orig1s000: Product Quality Review(s)*... cit., p. 43 de 86.

169 En el informe emitido el 9 de marzo de 2016, por la *Division of Medication Error Prevention and Analysis (DMEPA), Office of Medication Error Prevention and Risk Management (OMEPRM), Office of Surveillance and Epidemiology (OSE), Center for Drug Evaluation and Research (CDER)*, a petición de la *Division of Psyquiatry products, (DPP)*, se hace hincapié en una serie de resultados de la evaluación de la incidencia de los factores humanos en el uso del sistema. 35 de 36 participantes encontraron dificultades en el uso de la *app* o cometieron errores en una tarea "crítica" o clave (definida como aquella en la que un error podría generar un daño en la salud del paciente). Ese porcentaje de participantes era representativo de lo que podría suceder en un contexto real. Entre ellos, muchos de los participantes encontraron más de una dificultad o cometieron más de un error en una tarea clave a lo largo del estudio, por lo que esas incidencias no fueron ni puntuales, ni únicas en los participantes. Esos errores conducían a los participantes, en ocasiones, a tomar la decisión de ingerir dosis extras, o a dejar de tomar la medicación. Ello puede derivar en consecuencias más o menos graves, dependiendo del paciente. Mientras que para algunos puede suponer una alteración mínima, para otros puede suponer empeoramientos, recaídas y rehospitalizaciones. Una dosis extra también puede incrementar los síntomas

sensor utilizado en su versión comercial permitía realizar un mejor uso del producto. El estudio de factores humanos en el uso del sistema tampoco arrojó resultados positivos ni suficientes para concluir que el usuario realizaría un uso seguro y efectivo del tratamiento. Así, la FDA instó a la compañía a que realizase mejoras en la interfaz del usuario para mitigar riesgos en la ingesta y asegurar que el producto sería usado de forma segura por los pacientes[170].

En respuesta, el solicitante, en un nuevo intento de aprobación, realizó una serie de cambios para su segunda solicitud: actualizó y modificó la *app*, reenvió toda la documentación acerca del *software* tras incorporar los cambios para abordar las deficiencias observadas en los factores humanos y aportó un nuevo estudio de validación de los factores humanos en el uso de la *app*[171].

En este nuevo estudio de validación de factores humanos en el uso del sistema de *Abilify MyCite*, participaron un total

---

para este tipo de pacientes, especialmente aquellos que padecen bipolaridad. De los 35 pacientes en los que se observó algún tipo de incidencia, se produjeron 46 dificultades en el uso, y 104 errores. En relación con áreas clave: hubo un total de 29 dificultades y 88 errores. Solo un participante pudo manejar el sistema sin ningún tipo de dificultad y sin cometer errores. Por tanto, la Agencia concluyó con que el estudio no proporcionaba ni suficiente ni la necesaria información para determinar que el sistema garantiza un uso efectivo del producto: los pacientes, en un contexto real, no serían capaces de usar correctamente el parche y la *app*. Por ello, la Agencia instó al solicitante a mejorar las instrucciones de uso para mitigar la existencia de riesgos de errores que pudiera experimentar el usuario. FDA, CENTER FOR DRUG EVALUATION AND RESEARCH, *Application number: 207202orig1s000: Other Review(s)*... cit., p. 56 de 62.

170 FDA, CENTER FOR DRUG EVALUATION AND RESEARCH, *Application number: 207202orig1s000: Summary Review*... cit., pp. 4 y 5.

171 Ibid.

de 35 sujetos, de diferentes grupos de diagnóstico: 12 de ellos padecían esquizofrenia, 12 trastorno bipolar I, y 11 trastorno depresivo severo[172].

---

172 Se les dividió en dos grupos aleatoriamente. A uno de los grupos le asistió un profesional sanitario que les ayudó con el manejo del sistema. Mientras al segundo grupo se les proporcionó el kit completo y configuraron el sistema por su cuenta. Una de las circunstancias más llamativas que se observó fue que se mostrase la información de la ingesta como "registrada" o "no registrada" podría llevar al usuario a tomar una dosis extra. Para evitarlo, el usuario tiene que desplazarse al estado de ingesta del día presente, y no del día anterior. La guía de la medicación y los vídeos de instrucciones inciden en la precaución que hay que tener: no se deben tomar dosis extra en función de la información proporcionada en la *app*. En todo caso, explican, una ingesta extra o una omisión de la dosis es poco probable que cause un daño significativo para el paciente. Además, existe un número de teléfono en el etiquetado del producto y en la *app*, disponible para los usuarios que necesiten asistencia o experimenten una pérdida de funcionalidad en el sistema. En relación con los problemas que dos participantes experimentaron con el manejo del parche, se recomendó a *Otsuka* que incidieran sobre ello en el vídeo instructivo.
En general, los participantes cometieron pocos errores en el uso del sistema: en las actividades propuestas (descargar la *app*, ponerse el parche, ingerir la pastilla, quitar el parche, reponerlo, comprobar el estado del parche, y similares) se registraron solamente ocho dificultades en las tareas, y 13 errores. La actividad que más dificultad presentó fue la colocación del parche: en ella fallaron cuatro personas; dos no lo pusieron correctamente, y los otros dos tuvieron dificultades para ponérselo. En el caso de que el parche no esté colocado adecuadamente, se despliega una alerta en la *app* que avisa al usuario de la necesidad de arreglar o cambiar el parche. El vídeo instructivo sobre cómo colocar el parche describe claramente cómo ha de adherirse aquel al torso. En ese sentido, los errores y dificultades fueron mitigados por las medidas adoptadas por *Otsuka*. FDA, CENTER FOR DRUG EVALUATION AND RESEARCH, *Application number: 207202orig1s000: Other Review(s)*... cit., pp. 7, 9, 14–16.

Tras su análisis, concluye la Agencia que el estudio muestra que, aunque aún se observan errores en el uso realizado por los participantes que podrían derivar en la ingesta de dosis extras o en omitir la ingesta que corresponde, los riesgos que ello genera son mínimos y no significativos. Según la Agencia, *Otsuka* había mitigado los riesgos en ese sentido a un nivel aceptable. A mayores, la Agencia realizó observaciones en relación con el etiquetado del sistema, emitiendo una serie de recomendaciones a incorporar por el solicitante[173].

Tras esos cambios todos los miembros de la *Office of Pharmaceutical Quality (OPQ)* y del *Center for Devices and Radiological Health (CDRH)* [174] y sus consultores recomendaron la aprobación. Concluyeron con que el solicitante había realizado estudios clínicos para verificar el funcionamiento *in vivo* e *in vitro,* demostrándolo adecuadamente. En relación con los ensayos clínicos *Osmitter,* ambos demostraron una latencia menor para los propósitos del tratamiento. Casi el 95% de los pacientes recibiría una confirmación de detección positiva en dos horas tras la ingesta, y consideraron que ese funcionamiento era adecuado para asegurar la seguridad y efectividad del rastreo diario y semanal de los parámetros de paciente[175]. También mencionaron, que, dados los resultados arrojados por el estudio *Osmitter 206B,* los resultados individuales de cada paciente dependerán de la capacidad de aquel para usar el sistema correctamente. Ello descargó una serie de responsabilidades en *Otsuka* para mejorar su etiquetado del producto, en concreto, las instrucciones de uso, en papel y en formato electrónico. Y

---

173 Ibid., pp. 9 y 10.

174 FDA, CENTER FOR DRUG EVALUATION AND RESEARCH, *Application number: 207202orig1s000: Summary Review...* cit., p. 3.

175 FDA, CENTER FOR DRUG EVALUATION AND RESEARCH, *Application number: 207202orig1s000: Product Quality Review(s)...* cit., p. 25 de 86.

también señala que el producto no ha demostrado que pueda realmente incrementar la adherencia a los tratamientos de los pacientes. Además, la FDA añade que un mal uso no incidirá significativamente en la salud del paciente, pues este podrá continuar tomando la medicación. Y si el sistema funciona bien, el profesional podrá conocer con éxito sus patrones de ingesta, facilitándole un diálogo con el paciente y pudiendo entonces realizarle recomendaciones personalizadas.

Finalmente, las oficinas revisoras de la solicitud aceptaron aprobarlo, bajo la condición de que la empresa contemplara recomendaciones en las limitaciones del uso del sistema, que se centraron, principalmente, en incluir en el etiquetado la falta de demostración del tratamiento para incrementar la adherencia de los pacientes; y que no sirve para rastrear la ingesta en tiempo real o durante una emergencia, ya que la transmisión de datos puede retrasarse o no ocurrir[176].

A lo largo del proceso de revisión se plantearon una serie de cuestiones regulatorias entorno al *software* de *Otsuka*, dado que aquel se describía en el etiquetado como parte del producto. Menciona la Agencia que la regulación del *software* está en evolución, especialmente, desde las declaraciones de la Directora de la *OPQ* y *OPPQ* (*Office of Policy for Pharmaceutical Quality*) tras la aprobación del *21st Century Cures Act*, que determinó que el *software* no necesita estar regulado por la Agencia tal y como figura en el sistema, dado que la información que se despliega en el portal web del profesional sanitario simplemente resume la información recopilada, sin que el *software* (ni el portal web, ni la *app*) posea capacidades para emitir ningún tipo de recomendación terapéutica[177], controle la liberación del aripi-

---

176 FDA, CENTER FOR DRUG EVALUATION AND RESEARCH, *Application number: 207202orig1s000: Summary Review...* cit., pp. 7 y 8.

177 FDA, CENTER FOR DRUG EVALUATION AND RESEARCH, *Application number: 207202orig1s000: Summary Review...* cit., p. 5.

prazol, ni determine la dosis que ha de ingerirse. La comunicación de información es unidireccional, solo se transfiere de la nube al portal web (y no del portal web a la nube o al paciente) y, del mismo modo, la *app*[178] no proporciona ningún consejo de tratamiento al paciente, ni el profesional puede comunicarse con el paciente a través de ella[179].

La propia Agencia reconoce que el estudio de la solicitud ha planteado numerosas cuestiones inéditas, si bien, no por ello se ha generado una barrera para dar luz verde al primer medicamento digital con tecnología incorporada para el seguimiento del paciente[180].

Meses después de la entrada al mercado de este innovador producto farmacéutico, se ha cuestionado la evidencia cien-

---

178 La *Office of Prescription Drug Promotion (OPDP)* advirtió una serie de problemas en relación con la *app*. Aquella posee la capacidad, además de rastrear la ingesta del medicamento, de registrar el estado de ánimo, actividad, y descanso, lo cual fue considerado como "*promotional labeling*" (etiquetado promocional), sujetas a regulación. La OPDP recomendó que estas características adicionales fueran completamente eliminadas de la *app*. Estas recomendaciones fueron discutidas internamente en el Consejo Regulador Médico en octubre de 2017, en el proceso de revisión. Tras la reunión, se decidió que esas características se mantuviesen funcionales en la *app*, incorporando un aviso legal en ella y en el etiquetado (por ejemplo, que estas no han sido evaluadas por la FDA). Este aviso debería aparecer en el apartado de "limitaciones de uso" del etiquetado del producto, en la pantalla de inicio de la *app*, en la pantalla de inicio y en la pantalla resumen del portal web. FDA, CENTER FOR DRUG EVALUATION AND RESEARCH, *Application number: 207202orig1s000: Summary Review*... cit., p. 6.

179 FDA, CENTER FOR DRUG EVALUATION AND RESEARCH, *Application number: 207202orig1s000: Product Quality Review(s)*... cit., p. 27 de 86.

180 FDA, CENTER FOR DRUG EVALUATION AND RESEARCH, *Application number: 207202orig1s000: Summary Review*... cit., p. 8.

tífica que respaldó la aprobación por la FDA. COSGROVE ET AL., realizan una crítica sobre el proceso de aprobación de este primer medicamento digital. Apuntan que ninguno de los ensayos clínicos analizados por la FDA hacía mención alguna a las recaídas de pacientes, remisiones en la enfermedad o nuevos episodios, ni tampoco estudian la calidad de vida del paciente en cuanto a síntomas con el tratamiento de *Abilify MyCite.* Además, no se aportó, ni se exigió por la Agencia, ningún estudio comparativo entre el tratamiento de *Abilify* (aripiprazol sin sensor) y *Abilify MyCite* (aripiprazol con sensor), por lo que, como apunta la FDA en una de sus cartas al solicitante, no hay manera de conocer si el nuevo tratamiento realmente mejora la adherencia al mismo por el paciente; como tampoco permite conocer en qué medida, por comparación a la versión no digital del tratamiento, mejora su calidad, sus síntomas o recaídas. El solicitante ha podido demostrar, únicamente, en qué medida el usuario podrá utilizar el nuevo producto farmacéutico de forma exitosa, en tanto que el sistema de transmisión de información funcione correctamente. A todo ello, añaden la débil consistencia científica que respaldó la propia aprobación de la versión no digital de aripiprazol, y recalcan el peligro potencial que podría suponer este sistema para pacientes de una enfermedad en la que una de las patologías puede consistir en paranoia. Con todos estos argumentos, entre otros a los que se tendrá la oportunidad de aludir más adelante en esta investigación, los autores manifiestan serias dudas y preocupaciones sobre este precedente que supone el criterio utilizado en el análisis de este producto farmacéutico por la FDA[181].

---

181 COSGROVE, L. et al., Digital aripiprazole or digital evergreening? A systematic review of the evidence and its dissemination in the scientific literature and in the media, *BMJ Evidence-Based Medicine,* 24 (6), 2019, pp. 231 – 238, pp. 235 y 236.

Tiempo después, el prometedor y millonario acuerdo que en su día habían firmado *Otsuka* y *Proteus* para el suministro del primer medicamento digital en el terreno de las enfermedades psiquiátricas, ha visto su fin recientemente, como así lo anunciaron ambas compañías a comienzos del 2020. Algunos mencionan que tras esta ruptura está una mala adaptación de este innovador tipo de tratamiento entre los agentes implicados en el cuidado de la salud: pacientes, profesionales, etc. lo que derivó en pocas ventas para *Otsuka*, y bajos ingresos para *Proteus*. En definitiva, un negocio poco rentable[182]. Así las cosas, la compañía *Proteus* terminaría quebrando, quedando en manos de *Otsuka* la venta de *Abilify MyCite*[183].

Con anterioridad a la desaparición de *Proteus*, un nuevo medicamento digital se ha aprobado dentro de un programa de estudio en enfermos de cáncer. En este caso, gracias a la colaboración de *Proteus Digital Health* con la Universidad de Minesota y *Fairview Health Services*, como se anticipó anteriormente. La diferencia de este medicamento digital oncológico con *Abilify MyCite* radica en –a parte del grupo de pacientes al que va destinado– que el sensor está co-ecapsulado con el comprimido oncológico, sensor y comprimido dentro de la misma cápsula. Esta circunstancia muestra una peculiaridad en el proceso regulatorio que deja abierta la puerta a nuevas estrategias comerciales para las compañías farmacéuticas en la introducción de nuevos productos farmacéuticos. En el caso de *Abilify MyCite*, la compañía necesitó someter la autorización a un proceso de Nueva Aplicación Farmacéutica (NDA), dado que se trata de un producto contemplado dentro de la sección 3.2 (e)(1) del Código de Regulaciones Federales, y el aripiprazol (el medi-

---

182 ROBBINS, R. (14 de enero de 2020). A forerunner in 'smart pills' adopts… cit.

183 ABILIFY MYCITE, diponible en: https://www.abilifymycite.com/, última consulta: 4/4/2024

camento) es el principio activo (*primary mode of action, PMOA*) requerido. Se trata de un proceso largo y costoso, algo que podría desincentivar la entrada de nuevos productos de este tipo. Sin embargo, la integración del sensor junto con el medicamento –y no dentro de él, sino de forma separada–, dentro de una misma cápsula, permite al solicitante evitar transcurrir por el proceso de NDA, sin que sea necesaria una aprobación específica por la FDA, así sucedió con el medicamento digital oncológico[184]. Ello permitirá a aquellos solicitantes que traten de innovar sobre productos farmacéuticos obsoletos introducir su producto en el mercado con un menor número de barreras regulatorias y, por tanto, en un plazo más breve de tiempo.

Aunque hasta la fecha no se ha aprobado la entrada al comercio de ningún medicamento digital nuevo, *Abilify MyCite* ha allanado el camino para la aprobación de nuevos medicamentos digitales.

---

184 GERKE, S. et al., Ethical and legal issues of ingestible electronic sensors, *Nature Electronics*, 2, 2019, pp. 329 – 334, p. 331.

Capítulo III.

Aprobación de los dispositivos médico-tecnológicos desde el derecho comparado. Un marco regulatorio en términos de riesgos y beneficios.

El IoT en el ámbito sanitario ha abierto la puerta a un inédito escenario. El nacimiento de innovadores dispositivos médico-tecnológicos ha conducido a una actualización de la normativa reguladora de aprobación de los productos sanitarios.

El marco regulatorio de aprobación de los dispositivos médico-tecnológicos, así como los estándares técnicos de funcionamiento, aunque pueden variar de unos a otros productos en función de su complejidad o su finalidad de uso, habrán de basarse en una serie de características condicionantes para que el dispositivo caiga bajo una concreta categoría normativa y, por tanto, le sean aplicadas unas determinadas normas en el proceso de aprobación[185].

En este apartado se estudia cómo han llevado a cabo esta actividad dos agencias referentes de nuestro contexto cultural en el campo de la medicina digital y sobre las cuales se ha centrado especialmente la literatura jurídica comparada: las competentes en Estados Unidos y Europa.

---

185 POLLICINO, O. et al., M-Health at the Crossroads between the Right... cit., p. 12.

I. MARCO REGULATORIO DEL PROCESO DE APROBACIÓN EN ESTADOS UNIDOS

La *Federal Food, Drug and Cosmetic Act* de 1938 (*FDCA*) y sus posteriores modificaciones[186], superaron las deficiencias de la *Pure Food and Drugs Act* de 1906, y otorgaron competencias regulatorias y aprobatorias a la FDA sobre los productos alimenticios, sanitarios y cosméticos que entran en el mercado estadounidense.

---

186 Dos de las enmiendas realizadas a la *Federal Food, Drug and Cosmetic Act* que afectan a la autoridad regulatoria de la FDA en relación con los dispositivos médico-tecnológicos son la *Medical Electronic Data Technology Enhancement for Consumers' Health (MEDTECH) Act* (2016) S. 1101, "To amend the Federal Food, Drug, and Cosmetic Act to provide for the regulation of patient records and certain decision support *software*", *114th Congress 2d Session,* de 27 de abril de 2015, pp. 1 – 15, disponible en: https://www.congress.gov/114/bills/s1101/BILLS-114s1101rs.pdf, última consulta: 25/11/2022; y la *Sensible Oversight for Technology which Advances Regulatory Efficiency (SOFTWARE) Act* (2013) H. R. 3303 "To amend the Federal Food, Drug, and Cosmetic Act to provide for regulating medical *software,* and for other purposes", *113th Congress 1st Session,* de 22 de octubre de 2013, pp. 1 – 5, disponible en: https://www.congress.gov/bill/113th-congress/house-bill/3303/text?q=%7B%22search%22%3A%5B%22Sensible+Oversight+for+Technology+Which+Advances+Regulatory+Efficiency%22%5D%7D, última consulta: 25/11/2022.
Una y otra tratan de clarificar qué tipos de *software* están sujetos a la regulación de la FDA. Esta última se transformaría posteriormente en la *21st Century Cures Act,* una ley aprobada en 2016 con el objetivo de acelerar el desarrollo de innovadores productos sanitarios. Esta ley mejora el diseño de ensayos clínicos y la evaluación de resultados, que facilita una mayor rapidez en el desarrollo y revisión de nuevos productos médicos, entre otras cosas. FDA (31 de enero de 2020), *21st Century Cures Act,* disponible en: https://www.fda.gov/regulatory-information/selected-amendments-fdc-act/21st-century-cures-act, última consulta: 25/11/2022.

Los numerosos daños asociados al uso de estos productos a lo largo del siglo XX (se llegaron a notificar más de 700 fallecimientos y otras 10.000 personas sufrieron graves daños por el uso recomendado) fueron los que empujaron a conceder autoridad regulatoria a la FDA en el año 1976, con el objetivo de revisar los productos sanitarios complejos antes de su llegada al comercio[187].

La regulación que ha llevado a cabo la FDA sobre productos tecnológicos, *softwares* o *apps* móviles con funcionalidad sanitaria no ha sido uniforme a lo largo de su historia. Las competencias regulatorias de la FDA se recogen en el Título 21 del Código de Regulaciones Federales (CFR)[188], e incluyen tanto la elaboración de leyes federales legalmente vinculantes, como la elaboración de guías que, aunque no son legalmente vinculantes, reflejan cuál es la postura de la FDA relativa a la aprobación de determinados productos sanitarios[189]. Los últimos desafíos regulatorios se han presentado con el desarrollo de *apps* y *softwares* presentes en dispositivos tecnológicos que poseen practicidad médica. Se trata de una cuestión relevante, pues en función de la clasificación que de ellos haga la FDA, caerán dentro de su ámbito regulatorio de aprobación con unos requerimientos u otros.

---

187 GILMER, E., Developing mobile *apps* as medical devices: Understanding U.S. government regulations. What medical mobile *app* developers need to know, *IBM DeveloperWorks*, 2019, pp. 1 – 13, p. 2.

188 FDA (19 de septiembre de 2019), *CFR–Code of Federal Regulations Title 21*… cit.

189 FDA (28 de marzo de 2018), *What is the difference between the Federal Food, Drug, and Cosmetic Act (FD&C Act), FDA regulations, and FDA guidance?*, disponible en: https://www.fda.gov/about-fda/fda-basics/what-difference-between-federal-food-drug-and-cosmetic-act-fdc-act-fda-regulations-and-fda-guidance, última consulta: 25/11/2022.

1. Clasificación de los productos sanitarios en el ámbito estadounidense

El artículo 201(h) de la FDCA detalla lo que la FDA entiende por "producto":

> "[...]un instrumento, aparato, implemento, máquina, artilugio, implante, reactivo *in vitro* u otro artículo similar o relacionado, que incluye un componente o accesorio [...] (2) cuyo uso intencionado es en el diagnóstico de enfermedades u otras afecciones, o en la cura, mitigación, tratamiento, o prevención de enfermedades, en el ser humano o en animales, [...] y que no cumple su finalidad principal a través de un proceso químico dentro o sobre el cuerpo humano o de un animal, y que no depende de ser metabolizado para realizar su finalidad primaria[...]".

Partiendo de esta definición, la FDA ha establecido una clasificación de productos sanitarios en función del riesgo que presentan para la salud del paciente si aquellos no funcionan correctamente: clase I, clase II y clase III.

En la clase I se encuentran aquellos productos sanitarios cuyo funcionamiento erróneo supone un riesgo bajo para el paciente. Para este tipo de productos únicamente se establecen unos controles generales de aprobación. Algún ejemplo de productos de clase I son los vendajes elásticos o los guantes.

En la clase II se ubican aquellos productos que presentan un riesgo moderado ante un eventual fallo en su funcionamiento. Para ellos, los controles generales para asegurar la seguridad y efectividad son insuficientes para su aprobación, por lo que se establecen controles más especiales, tales como requerimientos específicos en el etiquetado, el cumplimiento de determinados estándares obligatorios de funcionamiento y vigilancia tras su entrada en el mercado. Algún ejemplo de productos sanitarios dentro de esta clase II son las sillas de ruedas o batas quirúrgicas.

Por último, en la clase III se ubican aquellos productos que presentan un riesgo grave para la salud ante un mal funcionamiento como en el caso de aquellos que suponen un soporte vital o tienen capacidad de prevenir un accidente. Por otra parte, aunque no muestren esta peligrosidad potencial, aquellos productos que son completamente nuevos también serán ubicados en la clase III, a causa del desconocimiento que se tiene sobre los riesgos asociados. Sobre los productos de la clase III se establecen controles especiales que pueden incluir el cumplimiento de exigentes estándares de funcionamiento, un seguimiento post-comercialización, un registro de pacientes que emplearán dicho producto, o un desarrollo de guías, recomendaciones, y otras medidas que aseguren que el producto se podrá utilizar de forma segura y efectiva suprimiendo al máximo todo tipo de riesgo. Algunos ejemplos de estos productos de la clase III son los marcapasos implantables o los implantes endoóseos[190].

2. Regulación del *software* médico

El *software* de los dispositivos médico-tecnológicos ha constituido un foco de atención en la redacción de normativas. El *software* puede constituir una parte integrada en el producto sanitario, un producto autónomo en sí mismo, o una *app* en un dispositivo. Cuando convergen *software* y dispositivo médico-tecnológico se plantean mayores problemáticas en la elaboración de normativas en Estados Unidos y Europa[191].

En el caso de que el "uso intencionado" del *software* implique algún tipo de función directamente médica, será considerado un "producto" según la FDCA y, por tanto, quedará amparado

---

190 GILMER, E., Developing mobile *apps* as medical devices… cit., p. 5 y 6.

191 PASHKOV, V. et al., Medical device software: defining key terms, *Wiadomości lekarskie,* 69 (6), 2015, pp. 813 – 817, p. 813.

por la regulación de la FDA y sometido a su aprobación. En el caso de que su finalidad se restrinja a una mejora del bienestar en general, quedaría fuera de ese ámbito. Por esta razón, conocer la finalidad o el uso intencionado del *software* es perentorio para determinar la normativa de aplicación. Habrá que estar, por tanto, a las declaraciones promocionales que realice el desarrollador o fabricante de dicho producto o al etiquetado que lo acompañe[192].

Tradicionalmente, ha sido a través de las tres categorías mencionadas que se ha clasificado el *software* empleado por los dispositivos médico-tecnológicos. Sin embargo, el avance y emergencia de nuevos *softwares*, más complejos y autónomos, con capacidades terapéuticas y de diagnóstico, ha supuesto un desafío para el paradigma regulatorio de aprobación establecido por la FDA, dado que requerirán unos estándares de aprobación más específicos y exigentes que aquellos establecidos para los productos sanitarios tradicionales[193].

En el año 1989 la FDA concretó por primera vez una normativa que enfocada especialmente en los *softwares* de aplicación médica. En ese mismo año publicó el borrador de un documento denominado "*FDA Policy for the Regulation of Computer Products*", conocido como "*Draft Software Policy*", que ya contemplaba el criterio por el cual la Agencia aplicaría lo dispuesto en la FDCA para un producto computacional. Sin embargo, este instrumento quedaría pronto obsoleto a medida que emergían productos más avanzados, pues se llegó a la conclusión de que no era posible elaborar una política general de *softwares* que

---

192 DANZIS, S. D. y PRUITT, C., Rethinking the FDA's Regulation of Mobile Medical *Apps*, *The SciTech Lawyer*, 9 (3), 2013, pp. 1 – 5, p. 2; POLLICINO, O. et al., M-Health at the Crossroads between the Right… cit., p. 17.

193 ELENKO, E. et al., A regulatory framework emerges for digital medicine, *Nature Biotechnology*, 33 (7), 2015, pp. 697 – 702, p. 698.

fuera aplicable a todas las cuestiones que pudiesen plantear los dispositivos que lo contuviesen[194].

Las exigencias y requerimientos a los solicitantes para realizar cualquiera de los trámites en aras de obtener una aprobación por la FDA de *softwares* integrados en dispositivos médicos están sujetas a recomendaciones de la Agencia. En mayo de 2005, la FDA publicó la "*Guidance for the Content of Premarket Submissions for Software Contained in Medical Devices*"[195], que combinaba el contenido de dos Guías precedentes: la "*Reviewer Guidance for a Premarket Notification Submission for Blood Establishment Computer Software*", publicada el 13 de enero de 1997, y la "*Guidance for FDA Reviewers and Industry: Guidance for the Content of Premarket Submissions for Software Contained in Medical Devices*", publicada el 29 de mayo de 1998[196].

---

194 DANZIS, S. D. y PRUITT, C., Rethinking the FDA's Regulation... cit., p. 2.

195 Las recomendaciones que la Guía de 2005 realiza a los solicitantes se basan en los riesgos derivados del uso del *software* en cuestión. En concreto, se refiere a la estimación del daño en el usuario que puede derivarse de un eventual fallo del dispositivo. Clasifica dichos riesgos en menores, moderados o mayores. El tipo de documentación requerida en el proceso de aprobación y la extensión de la misma dependerá del "nivel de preocupación" que el *software* presente, en relación a dicho riesgo. En general, los documentos que recomienda aportar la Guía a la solicitud de comercialización previa (*Premarket Approval, PMA*), consisten en: (1) describir el diseño del producto, (2) documentar cómo se implementó ese diseño, (3) demostrar cómo se testó ese producto, (4) mostrar que el solicitante identificó los daños adecuadamente y gestionó los riesgos de forma efectiva, e (5) incluir un análisis de trazabilidad

196 Esta guía se aplica a todos los tipos de solicitudes previas a la comercialización de los *softwares*, incluyendo: *premarket notificaion 510 (k)*, incluyendo la solicitud tradicional, especial y abreviaba, la *premarket approval application (PMA)*, la *investigational device exemption (IDE)*, y la *humanitarian Device Exemption (HDE)*. En la propia Guía mencionan la necesidad de complementar la misma con otras guías, tales

Posteriormente, en el año 2011 la FDA asentó un precedente con dos cuestiones fundamentales. La primera, que aquellos *softwares* que transfieren almacenan, convierten o muestran información del producto sanitario sin realizar un análisis, encender alarmas o realizar un monitoreo activo del paciente –los denominados *Medical Device Data System* (MDDS)– serían clasificados dentro de la clase I. Y la segunda, que los *softwares* que incluyen *apps* móviles tendrán la consideración de "accesorios" a productos sanitarios tradicionales, como son, por ejemplo, los medidores de glucosa. Bajo la regla de la accesoriedad, estos productos son clasificados igual que el producto al que acompañan y, por tanto, sometidos a las mismas exigencias de aprobación de aquel[197].

En los años 2019 y 2022 se actualizó la *Policy for Device Software Functions and Mobile Medical Applications,* en coherencia con la *21st Century Cures Act,* en concreto, el artículo 3060(a), que reformó el artículo 520 de la FDCA eliminando algunas funciones de *software* de la definición de dispositivo del artículo 201(h); con la Guía "*Medical Device Data Systems, Medical Image Storage*

---

como la Guía "*General Principles of Software Validantion*", que contiene recomendaciones para *software* relacionados a un dispositivo; o a la "*Guidance for Off-the-Shelf Software Use in Medical Devices*", cuando el dispositivo utiliza un *software* estándar. También señala que los desarrolladores de dispositivos *software* deberían mantener una documentación sobre el *software* de acuerdo con los requerimientos de la *Quality System Regulation (21 CFR parte 820)*. U.S. DEPARTMENT OF HEALTH AND HUMAN SERVICES, FOOD AND DRUG ADMINISTRATION; CENTER FOR DEVICES AND RADIOLOGICAL HEALTH, OFFICE OF DEVICE EVALUATION, OFFICE OF *IN VITRO* DIAGNOSTICS; CENTER FOR BIOLOGICS EVALUATION AND RESEARCH, OFFICE OF BLOOD RESEARCH AND REVIEW. (11 de mayo de 2005). *Guidance for the Content of Premarket Submissions for Software...* cit., pp. 2 – 3.

197 DANZIS, S. D. y PRUITT, C., Rethinking the FDA's Regulation... cit., p. 2.

Devices, and Medical Image Communications Devices" del año 2015; y con la armonización en la terminología para las aplicaciones *software* como *Software as Medical Device* (SaMD), establecida en el *International Medical Device Regulators Forum* de 2014.

Esta guía, sin fuerza jurídica vinculante, configura el actual criterio de la FDA a la hora de evaluar las solicitudes de aprobación de los *softwares* con funcionalidad médica. En este sentido, el *software* del dispositivo que caiga bajo el paraguas regulador de la FDA habrá de someterse a los requerimientos asociados a la clasificación del propio dispositivo: controles generales si se encuentra dentro de la clase I, controles específicos si se encuentra clasificado en la clase II, o el procedimiento de *premarket approval* si se encuentra en la calse III.

Será competencia de la FDA la evaluación de los *softwares* que transformen una plataforma computacional con funciones generales o una plataforma móvil a través de accesorios, despliegue de pantallas, sensores u otros medios, en un dispositivo sanitario regulado. La FDA lo considerará un software de dispositivo sanitario si su función es: (1) controlar el dispositivo o analizar los datos recogidos por el dispositivo al que está asociado, (2) transformar una plataforma móvil en un dispositivo médico regulado, o (3) el análisis específico del paciente o la asistencia al profesional para la prevención, el diagnóstico o el tratamiento de una enfermedad.

La Guía especifica los límites en el ejercicio de la facultad de ejecución de la FDA (a través de la denominada *enforcement discretion*), entre los que se encuentran los *softwares* que ayudan a los paciente o usuarios a una autogestión de su enfermedad sin proporcionar sugerencias específicas de tratamiento o un tratamiento específico, o automatizar tareas simples para los profesionales sanitarios. Aunque estos *softwares* son considerados softwares de dispositivo médico, la FDA se abstiene de exigir mayores estándares de aprobación debido al bajo riesgo que presentan. Algunos ejemplos vendrían dados por los *soft-*

wares que proporcionan o facilitan un cuidado clínico complementario, a través de orientación para ayudar a los pacientes a gestionar su salud en el día a día, *softwares* que son específicamente comercializados para ayudar al paciente a comunicarse con su profesional, por ejemplo, a través del envío de imágenes, o *softwares* que realizan cálculos simples rutinarios usados en la práctica clínica[198].

3. Regulación de las *apps* móviles

Del mismo modo que sucede con el software médico, las *apps* móviles médicas (*mobile medical apps*) pueden presentar limitaciones que se traduzcan en riesgos, por ejemplo, que las imágenes que tome el dispositivo se vean afectadas por el tamaño demasiado pequeño de la pantalla en la que se proyecten, por un bajo contraste de luces, etc. La FDA también trata de abordar esas limitaciones a través de estándares regulatorios[199].

---

[198] U.S. DEPARTMENT OF HEALTH AND HUMAN SERVICES, FOOD AND DRUG ADMINISTRATION; CENTER FOR DEVICES AND RADIOLOGICAL HEALTH, OFFICE OF DEVICE EVALUATION, OFFICE OF *IN VITRO* DIAGNOSTICS; CENTER FOR BIOLOGICS EVALUATION AND RESEARCH, OFFICE OF BLOOD RESEARCH AND REVIEW (28 septiembre 2022), *Policy for Device Software Functions and Mobile Medical Applications Guidance for Industry and Food and Drug Administration Staff*, disponible en: https://www.fda.gov/regulatory-information/search-fda-guidance-documents/policy-device-software-functions-and-mobile-medical-applications última consulta: 16/4/2023.

[199] U.S. DEPARTMENT OF HEALTH AND HUMAN SERVICES, FOOD AND DRUG ADMINISTRATION; CENTER FOR DEVICES AND RADIOLOGICAL HEALTH; CENTER FOR BIOLOGICS EVALUATION AND RESEARCH (21 de julio de 2011), *Draft Guidance for Industry and Food and Drug Administration Staff: Mobile Medical Applications*, pp. 5 – 6, disponible en: https://www.federalregister.gov/documents/2011/07/21/2011-18537/draft-guidance-for-in-

En julio de 2011, la FDA publicó la "*Draft Guidance for Industry and Food and Drug Administration Staff*", de acuerdo con la cual, únicamente se encargaría de la aprobación de aquellas *apps* móviles que cumpliesen con la definición de producto sanitario del artículo 201(h) de la FDCA, y que, además, consistiesen en una extensión de uno o varios productos sanitarios, conectados a ellos con la finalidad de controlar el mismo, o mostrar, almacenar, analizar o transmitir información específica del paciente; transformaran una plataforma móvil en un dispositivo médico usando enlaces, mostrando pantallas, o sensores, o incluyendo funciones similares a aquellas actualmente reguladas por dispositivos médicos; o bien, permitieran al usuario introducir información específica del paciente, utilizando fórmulas o algoritmos, que proporcionan una serie de resultados específicos del paciente, diagnósticos, o recomendaciones de tratamiento para utilizar en la práctica[200].

De acuerdo con la normativa, cuando se tratase de nuevos dispositivos, estos entrarían de forma automática en la clase III y, por tanto, los solicitantes tendrían que someter su *app* al proceso de aprobación previa (PMA), o solicitar

---

dustry-and-food-and-drug-administration-staff-mobile-medical-*app*lications, última consulta: 25/11/2022.

200 Ibid., pp. 4 y 7; y UNITED STATES CONGRESS, *Hearing before the subcommittee on health of the Committee on energy and commerce house of representatives, one hundred thirteenth congress, first session, November 19, 2013. Serial No. 113 – 99*, p. 13, disponible en: https://books.google.es/books?id=rm_GlZmIFrMC&pg=PA14&lpg=PA14&dq=Draft+Draft+Guidance+for+Industry+and+Food+and+Drug+Administration+Staff:+Mobile+Medical+*App*lications&source=bl&ots=1DS0fupO4D&sig=ACfU3U3WkAXUfA7DXoc9IP0JZHA02OT0jA&hl=es&sa=X&ved=2ahUKEwjZquDB1IvpAhUMLBoKHeNlD8E4ChDoATAAegQIChAB#v=onepage&q=Draft%20Draft%20Guidance%20for%20Industry%20and%20Food%20and%20Drug%20Administration%20Staff%3A%20Mobile%20Medical%20*App*lications&f=false, última consulta: 25/11/2022.

una reclasificación de su producto a una categoría inferior y, en cualquiera de los dos casos, el coste asociado podría constituir un importante desincentivo para introducir en el mercado ciertas *apps* innovadoras[201].

No sería hasta el 25 de septiembre de 2013 cuando la FDA publicase una nueva Guía "*Mobile Medical Applicatons: Guidance for Industry and Food and Drug Administration Staff*", que sería actualizada en los años 2015, 2019 y 2022[202]. Esta sigue estableciendo como criterio regulatorio la definición de producto sanitario del artículo 201(h) de la FDCA, teniendo en cuenta la reforma introducida en el artículo 520 de la misma[203]. La principal innovación que introducía la Guía de 2013 y que se mantuvo en sus actualizaciones posteriores, es que no solo establecía criterios o ejemplos para determinar qué *apps* quedan dentro y fuera de su ámbito de aprobación, sino que también introduce una discreción de aplicación para determinadas

---

201 DANZIS, S.D. y PRUITT, C. Rethinking the FDA's Regulation... cit., p. 3.

202 U.S. DEPARTMENT OF HEALTH AND HUMAN SERVICES, FOOD AND DRUG ADMINISTRATION; CENTER FOR DEVICES AND RADIOLOGICAL HEALTH; CENTER FOR BIOLOGICS EVALUATION AND RESEARCH (27 de septiembre de 2019), *Policy for Device Software Functions and Mobile Medical Applications: Guidance for Industry and Food and Drug Administration Staff*, disponible en: https://www.fda.gov/media/80958/download, última consulta: 25/11/2022.

203 Por tanto, las aplicaciones *software* que se ejecutan en el escritorio de un ordenador, en un ordenador portátil, de forma remota en un sitio web o nube, o en una computadora de mano pueden estar sujetas a la regulación si están destinadas para un uso en el diagnóstico, cura, mitigación, tratamiento o prevención de una enfermedad, o afectan a la estructura o función del cuerpo humano. El nivel de control que se ejercerá sobre el dispositivo en cuestión dependerá del riesgo que presente para la salud pública. Al respecto, Apéndice A de la guía, donde se encuentran una serie de ejemplos. Ibid., p. 18.

apps que cumplen aquella definición de producto sanitario, pero que presentan un bajo riesgo (de nuevo, la denominada "*enforcement discretion*"), tal y como se aplica a los software de dispositivos médicos de acuerdo con la última actualización configurada en la *Policy for Device Software Functions and Mobile Medical Applications* del año 2022[204].

4. Proceso de aprobación

El proceso para la aprobación de los productos sanitarios en Estados Unidos está centralizado en la FDA, a diferencia de lo que sucede en Europa, como se verá en el próximo apartado[205]. Desde el año 1976, además, la FDA posee competencias regulatorias de aprobación del *software* de los productos sanitarios con tecnología integrada[206], competencia que ha venido realizando a través del *Center for Devices and Radiological Health* (CDRH)[207].

---

204 U.S. DEPARTMENT OF HEALTH AND HUMAN SERVICES, FOOD AND DRUG ADMINISTRATION; CENTER FOR DEVICES AND RADIOLOGICAL HEALTH; CENTER FOR BIOLOGICS EVALUATION AND RESEARCH (27 de septiembre de 2019), *Policy for Device Software Functions and Mobile Medical Applications*... cit., p. 2 - 63, pp. 4 - 6.

205 VAN NORMAN, G. A., Drugs and Devices Comparison of European and U.S., *Approval Processes, JACC: Basic to Translational Science,* 1 (5), 2016, pp. 399 – 412, p. 404.

206 Public Law 94-295 (28 de mayo de 1976). An Act To amend the Federal Food, Drug, and Cosmetic Act to provide for the safety and effectiveness of medical devices intended for human use, and for other purposes, disponible en: https://www.govinfo.gov/content/pkg/STATUTE-90/pdf/STATUTE-90-Pg539.pdf, última consulta: 25/11/2022.

207 ELENKO, E. et al., A regulatory framework emerges for digital medicine... cit., p. 697.

El marco regulatorio que realiza el CDRH viene definido en términos de riesgos y beneficios, en cuya ponderación se basa el abanico clasificatorio que utilizan. De esta forma, los productos sanitarios con tecnología integrada también se clasificarían en las tres clases mencionadas. Los de clase I serán los más seguros, como los depresores linguales, férulas, etc.; los de clase II serán aquellos que presenten un riesgo moderado en su uso, como los sistemas de rayos X, los monitores fisiológicos, etc.; y, por último, los de clase III serán los que revelen mayor riesgo en su empleo, como marcapasos, dispositivos para el diagnóstico de ciertas enfermedades, etc. La mayoría de los dispositivos que se ubican en las clases II y III necesitarán una revisión más exhaustiva por parte de la FDA antes de su entrada al mercado[208].

El proceso de aprobación de los productos sanitarios, también con tecnología integrada (productos médico-tecnológicos), se basará en los riesgos que presente el producto en caso de que aquel falle, y en la existencia o no de precedentes similares en el mercado.

En torno a tres cuartas partes de los productos que se ubican en la clase I y un pequeño porcentaje de la clase II, gozan de un estado de exención en el que el solicitante no tendrá que acreditar ensayos clínicos, ni su seguridad, ni su eficacia, y para su aprobación no será necesario acudir a la vía de notificación previa del artículo 510(k). La mayoría de los productos de la clase II, sin embargo, son considerados de mayor riesgo y han de probar que funcionarán correctamente. Para su aprobación será necesario acudir al procedimiento de notificación previa del artículo 510(k), en el que se exige mayor evidencia clínica.

Los productos que presenten riesgos significativamente mayores, por tanto, ubicados en la clase III, tienen que ser

---

208 Ibid.

sometidos a la vía de la aprobación previa a la comercialización, que supone un mayor número de trámites a realizar por el solicitante. Este complejo procedimiento de autorización (PMA) es similar a la aprobación de un nuevo medicamento, ha de contener ensayos propios sobre la evidencia científica del producto, sobre la seguridad y sobre la eficacia. Pueden darse dos situaciones diferentes para los productos que se enmarquen en esta clase III: si el producto posee algún precedente similar en el mercado no serán requeridos ensayos clínicos, dado que el solicitante puede basar la evidencia de seguridad y eficacia de su producto en la evidencia arrojada por el producto ya existente y, en su lugar, el solicitante puede solicitar a la FDA reubicar el dispositivo en una clase inferior, en aplicación del artículo 513(g). En esos casos, generalmente, los productos podrán ser aprobados a través del procedimiento de notificación previa del artículo 510(k). Si el producto, en cambio, es nuevo, será necesario que transcurra estrictamente por el proceso de aprobación previa, con revisiones más exigentes que incluyen ensayos clínicos. No obstante, en este caso, el solicitante también tiene una posibilidad de solicitar a la FDA que reclasifique su producto en una de las clases inferiores en función del riesgo presentado, en el caso de que aquel sea inferior y equiparable al riesgo que presentan los productos de la clase I o II. En el caso de estos productos reubicados en las clases I o II, el proceso de aprobación (denominado "*de novo*") será menos riguroso[209].

---

209 Por esta razón, esta vía se denomina también "*mee too*" ("yo también"). Este proceso centra la mayoría de la actividad regulatoria del CDRH. El proceso "*de novo*" que se contempló originariamente en 1997 era demasiado largo, lo cual restaba rentabilidad a esta vía. En el año 2012, se abrió la puerta a una variación dentro del mismo, que consistía en que el propio solicitante designase en qué clase ubicaba su producto: I o II. Ello dotaba de rapidez a esta vía, lo cual facilitó la entrada al mercado de numerosos productos con

II. MARCO REGULATORIO DEL PROCESO DE APROBACIÓN EN EUROPA

A pesar de las diferencias, la regulación europea comparte algunas similitudes con la normativa estadounidense. La Agencia Europea de Medicamentos (AEM) se creó en 1995 con el objetivo de armonizar procesos en las diferentes oficinas regulatorias nacionales para reducir costes anuales a las compañías farmacéuticas (que hasta entonces necesitaban obtener aprobaciones separadas en cada estado miembro), así como para eliminar procesos que restringían la competencia en los estados miembros. En el territorio europeo existen cuatro vías a través de las cuales puede obtenerse la aprobación de un medicamento, en función de la clase y de las preferencias del fabricante.

La obtención del Marcado Europeo (*CE Mark*) es el requisito previo para que un producto sanitario entre en este mercado, excepto si se trata de productos que se utilizarán para la investigación clínica.

Actualmente, la regulación de los dispositivos o productos sanitarios en Europa se recoge en el Reglamento (UE) 2017/745 del Parlamento Europeo y el Consejo, de 5 de abril de 2017, sobre los productos sanitarios, por el que se modifican la Directiva 2001/83/CE, el Reglamento (CE) n.º 178/2002 y el Reglamento (CE) n.º 1223/2009 y por el que se derogan las Directivas 90/385/CEE y 93/42/CEE del Consejo. Aunque

---

software integrado que, de otra forma, no hubiera resultado rentable. ELENKO, E. et al., A regulatory framework emerges for digital medicine... cit., pp. 697 y 698; VAN NORMAN, G. A., Drugs, Devices, and the FDA: Part 2 An Overview of *App*roval Processes: FDA *App*roval of Medical Devices, *JACC: Basic to Translational Science,* 1 (4), 2016, pp. 277 – 287, p. 278; VAN NORMAN, G. A., Drugs and Devices Comparison of European and U.S... cit., p. 404.

este Reglamento fue aprobado en abril del año 2017, debido a la pandemia por Covid-19 se retrasó su entrada en vigor hasta el 26 de mayo de 2021.

El artículo 2 del mencionado Reglamento contempla la definición de producto sanitario:

> "Todo instrumento, dispositivo, equipo, programa informático, implante, reactivo, material u otro artículo destinado por el fabricante a ser utilizado en personas, por separado o en combinación, con alguno de los siguientes fines médicos específicos:
>
> — diagnóstico, prevención, seguimiento, predicción, pronóstico, tratamiento o alivio de una enfermedad,
>
> —diagnóstico, seguimiento, tratamiento, alivio o compensación de una lesión o de una discapacidad,
>
> — investigación, sustitución o modificación de la anatomía o de un proceso o estado fisiológico o patológico,
>
> — obtención de información mediante el examen in vitro de muestras procedentes del cuerpo humano, incluyendo donaciones de órganos, sangre y tejidos,
>
> y que no ejerce su acción principal prevista en el interior o en la superficie del cuerpo humano por mecanismos farmacológicos, inmunológicos ni metabólicos, pero a cuya función puedan contribuir tales mecanismos. Los siguientes productos también se considerarán productos sanitarios:
>
> — los productos de control o apoyo a la concepción,
>
> — los productos destinados específicamente a la limpieza, desinfección o esterilización de los productos que se contemplan en el artículo 1, apartado 4, y en el párrafo primero del presente punto".

Para lograr el Marcado Europeo, los productos sanitarios habrán reunir los requisitos contemplados en el Reglamento (UE) 2017/745 sobre productos sanitarios "de manera que puedan circular libremente dentro de la Unión y puedan ponerse en servicio con arreglo a su finalidad prevista"[210].

En este sentido, el Reglamento contiene previsiones referentes a sistemas electrónicos programables (artículo 17, Capítulo II del Anexo I), a productos sanitarios activos y productos conectados a ellos (artículo 18 del mismo Capítulo y Anexo), y a productos implantables activos (artículo 19 del mismo Capítulo y Anexo). Todas estas previsiones suponen un considerable avance de la normativa de acuerdo con la precedente Directiva 93/42 CEE (Anexo IX), sobre productos sanitarios.

En primer lugar, cuando se trate de sistemas electrónicos programables, definidos por el propio reglamento como "productos que lleven incorporados sistemas electrónicos programables y programas informáticos que constituyan productos en sí mismos" –en el caso de terapias digitales– exigen el cumplimiento de requisitos de diseño (de forma que se garantice, entre otras cosas, el funcionamiento previsto de acuerdo con el uso para el que se recomienda), y si se trata de productos que lleven incorporados programas informáticos –o cuando el programa informático integrado constituya un producto en sí mismo– será necesario que dichos programas hayan sido fabricados teniendo en cuenta las características específicas de las plataformas móviles con las que se prevé su uso (por ejemplo, tamaño y contraste de la pantalla móvil), así como los factores externos relacionados con su uso (niveles variables de luz o ruido). También señala el Anexo I en el artículo 17.4 del Capítulo II que en las instrucciones de uso será necesario incluir "los requisitos mínimos relativos al soporte físico, características de las redes informáticas y medidas de seguridad informática, incluida la protección contra el acceso no autorizado, necesarios para ejecutar el programa informático de la forma prevista".

---

[210] Considerando 40 y artículo 20 del Reglamento (UE) 2017/745 sobre productos sanitarios.

En el caso de productos sanitarios activos[211] y productos conectados a ellos, el Reglamento establece en el artículo 18 del Capítulo II del Anexo I que, en primer lugar, si la seguridad del dispositivo depende de una fuente de energía interna, habrán de contener medios que puedan advertir de la capacidad de energía de dicha fuente, así como de disponer de alarmas que puedan avisar al usuario de cualquier fallo en la fuente de energía; en segundo lugar, cuando se trate de productos sanitarios destinados a vigilar uno o varios parámetros clínicos, dispone el artículo 18.4 que estos "estarán provistos de sistemas de alarma adecuados que permitan alertar al usuario de las situaciones que pudieran provocar la muerte o un deterioro grave del estado de salud del paciente" –el mejor ejemplo que parece ilustrar esta disposición es el caso de electrocardiogramas inteligentes, de cuyo uso y buen funcionamiento dependerá prevenir situaciones adversas para el paciente–, en relación al diseño y fabricación de esta categoría de dispositivos, establece el Reglamento que habrá de evitarse, en la medida de lo posible, los riesgos de creación de interferencias electromagnéticas que pudieran afectar al funcionamiento del producto por su interacción con otros productos tecnológicos del entorno, así como eventuales descargas eléctricas accidentales para el paciente, usuario u otras personas.

---

211 El Reglamento define producto activo como "todo producto cuyo funcionamiento depende de una fuente de energía distinta de la generada por el cuerpo humano a este efecto o por la gravedad, y que actúa cambiando la densidad de esta energía o convirtiendo esta energía. No se considerarán productos activos los productos destinados a transmitir energía, sustancias u otros elementos entre un producto activo y el paciente, sin ningún cambio significativo", y añade que "un programa informático también se considerará un producto activo" (Artículo 2.4).

En el caso de los productos implantables[212] activos, el artículo 19 en sus apartados 1 a 4, establece, entre otras cuestiones, que se fabricarán minimizando o eliminando cuando sea posible riesgos vinculados a la utilización de fuentes de energía, riesgos vinculados al tratamiento médico (por ejemplo, en el caso de desfibriladores), y otros riesgos que puedan producirse para un adecuado mantenimiento del producto. Además, los productos implantables activos deberán llevar un código que permita la identificación inequívoca del producto (tipo de producto y año de fabricación), así como del fabricante.

Independientemente del producto del que se trate, merecen especial consideración los artículos 22.2 y 22.3 del Capítulo II del mencionado Anexo. Estos artículos contemplan la particular situación en la que dichos dispositivos fueren empleados por personas ajenas a su uso. En este caso, por lo que respecta a la fabricación y diseño, se establece que será necesario que el fabricante garantice que el producto pueda ser "utilizado de forma segura y fiable por el usuario previsto en todas las fases del procedimiento, en caso necesario previa formación y/o información"; y reduzca en la medida de lo posible todo tipo de riesgos que puedan derivar para el usuario a la hora de utilizar el producto, u otros riesgos de error en la manipulación del mismo o en la interpretación de los resultados arrojados por aquel. Adicionalmente, el fabricante deberá incluir un proce-

---

212 El Reglamento define producto implantable como "todo producto, incluidos los que son absorbidos parcial o totalmente, que se destina a: ser introducido totalmente en el cuerpo humano o sustituir una superficie epitelial o la superficie ocular, mediante intervención médica, y a permanecer en su lugar después de la intervención". Además, "se considerará asimismo producto implantable todo producto destinado a ser introducido parcialmente en el cuerpo humano mediante intervención médica y a permanecer en su lugar después de dicha intervención durante un período de al menos treinta días". (Artículo 2.5).

dimiento mediante el cual el usuario pueda verificar que el producto funcionará de acuerdo con los previsto en el momento de su utilización, y que, de no dar un resultado válido, sea inmediatamente notificado.

Para lograr el Marcado Europeo, un organismo notificado habrá de participar en el proceso de evaluación. Estos organismos, que operan a nivel nacional, son entidades autorizadas por la autoridad competente en el estado para realizar sus funciones. En España existe la Agencia Española de Medicamentos y Productos Sanitarios (AEMPS)[213], como organismo que se ocupa de acreditar que el producto sanitario cumple con los requerimientos establecidos en las Directivas[214].

En aras de arrojar luz sobre las cuestiones regulatorias en dispositivos, *softwares* y *apps* móviles, el *European Working Group on Borderline and Classification* elaboró un manual en julio de 2014[215], que aun no siendo jurídicamente vinculante, constituye una Guía en casos en los que la clasificación de un dispositivo médico genera dudas.

---

213 AEMPS (13 de septiembre de 2019), *Organismo Notificado 0318 y Certificación 13485 – Expertos Organismo Notificado*, disponible en: https://www.aemps.gob.es/productosSanitarios/organismoNotificado/expertos-notificado.htm, última consulta: 25/11/2022.

214 VAN NORMAN, G. A., Drugs and Devices Comparison of European and U.S… cit., p. 403.

215 EUROPEAN COMMISSION (1 de febrero de 2019), *Manual on borderline and classification in the community regulatory framework for medical devices*, disponible en: https://ec.europa.eu/docsroom/documents/35582, última consulta: 25/11/2022.

1. Clasificación de los productos sanitarios en el ámbito europeo

El Capítulo III del Anexo VIII del Reglamento (UE) 2017/745 sobre productos sanitarios, establece las reglas de clasificación de los diferentes productos: no invasivos, invasivos[216] y activos; aplicando estándares específicos para cada uno de ellos. En función de las características que presente el producto, será clasificado en las clases I, IIa, IIb, o III.

Cuando se trata de un producto no invasivo, en general pertenecerá a la clase I. No obstante, matiza el Anexo que si el producto no invasivo está destinado a "la conducción o almacenamiento de sangre, células o tejidos corporales, líquidos o gases destinados a una perfusión, administración o introducción en el cuerpo", será clasificado en la clase IIa si pueden conectarse a un producto activo de la clase IIa o de una clase superior, o "si está destinado a ser utilizado para la conducción o el almacenamiento de sangre u otros líquidos corporales o para el almacenamiento de órganos, partes de órganos o células y tejidos corporales, a excepción de las bolsas de sangre, que se clasifican en la clase IIb" (artículo 4.1 y 4.2. del Capítulo III, Anexo VIII).

También entrarán dentro de la clase IIa aquellos productos no invasivos si su uso consiste en la filtración, centrifugación o intercambios de gases o de calor. Si, por el contrario, su función es modificar la composición biológica o química de la sangre u otros fluidos, entrarán dentro de la clase IIb (artículo 4.3 del Capítulo III, Anexo VIII).

---

216 Los productos invasivos son "todo producto que penetra completa o parcialmente en el interior del cuerpo, bien por un orificio corporal o a través de la superficie del cuerpo" (artículo 2.6) del Reglamento sobre productos sanitarios.

Por último, en relación con los productos no invasivos, si estos están en contacto con piel, membrana o mucosa lesionada, con el objetivo de crear una barrera mecánica con el exterior, serán clasificados dentro de la clase I. No obstante, si el producto se utiliza cuando se ha producido una ruptura de la dermis y su empleo es necesario para la cicatrización, se estará ante un producto de clase IIb, y en todos los demás casos más allá de los inmediatamente mencionados, el producto será clasificado en la clase IIa, cuando su función principal sea actuar en el microentorno de una herida (artículo 4.4 del Capítulo III, Anexo VIII).

En relación con los productos invasivos, cuando no sean de tipo quirúrgico, y no estén destinados a ser conectados a un producto sanitario activo, o estén destinados a ser conectados a un producto sanitario activo de la clase I, se incluirán dentro de la clase I toda vez que su uso sea pasajero. Si su uso está previsto para ser a corto plazo, entrarán, en general, en la clase IIa, y si su uso está previsto para ser prolongado, se incluirán, en general en la case IIb. Añade, además, que "todos los productos invasivos en relación con los orificios corporales, salvo los productos invasivos de tipo quirúrgico que se destinen a conectarse a un producto activo de la clase IIa, IIb o III, pertenecerán a la clase IIa" (Artículo 5.1 del Capítulo III, Anexo VIII).

Cuando los productos invasivos de tipo quirúrgico estén destinados a un uso pasajero, especifica el Anexo que, en general, entrarán en la clase IIa. No obstante, contempla una serie de matices, pues serán clasificados en dicha clase, a menos que su función se centre en el aparato circulatorio central o en el funcionamiento del corazón, o en el funcionamiento del sistema nervioso central, en cuyo caso se clasificarán en la clase III; a menos que sea un instrumento quirúrgico reutilizable, que implicará pertenecer a la clase I; y a menos que se destine a suministrar energía en forma de radiaciones ionizantes, ejerza un efecto biológico o sea absorbido por el organismo, o se destine a la administración de medicamentos "mediante un sistema de suministro", en cuyo caso se incluirá en la clase IIb (artículo 5.2 del Capítulo III, Anexo VIII).

Por su parte, el artículo 5.3 del mencionado Capítulo y Anexo, determina que en el caso de que el producto invasivo de tipo quirúrgico vaya a tener un uso a corto plazo, entonces se incluirá en la clase IIa, a menos que cumpla las excepciones mencionadas para productos invasivos de tipo quirúrgico y uso pasajero, con la excepción de que si ejerce un efecto biológico o va a ser absorbido de manera completa o parcial será incluido en la clase III.

Si, por el contrario, el uso del producto implantable y producto invasivo de tipo quirúrgico es prolongado, se incluirá dentro de la clase IIb, a menos que se coloque entre los dientes, en cuyo caso pertenecerá a la clase IIa, tenga contacto directo con el corazón, sistema circulatorio central o sistema nervioso central, ejerza un efecto biológico o será absorbido total o parcialmente, en cuyo caso pertenecerá a la clase III, o modifique químicamente el organismos (salvo si el producto se coloca dentro de los dientes) o administre medicamentos, sean productos sanitarios implantables activos o sus accesorios, sean prótesis o implantes mamarios, en cuyo caso de nuevo se incluirán todos ellos en la clase III (Art. 5.4. del Capítulo III, Anexo VIII).

En relación con los productos activos, especifica el Anexo en el artículo 5.4 del Capítulo III, que:

> "Todos los productos activos terapéuticos destinados a administrar o intercambiar energía se clasifican en la clase IIa, salvo que sus características les permitan administrar energía al cuerpo humano o intercambiarla con el mismo de forma potencialmente peligrosa, teniendo en cuenta la naturaleza, la densidad y el punto

> de aplicación de la energía, en cuyo caso se clasifican en la clase IIb.
>
> Todos los productos activos destinados a controlar o supervisar el funcionamiento de los productos activos terapéuticos de la clase IIb o destinados a influir directamente en el funcionamiento de dichos productos se clasifican en la clase IIb".

Cuando se trate de productos activos cuya función es diagnosticar, en general serán incluidos en la clase IIa (artículo 6.2 del Capítulo III, Anexo VIII).

Interesa destacar dentro de este grupo de dispositivos los programas informáticos, que encuentran su clasificación en el artículo 6.3 del Capítulo III, Anexo VIII. Este artículo establece que cuando estos programas estén destinados "a proporcionar información que se utiliza para tomar decisiones con fines terapéuticos o de diagnóstico se clasifican en la clase IIa", a menos que dichas decisiones tuvieran un impacto que pudiera causar la muerte o un deterioro irreversible del estado de salud de una persona, en cuyo caso se clasificarán en la clase III, o un deterioro grave de la salud de la persona, así como una intervención quirúrgica, en cuyo caso, esta vez, se clasificarán en la clase IIb. Añade que "los programas informáticos destinados a observar procesos fisiológicos se clasifican en la clase IIa, salvo si se destinan a observar parámetros fisiológicos vitales, cuando la índole de las variaciones de dichos parámetros sea tal que pudiera dar lugar a un peligro inmediato para el paciente, en cuyo caso se clasifican en la clase IIb". El resto de programas informáticos pertenecerán a la clase I.

Por lo que respecta a productos activos cuya función es administrar medicamentos u otras sustancias al organismo, o extraerlos, y ello se efectúa de forma potencialmente peligrosa, se incluirán en la clase IIb (no así si se efectúa de manera segura, en cuyo caso seguirán perteneciendo a la clase IIa). Todos los demás productos activos se incluirán en la clase I (artículos 6.4 y 6.5 del Capítulo III, Anexo VIII).

Merece especial consideración el artículo 7.1 del Capítulo III, puesto que afecta directamente a terapias digitales:

> "Todos los productos que lleven incorporada como parte integrante una sustancia que, utilizada por separado, puede considerarse un medicamento, como se define en el punto 2 del artículo 1 de la Directiva 2001/83/CE, incluido un medicamento derivado de sangre humana o plasma humano como se define en el punto 10 del artículo 1 de dicha Directiva, que tenga una acción accesoria respecto a la del producto, se clasifican en la clase III.".

De acuerdo con esta previsión, los medicamentos con sensor integrado cuya función sea rastrear la ingesta y controlar la adherencia del paciente al tratamiento, así como rastrear otro tipo de información sanitaria, serán incluidos en la clase III, debiendo por tanto someterse al proceso más exigente de aprobación que corresponde a los productos de esta clase.

2. Regulación del *software* médico

Con la aprobación del nuevo Reglamento sobre productos se elimina la categoría de *software* autónomo, terminología que contemplaba la anterior Directiva 93/42/CEE. Ahora, el *software* deberá ser clasificado de acuerdo con su uso intencionado únicamente, independientemente de si es componente o parte integral, o no, de un producto sanitario[217]. La Comisión

---

[217] EUROPEAN COMMISSION, MEDICAL DEVICE COORDINATION GROUP (MDCG) (2019), *MDCG 2019-11. Guidance on Qualification and Classification of Software in Regulation (EU) 2017/745 – MDR*

Europea, al amparo del Reglamento (UE) 2017/745 sobre productos sanitarios, publicó en el año 2019 la Guía "*MDCG 2019-11 Guidance on Qualification and Classification of Software in Regulation (EU) 2017/745 – MDR and Regulation (EU) 2017/746 – IVDR*" que define el *Medical Device Software* (MDSW) como un *software* destinado a ser usado en combinación o de forma autónoma, con una de las finalidades contempladas en la definición de "producto sanitario" del Reglamento sobre productos sanitarios (artículo 2 del Reglamento), o en la regulación sobre productos sanitarios de diagnóstico *in vitro*[218].

La anterior Directiva 93/42/CEE sobre productos sanitarios establecía una diferencia entre el *software* autónomo y el *software* como parte integrante de un producto sanitario. Entonces, se consideraba que el *software* autónomo con finalidades generales no era un producto sanitario, incluso aunque se emplease en un contexto sanitario. Solo si el *software* tenía funciones médicas quedaría bajo el ámbito regulatorio de las directivas[219]. Los *softwares* que se encontrasen incorporados en productos sanitarios quedaban fuera de la aplicación de la normativa[220].

---

and Regulation (EU) 2017/746 – IVDR, p. 3, disponible en: https://ec.europa.eu/docsroom/documents/37581?locale=en, última consulta: 14/3/2023.

218 Ibid., p. 6.

219 RÜBSAMEN, K. y SAKELLARIOU, S., (12 de agosto de 2015), Mobile health apps: Are they a regulated medical device?, *White & Case Technology Newsflash*, disponible en: https://www.whitecase.com/publications/article/mobile-health-*apps*-are-they-regulated-medical-device, última consulta: 25/11/2022. Ibid.

220 Según esta Guía, aquel *software* autónomo que encaja en la definición de producto sanitario, puede sr considerado como un producto sanitario activo. Asimismo, en referencia al Anexo IX de la ya derogada Directiva 93/42/CEE, en su cláusula 2.3 de las normas de implementación, señala que aquel *software* que dirige un dispositivo médico o afecta a su uso, automáticamente es considerado de

Siguiendo lo dispuesto en la Guía (Fig. 2), el Reglamento será de aplicación solo en caso de que se trate de un *software* de acuerdo con la definición establecida en la propia Guía. Si se trata de un accesorio a un dispositivo médico, o un *software* que impulsa o influye en el uso del dispositivo médico, entonces, se regulará de la misma manera que el dispositivo al que acompaña o impulsa. Sin embargo, si el *software* cumple con la definición de *software* médico establecido en la guía, y realiza una acción sobre los datos recogidos por el dispositivo, o una acción que va más allá del almacenamiento, archivo, comunicación o búsqueda simple y, además, la función desarrollada por el *software* proporciona un beneficio directo sobre el usuario, entonces quedará bajo el ámbito regulatorio del Reglamento sobre productos sanitarios[221].

la misma clase que el dispositivo. EUROPEAN COMMISSION, DG HEALTH AND CONSUMERS (2012), *Guidelines on the Qualification and Classification of Standalone*... cit., p. 7.

221 EUROPEAN COMMISSION, DG HEALTH AND CONSUMERS (2012), *Guidelines on the Qualification and Classification of Standalone Software Used in Healthcare within the Regulatory Framework of Medical Devices,* disponible en: https://ec.europa.eu/docsroom/documents/17921, p. 13.

Fig. 2. Criterios de regulación del *software* por la *Guidance on Qualification and Classification of Software in Regulation (EU) 2017/745 –MDR and Regulation (EU) 2017/746 – IVDR.*

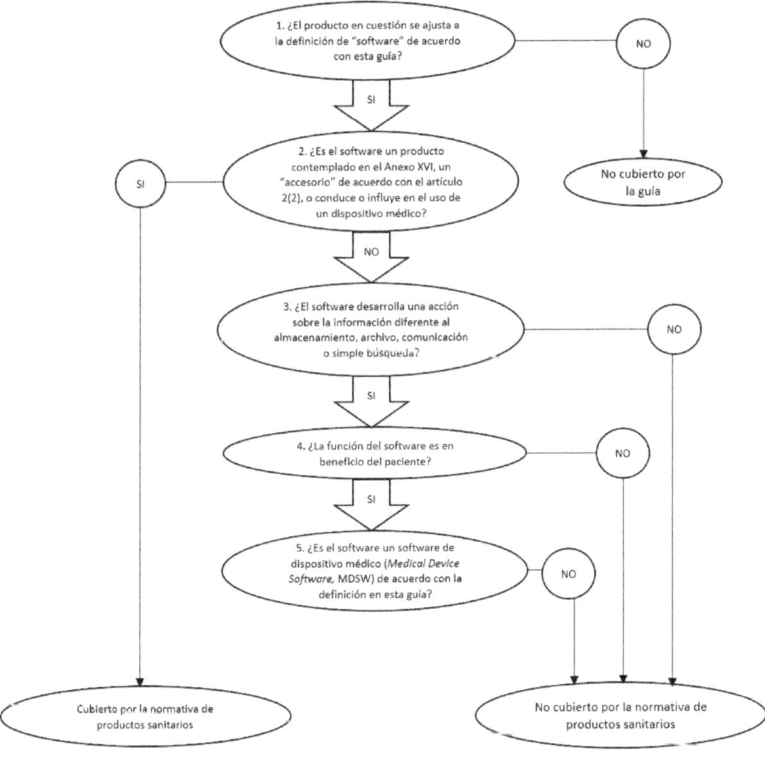

[Fuente: EUROPEAN COMMISSION, MEDICAL DEVICE COORDINATION GROUP (MDCG) (2019), *MDCG 2019-11. Guidance on Qualification and Classification of Software in Regulation (EU) 2017/745 – MDR and Regulation (EU) 2017/746 – IVDR*, p. 14]. Traducción propia.

3. Regulación de las *apps* móviles

La proliferación de *apps* en el ámbito de la salud plantea también en Europa una serie de cuestiones regulatorias que giran esencialmente en torno a la funcionalidad de la *app*. De manera muy similar a lo que sucede con la regulación de los *softwares* médicos, existen *apps* con una utilidad médica específica, y otras con una utilidad médica genérica. Dentro de las primeras se pueden encontrar *apps* cuya finalidad es prevenir, diagnosticar y tratar enfermedades y, dentro de las segundas, *apps* para el seguimiento de parámetros de salud, fitness, o mejora del bienestar. Aunque ambas tienen una funcionalidad en el cuidado de la salud digital (*mHealth*)[222], la utilidad funcional de cada una es diferente. Las primeras presentan un uso cuya finalidad primera es médica, las segundas, por el contrario, presentan una finalidad más genérica, y aunque pueden tener utilidad en el ámbito de la salud, su finalidad primera no es ser utilizadas en el ámbito clínico. Antes de la entrada en vigor del Reglamento (UE) 2017/745 sobre productos sanitarios, las *apps* con una finalidad genérica, como *apps* de bienestar, ejercicio físico o nutrición no entraban dentro del ámbito regulatorio de las Directivas, al no ser consideradas como *apps* médicas de forma estricta, aunque pudieran ser utilizadas en un contexto clínico. Por su parte, las *apps* que tuvieran una finalidad médica y, por tanto, consideradas como tal, sí entraban dentro del ámbito regulatorio de las Directivas, aunque el usuario las pudiese uti-

---

222 El *Green Paper* de la Comisión Europea resalta la capacidad de la salud digital (*mHealth*) para mejorar el diagnóstico y tratamiento de enfermedades, así como las ventajas que ofrece a profesionales en el tratamiento de sus pacientes de una manera más eficaz, a la vez que facilita la aplicación de una medicina más personalizada. EUROPEAN COMISSION (10 de abril de 2014), *Green Paper*, p. 3, disponible en: https://ec.europa.eu/digital-single-market/en/news/green-paper-mobile-health-mhealth, última consulta: 25/11/2022; POLLICINO, O. et al., M-Health at the Crossroads between the Right… cit., p. 11.

lizar en un contexto no clínico o recreativo. Algunos autores subrayaban ya entonces que, no obstante, la distinción entre ambas categorías de *apps* no queda clara, puesto que el empleo de unas y otras puede tener un impacto significativo en la salud del paciente o usuario[223].

Sin embargo, con la entrada en vigor del nuevo Reglamento (UE) 2017/745 sobre productos sanitarios, aquellas *apps* que reúnan la definición de dispositivo médico contemplada en la *MDCG 2019-11 Guidance on Qualification and Classification of Software in Regulation (EU) 2017/745 – MDR and Regulation (EU) 2017/746 – IVDR*, y además cumplan los requisitos establecidos en ella, estarán en todo caso sometidas a la normativa. Así, el proceso para determinar si una determinada *app* de salud se ve afectada por el contenido del Reglamento de productos sanitarios será el mismo que se aplica para los *softwares* médicos[224].

4. Proceso de aprobación

En la UE, el proceso de aprobación de los productos sanitarios se encuentra descentralizado. La solicitud habrá de presentarse a un organismo notificado nacional que acreditará que el producto cumple con las exigencias del Reglamento (UE) 2017/745 sobre productos sanitarios. Si es así, se concederá el Marcado Europeo y el producto podrá ser comercializado en Europa[225]. Habrá que estar a las diferentes clasificaciones que

---

223 RÜBSAMEN, K. y SAKELLARIOU, S., (12 de agosto de 2015), Mobile health apps... cit., p. 2.

224 EUROPEAN COMMISSION, MEDICAL DEVICE COORDINATION GROUP (MDCG) (2019), *MDCG 2019-11. Guidance on Qualification and Classification...* cit., p. 3.

225 VAN NORMAN, G. A., Drugs and Devices Comparison of European and U.S... cit., p. 404.

realiza el Reglamento, pues a una clasificación mayor, mayores serán las exigencias.

De esta forma, los productos ubicados en la clase I llevarán el Marcado Europeo de conformidad[226]. Los productos sanitarios ubicados en la clase II que presentan un riesgo intermedio, y clase III con un riesgo elevado que posean precedentes en el mercado con los que compartan una similitud sustancial, generalmente no requerirán nuevas evidencias clínicas. Por su parte, en el caso de aquellos productos de clase IIa, IIb y III que no posean precedentes en el mercado, se exigirá el cumplimiento de unos estándares de seguridad más rigurosos y mayores evidencias clínicas que demuestren un correcto funcionamiento orientado a la protección de la seguridad física y psíquica de las personas, de sus datos, sus derechos y su seguridad virtual y jurídica[227].

---

226 AEMPS (2020), Guía para fabricantes de productos sanitarios Clase I, p. 21, disponible en: https://www.aemps.gob.es/productosSanitarios/docs/guia_fabricantes-ps.pdf, última consulta: 14/3/2023.

227 VAN NORMAN, G. A., Drugs and Devices Comparison of European and U.S… cit., p. 404; MUÑOZ VELA, J. M., *Retos, riesgos, responsabilidad y regulación…* cit., p.199.

Capítulo IV.

Terapias digitales y derecho a la salud

La aparición de las nuevas terapias digitales, como lo son los medicamentos digitales, desafía determinados aspectos del ejercicio del derecho a la salud por parte del individuo. En los próximos apartados, merecerá especial análisis la tensión que se genera entre los derechos de propiedad intelectual de la compañía titular de la invención y el derecho de acceso efectivo al tratamiento por el individuo, o la consideración de las competencias y capacidades que el paciente ha de poseer para utilizar de manera eficiente este tipo de tratamientos.

También tendrá ocasión de estudiarse en este Capítulo cómo la adherencia al tratamiento constituye un factor clave para el análisis de los efectos de este. La incorrecta adherencia al tratamiento se ha convertido en un grave problema de salud pública para los sistemas sanitarios en la actualidad, especialmente en el caso de aquellos que dan una cobertura pública y universal a los ciudadanos, en la medida en que esta se traduce en un evidente malgasto sanitario y, en el peor de los casos, en una pérdida de vidas humanas. El conocimiento y control de la adherencia que presenta el paciente al tratamiento es determinante para interpretar su eficacia real. Los obstáculos y desventajas que presentan las técnicas tradicionales de control de la adherencia al tratamiento han ensalzado los beneficios que presenta la medicina personalizada de precisión, especialmente en el ámbito de las terapias digitales. Las técnicas tradicionales para el control de la adherencia abarcan desde los medicamentos inyectables que, si bien aseguran que el medicamento es administrado, presentan dificultades para determinar la dosis adecuada (se trata, en general, de inyectables con efecto prolongado), y son dolorosos para el paciente; hasta la observancia directa del paciente introduciendo la pastilla en la boca en la consulta del médico. Sin embargo, esta última alternativa no elimina la duda de si realmente el paciente ha ingerido la pastilla. Estos obstáculos son completamente superados por técnicas digitales de monitorización del paciente, que, de manera indolora y sin interrumpir significativamente la rutina habitual del paciente y del médico, permiten llevar un preciso y objetivo control de las pautas de ingesta del paciente.

Para comprender el funcionamiento e implicaciones de este nuevo escenario en el que es la tecnología la que transmite información sobre la adherencia al tratamiento y resultados del paciente, es necesario partir de una base esencial: el análisis del derecho a la salud en un entorno digital, con especial consideración de las condiciones de acceso y accesibilidad real a este tipo de tecnologías. Ello permitirá aventurar conclusiones pertinentes ante los desafíos planteados por las proyecciones que ofrece la medicina personalizada de precisión.

I. EL DERECHO DE ACCESO A LOS MEDICAMENTOS

Las terapias digitales abren la puerta a un nuevo modelo de asistencia sanitaria. Un contexto clínico que se asienta en un terreno tecnológico aconseja una reconsideración del derecho a la salud, todos los elementos que lo conforman y otros derechos que, en la práctica, proyectan límites sobre aquel.

En este apartado se realizará un estudio del contenido jurídico del derecho a la salud, su reconocimiento y garantía en el plano nacional e internacional, el acceso a los medicamentos como elemento esencial para la consecución de este derecho y la tensión que se genera entre el derecho de acceso a medicamentos y los derechos de propiedad intelectual sobre los mismos.

1. Reconocimiento y garantía del derecho a la salud por parte del Estado

La necesidad no solo de reconocer, sino también de proteger el derecho a la salud individual, se acentúa históricamente con la crisis del Estado liberal del siglo XIX y la creación del que hoy conocemos como Estado de bienestar. En esta transición, el papel del Estado evoluciona de un mero observador sin poderes de intervención en la esfera privada de los ciudadanos, a un indiscutible garantista de la protección de los derechos sociales, entre los que se encuentra el de salud, ahora sí, con obligaciones específicas de intervención en dicha esfera privada[228].

En esta evolución y construcción jurídica del derecho a la salud han sido determinantes dos eventos: la Segunda Guerra Mundial y la formación de las Naciones Unidas[229]. Como

---

[228] La asistencia sanitaria nació ligada a la beneficencia, vinculada generalmente a confesiones religiosas. TARODO SORIA, S. Libertad de conciencia y servicios sanitarios prestados por entes confesionales concertados con el Estado, en A. DE OTTO y F. BOTTI (eds.), *Federalismo fiscale, principio di sussidiarietà e neutralità dei servizi sociali erogati. Esperienze a confronto*, Bolonia University Press: Bolonia, 2007, pp. 227 – 277.

[229] Las dos guerras mundiales que ha vivido la humanidad han constituido un punto de inflexión en la configuración y articulación de los derechos sociales, en concreto, del derecho a la salud. A lo largo del siglo XIX y bajo una concepción liberal del Estado, este desarrollaría funciones preventivas en la protección de la salud colectiva (MORELL OCAÑA, L., La evolución y configuración actual de la actividad administrativa sanitaria, Revista de Administración Pública, (63), 1970, pp. 131 - 165);—por ejemplo, en el caso de epidemias, las acciones institucionales enfocadas en la protección de la salud consistían en aislamiento de enfermos a fin de que no se propagasen enfermedades contagiosas al resto de la ciudadanía,– y se entiende el derecho a la salud como un interés colectivo a la integridad física del conjunto de la sociedad, toda vez que al individuo se le atribuía la responsabilidad del cuidado de su propia salud. En

resultado de esta evolución, hoy en día, el Estado tiene una participación activa y determinante en la garantía y protección del derecho a la salud. La protección de la salud no solo adopta una dimensión colectiva e individual al mismo tiempo, sino que se ha convertido en un auténtico derecho-prestación del cual la persona es titular, y del que emergen una serie de derechos exigibles al Estado[230].

Ello no significa, no obstante, que el servicio público sea monopolístico en la prestación de la asistencia sanitaria. Más allá de ello, el Estado ha de coadyuvar con la intervención de la iniciativa privada en la prestación de salud. En el contexto de un Estado social y de Derecho, corresponde a los poderes públicos tanto una labor de prestación de los servicios, cooperando con las iniciativas privadas para tal fin, como de fomento y control a priori y a posteriori de dichas iniciativas[231], abriendo

---

el siglo XX, tras la cicatriz que dejó la Segunda Guerra Mundial, el derecho a la salud se consolidó como un derecho social típico, superando aquella configuración como un derecho colectivo, e implicando al Estado en la protección de la salud individual. Así, este derecho comenzó a plasmarse en tratados internacionales y constituciones nacionales de todos los países del mundo y comenzaron a articularse una serie de obligaciones concretas del Estado para proteger las necesidades de los individuos. GOMES SOARES, F. S., Salud pública y derechos de propiedad intelectual relacionados con el comercio, *Saber, ciencia y libertad,* 3 (2), 2008, pp. 67 – 82.

230 MARTÍNEZ PIVA, J. M. y TRIPO, F., *Innovación y propiedad intelectual: el caso de las patentes y el acceso a medicamentos,* Naciones Unidas: México, 2019, pp. 35–37.

231 TARODO SORIA, S., Libertad de conciencia y servicios sanitarios prestados… cit. En relación con la tipología jurídica, formas de gestión, modalidades de intervención, instrumentos jurídicos y requisitos de control público de la intervención privada en el ámbito público prestando servicios sociales, puede consultarse la obra del mismo autor: TARODO SORIA, S., Perspectiva intercultural y participación en el sistema de servicios sociales del Ayuntamiento de Bar-

cauces para incentivarlas (por ejemplo, aplicándolas un régimen fiscal beneficioso), así como un control sobre aquellas iniciativas que actúan por cuenta del Estado, dado que la obligación de dar una satisfacción eficaz a las necesidades sanitarias corresponde en última instancia a este[232].

1.1. Evolución histórica de la configuración del derecho de acceso a los medicamentos como parte del contenido esencial del derecho a la salud

No sería hasta el año 1946 cuando se publicó el primer documento jurídico internacional enfocado en el reconocimiento del derecho a la salud. Se trata de la Constitución de la Organización Mundial de la Salud (en adelante, OMS), en cuyo Preámbulo se especifica que el derecho a la salud implica el derecho a "un estado de completo bienestar físico, mental y social, y no solamente la ausencia de afecciones o enfermedades", y que "el goce del grado máximo de salud que se pueda lograr es uno de los derechos fundamentales de todo ser humano sin distinción de raza, religión, ideología política o condición económica o social", a la vez que descarga sobre los Estados la responsabilidad de la protección de la salud de sus ciudadanos, "la cual solo puede ser cumplida mediante la adopción de medidas sanitarias y sociales adecuadas"[233]. Posteriormente, en la

---

celona, en, A. CASTRO JOVER (ed.). *Asistencia social, participación y reconocimiento de la diversidad: un estudio comparado entre comunidades autónomas*. Aranzadi: Pamplona, 2016, pp. 231 – 264.

232 LLAMAZARES FERNÁNDEZ, D., El principio de «subsidiariedad horizontal» en el ordenamiento español, en G. CIMBALO y J. I. ALONSO PÉREZ, *Federalismo, regionalismo e principio di sussidiarietà orizzontale: Le azioni, le strutture, le regole della collaborazione con enti confessionali*, G. Giappichelli Editore: Torino, 2006, pp. 73 – 96, pp. 76 y 77.

233 Constitución de la Organización Mundial de la Salud, firmada en Nueva York el 22 de julio de 1946. Enmiendas a los artículos 24 y 25

Declaración de Alma-Ata, firmada en el año 1978, los Estados miembros de la OMS reiterarían que el derecho a la salud es un derecho humano fundamental[234].

A lo largo de la segunda mitad del siglo XX y comienzos del XXI, el derecho a la salud se configuraría detalladamente en numerosos instrumentos jurídicos internacionales: la Declaración Universal de Derechos Humanos (1948) en su artículo 25, la Convención Internacional sobre la Eliminación de todas las Formas de Discriminación Racial (1965) en su artículo 5, ap. vi), el Pacto Internacional de Derechos Económicos, Sociales y Culturales (1966) en sus artículos 10 y 12, la Convención sobre la Eliminación de todas las Formas de Discriminación contra la Mujer (1979) en sus artículos 10 y 11, la Convención sobre los Derechos del Niño (1989) en sus artículos 17, 24, 25, 32 y 39, o la Convención Internacional sobre los Derechos de las Personas con Discapacidad (2006) en su considerando V, artículos 16 y 17, y especialmente en el artículo 25; entre otros.

Con un derecho a la salud cada vez más presente en instrumentos jurídicos nacionales e internacionales, fue cobrando relevancia uno de los elementos fundamentales para una efectiva consecución del mismo: el acceso a medicamentos. En el año 2000, los Estados miembros de las Naciones Unidas se comprometían, dentro de los Objetivos de Desarrollo del Milenio (ODM) a promover un acceso asequible a medicamentos

---

de la Constitución de la Organización Mundial de la Salud, adoptadas en la XII Asamblea, en Ginebra, el 28 de mayo de 1959, en «BOE» núm. 116, de 15 de mayo de 1973, disponible en: https://www.boe.es/buscar/doc.php?id=BOE-A-1973-682 Última consulta: 25/11/2022.

234 OMS (1978). *Declaración de ALMA-ATA,* pp. 1 y 2, disponible en: https://www.paho.org/es/documentos/declaracion-alma-ata, última consulta: 25/11/2022.

esenciales[235], en tanto que, como se reconocería un año después por la Comisión de Derechos Humanos en el contexto de la pandemia de VIH/Sida que se estaba viviendo en ese momento, el acceso a medicamentos es una parte esencial para un pleno respeto al derecho a la salud[236]. En el año 2008, el Relator Especial de las Naciones Unidas sobre el derecho de toda persona al disfrute del nivel más alto posible de salud física y mental, subrayaba la relación entre el ejercicio de este derecho y un efectivo acceso a los medicamentos. En su informe, recoge una serie de directrices a las empresas farmacéuticas para que su desempeño vaya en consonancia y respeto con la consecución de este derecho, en concreto, facilitando la accesibilidad por parte de la sociedad a los avances farmacéuticos[237].

Los Comités creados al amparo de los Tratados mencionados han sido los encargados, en cada uno de sus respectivos ámbitos, de desarrollar y delimitar el contenido normativo del derecho a la salud y del acceso a medicamentos[238]. Por

---

235 ONU (2000), *Declaración del Milenio*, p. 6, ap. 10, disponible en: https://documents-dds-ny.un.org/doc/UNDOC/GEN/N00/559/54/PDF/N0055954.pdf?OpenElement, última consulta: 27/4/2022.

236 ONU (2001), *Alto Comisionado para los Derechos Humanos, Access to medication in the context of pandemics such as HIV/AIDS, 2001/33*, disponible en: https://digitallibrary.un.org/record/439985?ln=es, última consulta: 25/11/2022.

237 ONU (1 de abril de 2009), *Informe del Relator Especial sobre el derecho de toda persona al disfrute del más alto nivel posible de salud física y mental, Anand Grover, relativo al acceso a los medicamentos*, A/HRC/23/42, pp. 4 y 5, disponible en: https://www.ohchr.org/es/documents/reports/report-special-r*app*orteur-right-everyone-enjoyment-highest-attainable-standard-access-medicines, última consulta: 25/11/2022.

238 A este respecto, cabe destacar la Recomendación General N.º 24 del Comité para la Eliminación de la Discriminación contra la Mujer: ONU, CEDAW (1999), Recomendación General Nº 24, La mujer y la salud, disponible en: http://www.acnur.org/t3/fileadmin/Documentos/BDL/2001/1280.pdf?view=1, última consulta: 27/4/2022;

su parte, en el año 2015 la Asamblea General de las Naciones Unidas publicó la Resolución sobre la Agenda 2030: Objetivos de Desarrollo Sostenible, dentro de la cual, por lo que se refiere al objetivo sobre vida sana y bienestar (Objetivo 3), se insta específicamente a las naciones a "lograr la cobertura sanitaria universal (…), el acceso a medicamentos y vacunas inocuos, eficaces, asequibles y de calidad para todos", así como a "facilitar el acceso a medicamentos y vacunas esenciales asequibles de conformidad con la Declaración relativa al Acuerdo sobre los Aspectos de los Derechos de Propiedad Intelectual Relacionados con el Comercio y la Salud Pública (en adelante, ADPIC), en la que se afirma el derecho de los países en desarrollo a (…) en particular, proporcionar acceso a los medicamentos para todos"[239]. Precisamente, fue en el año 2016 cuando el Consejo de Derechos Humanos emitió

---

las Observaciones Generales N.º 14: ONU, CESCR (2000), *Observación general Nº 14: El derecho al disfrute del más alto nivel posible de salud,* disponible en: https://www.refworld.org/docid/4538838d0.html; última consulta: 28/4/2022; N.º 22: ONU, CESCR (2016), *Observación general Nº 22, relativa al derecho a la salud sexual y reproductiva (artículo 12 del Pacto Internacional de Derechos Económicos, Sociales y Culturales),* disponible en: http://docstore.ohchr.org/SelfServices/FilesHandler.ashx?enc=4slQ6QSmlBEDzFEovLCuW1a0Szab0oXTdImnsJZZVQfQejF41Tob4CvIjeTiAP6sU9x9eXO0nzmOMzdytOOLx1%2BaoaWAKy4%2BuhMA8PLnWFdJ4z4216PjNj67NdUrGT87, última consulta: 28/4/2022; y la Observación General N.º 15: ONU, COMITÉ DE LOS DERECHOS DEL NIÑO (2013), *Observación general Nº 15 sobre el derecho del niño al disfrute del más alto nivel posible de salud* (artículo 24), disponible en: disponible en: http://docstore.ohchr.org/SelfServices/FilesHandler.ashx?enc=6QkG1d%2FPPRiCAqhKb7yhsqIkirKQZLK2M58RF%2F5F0vHCIs1B9k1r3x0aA7FYrehlsj%2FQwiEONVKEf8BnpvEXSl7WLpnaEMIpupYgu9Jcq5Jnl6KhXRgZtqhSh9BZY9KH, última consulta: 28/4/2022.

239 ONU (2015), *La Agenda 2030 y los Objetivos de Desarrollo Sostenible,* disponible en: https://www.un.org/sustainabledevelopment/es/objetivos-de-desarrollo-sostenible/, última consulta: 25/11/2022.

una resolución insistiendo en hacer accesibles los medicamentos a las personas en necesidad de ello, aprovechando las cláusulas de flexibilidad recogidas en el Acuerdo sobre los ADPIC. Así, el Consejo comprende el acceso a medicamentos como uno de los "elementos fundamentales" para lograr una plena efectividad del derecho al más alto nivel de salud física y mental; y descarga sobre los Estados la responsabilidad de que todas las personas, sin discriminación, tengan acceso a medicamentos, particularmente, medicamentos esenciales; para lo cual, promueve el uso, cuando sea necesario, de dichas flexibilidades[240].

1.2. La tensión dialéctica entre los derechos de propiedad intelectual y el derecho de acceso a los medicamentos a los ojos del Comité de Derechos Económicos, Sociales y Culturales

Para comprender la tensión dialéctica que se crea entre los derechos de propiedad intelectual y el acceso efectivo a medicamentos como elemento esencial del derecho a la salud, resulta oportuno acudir al contenido de dos de las Observaciones Generales elaboradas por el Comité de Derechos Económicos Sociales y Culturales (en adelante, CDESC) que, como se mencionó previamente, fue creado al amparo del Pacto Internacional de Derechos Económicos, Sociales y Culturales del año 1966 (en adelante, PIDESC).

---

240 ONU (2016), *Resolución aprobada por el Consejo de Derechos Humanos. El acceso a los medicamentos en el contexto del derecho de toda persona al disfrute del más alto nivel posible de salud física y mental, A/HRC/RES/32/15*, disponible en: https://www.refworld.org.ru/cgi-bin/texis/vtx/rwmain/opendocpdf.pdf?reldoc=y&docid=57e918e14, última consulta: 28/4/2022.

1.2.1. La Observación General N.º 14

En primer lugar, cabe mencionar la Observación General N.º 14 del año 2000, que desarrolla el art. 12 del PIDESC[241], referente al derecho al disfrute del máximo nivel de salud física y mental. En esta observación, el CDESC no solo afirma que "todo ser humano tiene derecho al disfrute del más alto nivel de salud que le permita vivir dignamente" –salud, entendida en su dimensión física y mental– como apunta el propio art. 12.1 del PIDESC; también realiza una enumeración de elementos esenciales e interrelacionados que integran este derecho a la salud, a saber: *disponibilidad*, esto es, la existencia de establecimientos, bienes y servicios que faciliten un efectivo cumplimiento de este derecho en función del nivel de desarrollo del país, entre los que cabría destacar: agua limpia potable, centros sanitarios, personal sanitario bien remunerado y medicamentos esenciales; *accesibilidad* a dichos recursos sin un sesgo discriminatorio hacia los usuarios en cuatro diferentes sentidos: una accesibilidad de hecho y de derecho, una accesibilidad física, una accesibilidad económica o asequibilidad, y un acceso a la información; *aceptabilidad*, es decir, que dichos servicios cumplan unos estándares

---

241 Artículo 12 del PIDESC:

"1. Los Estados Partes en el presente Pacto reconocen el derecho de toda persona al disfrute del más alto nivel posible de salud física y mental.

2. Entre las medidas que deberán adoptar los Estados Partes en el Pacto a fin de asegurar la plena efectividad de este derecho, figurarán las necesarias para:

a) La reducción de la mortinatalidad y de la mortalidad infantil, y el sano desarrollo de los niños;

b) El mejoramiento en todos sus aspectos de la higiene del trabajo y del medio ambiente;

c) La prevención y el tratamiento de las enfermedades epidémicas, endémicas, profesionales y de otra índole, y la lucha contra ellas;

d) La creación de condiciones que aseguren a todos asistencia médica y servicios médicos en caso de enfermedad".

clínicos, éticos y culturalmente respetuosos, teniendo en consideración los requisitos del género y del ciclo de la vida; y *calidad*, esto es, que dichos servicios también cumplan unos estándares científicos que acrediten una adecuada calidad: personal capacitado, medicamentos aptos para el consumo, agua potable, así como condiciones sanitarias apropiadas[242].

En esta Observación, el CDESC precisa el alcance del apartado d) del párrafo 2 del art. 12 del PIDESC, referente al derecho a establecimientos, bienes y servicios de salud; matizando que la creación de condiciones que aseguren la asistencia y servicios médicos en caso de enfermedad incluye facilitar el acceso "a los servicios de salud básicos preventivos, curativos y de rehabilitación", así como "un tratamiento apropiado de enfermedades, afecciones, lesiones y discapacidades frecuentes, preferiblemente en la propia comunidad; el suministro de medicamentos esenciales, y el tratamiento y atención apropiados de la salud mental" (párrafo 17 de la Observación).

De todo lo mencionado, puede extraerse que forman parte del contenido básico del derecho a la salud no solo el acceso a medicamentos esenciales[243], sino también el acceso a todos aquellos tratamientos apropiados para cualesquiera enfermedades, afecciones, lesiones y discapacidades frecuentes.

---

242 ONU, CESCR (2000), *Observación general N° 14: El derecho al...* cit., párrs. 1 y 12.

243 Esta lista, elaborada por la OMS, recoge una serie de medicamentos básicos para atender las necesidades de la población. El objetivo perseguido por esta iniciativa es optimizar los recursos económicos de los sistemas sanitarios para que puedan dar cobertura a la ciudadanía en esas enfermedades. OMS. *Model list of essential medicines*, disponible en: https://list.essentialmeds.org, última consulta: 28/4/2022.

1.2.2. La Observación General N.º 17

A principios del siglo XXI, los efectos de los derechos de propiedad intelectual sobre los medicamentos se habían convertido, para determinadas enfermedades[244], en una importante barrera en el acceso a tratamientos en los términos en los que pretendía el CDESC. En un intento de delimitar el contenido de estos derechos, en el año 2005 el CDESC emitiría la Observación General N.º 17, de la que también se pueden extraer una serie de conclusiones. Esta Observación General se centra en el análisis del apartado c) del párrafo 1 del art. 15 del PIDESC, que recoge el derecho de toda persona a beneficiarse de la protección de los intereses morales y materiales que le corresponden por razón de las producciones científicas, literarias o artísticas de las que sea autor.

Para el análisis de esta cuestión, la Observación parte de que los derechos de propiedad intelectual "son ante todo medios que utilizan los Estados para estimular la inventiva y la creatividad (...) y preservar la integridad de las producciones científicas, literarias y artísticas para beneficio de la sociedad en su conjunto"[245]. El derecho reconocido en este apartado c) no es equivalente a los derechos de propiedad intelectual que protegen los intereses comerciales y empresariales, sino que lo que reconoce es el derecho humano a que el inventor de un desarrollo pueda beneficiarse de la protección de

---

244 BORRELL, J. R. y WATAL, J., Impact of Patents on Access to HIV/AIDS Drugs in Developing Countries, *Working Papers, Center for International Development at Harvard University*, (92), 2002.

245 ONU, CESCR (2005), *Observación general Nº 17: El derecho de toda persona a beneficiarse de la protección de los intereses morales y materiales que le correspondan por razón de las producciones científicas, literarias o artísticas de que sea autor(a) (apartado c) del párrafo 1 del artículo 15 del Pacto,* párr. 1, disponible en: https://www.refworld.org.es/publisher,CESCR,GENERAL,,47ebcb822,0.html, última consulta: 25/11/2022.

los *intereses morales* y *materiales* sobre el mismo[246]; derecho que se recoge en otros instrumentos internacionales, como así lo hace prácticamente en los mismos términos el párrafo 2 del art. 27 de la DUDH[247].

Para comprender a qué se refiere el CDESC en esta puntualización es necesario especificar qué son, exactamente, los *intereses morales* y *materiales.* Mientras que los *intereses morales* se refieren al derecho moral sobre la obra que conserva el autor en tanto que aquella es fruto de su ingenio, los *intereses materiales* se refieren, más bien, al derecho a la propiedad que mantiene el autor sobre tales invenciones (recogido en el art. 17 de la DUDH). Estos últimos no guardan una relación directa con la personalidad del inventor, sino que constituyen un requisito para el goce de un nivel de vida adecuado que se trata de garantizar para su autor, a modo de contraprestación por su labor inventiva (párrafos 12 a 16 de la Observación).

Ahora bien, en el párrafo 35 de esta Observación, el Comité matiza que el derecho del autor a beneficiarse de la protección de los intereses tanto morales como materiales que le correspondan por un avance "no puede considerarse independientemente de los demás derechos reconocidos en el Pacto". Es decir, que en la protección y garantía de este derecho será necesario no descuidar la misma protección y garantía para el resto de los derechos protegidos en el texto del PIDESC. En aras de lograr esa equidad en la protección de derechos, el Comité encomienda a los Estados parte "lograr un equilibrio" entre las obligaciones que les incumben en el marco del apartado c) del párrafo 1 del art. 15 por un lado y, por otro, las que

---

246 ONU, CESCR (2005), *Observación general N° 17: El derecho de toda persona a beneficiarse de la protección de los intereses morales*... cit., párr. 10.

247 ONU (1948), *Declaración Universal de los Derechos Humanos*... cit., art. 27, párrs. 2 y 3.

les incumben en el marco del resto de disposiciones del Pacto, entre ellas, aquellas derivadas del art. 12.

Se observa que el CDESC busca que los Estados logren esa armonía en la protección de los derechos a la salud y a la propiedad intelectual recogidos en el Pacto. Subraya, en ese sentido y en referencia a los efectos que los derechos de propiedad intelectual pueden derivar en el ejercicio del derecho a la salud, que "los Estados tienen el deber de impedir que se impongan costos irrazonablemente elevados para el acceso a medicamentos esenciales (...) que menoscaben el derecho de grandes segmentos de la población a la salud (...)"; así como que "los Estados deben impedir el uso de los avances científicos y técnicos para fines contrarios a la dignidad y los derechos humanos, incluidos los derechos a la vida, la salud y la vida privada, por ejemplo, excluyendo de la patentabilidad los inventos cuya comercialización pueda poner en peligro el pleno ejercicio de esos derechos" (párrafo 35 de la Observación).

En conclusión, esta Observación del CDESC otorga el mismo nivel de protección a los *derechos materiales* y *morales* derivados del desarrollo de una invención a su creador, que al derecho a la salud y el consecuente derecho de acceso a medicamentos necesarios para tratar una enfermedad. Así, para una efectiva consecución de estos derechos, el CDESC delega en los Estados la tarea de lograr un mesurado equilibrio entre "la necesidad de una protección efectiva" de ese apartado c) del artículo 15 del PIDESC, a la vez que se cumple con las obligaciones que del mismo PIDESC se derivan en materia de salud para los Estados parte (apartado e) del párrafo 39 de la Observación).

1.2.3. Los informes del Relator Especial de la ONU de los años 2008 y 2013

En los años 2008 y 2013, el Relator Especial de la ONU sobre el derecho de toda persona al disfrute del más alto nivel posible de salud física y mental, se pronunció sobre el acceso a los medicamentos en sendos informes. El Relator apunta a tres exigencias clave a la hora de respetar, proteger y hacer efectivo el derecho a la salud[248].

Siguiendo los párrafos 3, 4, 5 y 6 del informe del Relator, el primero de estos tres compromisos consiste en que los Estados garanticen un acceso a servicios de salud (incluidos los medicamentos), sin discriminación, a todas las personas que se encuentren en necesidad de ellos.

Ello implica, necesariamente, la segunda de las obligaciones contempladas, proteger el derecho a la salud, esto es, que el Estado garantice que terceros, como empresas privadas, no obstaculicen el disfrute de tal derecho, por ejemplo, poniendo en riesgo la disponibilidad, accesibilidad y la aceptabilidad de medicamentos inocuos y de calidad. El deber de proteger también implica que el Estado regule el mercado de medicamentos y garantice que estos cumplen dichas condiciones, aunque se vendan por terceros.

Por último, en relación con el deber de hacer efectivo el derecho a la salud, se insta a los Estados a elaborar leyes y planes nacionales orientados a tal fin. No obstante, el Relator no obvia que la responsabilidad de mejorar el acceso a los medicamentos no recae solo sobre los Estados a nivel nacional, sino que también descarga sobre agentes nacionales e internacionales la responsabilidad de dar un efectivo acceso a los medicamentos a fin de cumplir los términos del PIDESC.

En este terreno, la industria farmacéutica juega un papel significativo. En las directrices sobre derechos humanos dirigidas a las empresas de este sector en relación con el acceso a medicamentos, el Relator insta a estas empresas en su Informe

---

248 ONU (1 de abril de 2009), *Informe del Relator Especial sobre el derecho de toda persona al disfrute del más alto nivel posible de salud física...* cit., párrs. 3–6.

de 2008, entre otras cosas, a "integrar los derechos humanos, incluido el derecho al nivel de salud más alto posible, en sus estrategias, políticas, programas, proyectos y actividades" (párrafo 2 del Informe), así como a "respetar la letra y el espíritu de la Declaración de Doha relativa al Acuerdo sobre los ADPIC y la Salud Pública (2001), en que se reconoce el derecho de los Estados a proteger la salud pública y promover el acceso a los medicamentos para todos" (párrafo 27 del Informe).

2. La innovación tecnológica frente a la expiración de patentes farmacéuticas

El Convenio para la Protección de los Derechos Humanos y la Dignidad del Ser Humano, respecto de las aplicaciones de la Biología y Medicina (en adelante, Convenio de Oviedo), de 1997, en su art. 15 dispone que la investigación en el ámbito de la Biología y Medicina ha de realizarse libremente. La Constitución Española no hace una referencia expresa a la investigación biomédica como sí lo hace el Convenio de Oviedo. Esta se limita a proteger, en general, la libertad de investigación, y en particular, la producción y creación científica, a las que otorga consideración de derecho fundamental (art. 20.1 b). Aunque la Constitución no contempla en este artículo de manera expresa la investigación biomédica, no puede de ello derivarse que esta no encuentra protección en la Norma Fundamental, pues aquella se encuentra indisolublemente unida a la producción y creación científica[249]. Esta libertad de investigación y de producción científica se consagra, además, como

---

[249] GÓMEZ SÁNCHEZ, Y., La libertad de creación y producción científica: especial referencia a la ley de investigación biomédica, *Uned. Revista de Derecho Político*, 75-76, 2009, pp. 489-514, en concreto, pp. 490–492.

uno de los principios que inspiran la Ley de Investigación Biomédica (art. 2 d)[250].

Partiendo de la protección jurídica que merece la libertad de investigación, es inevitable hacer referencia al papel complementario, sin dejar de ser por ello particularmente determinante que cumple la normativa sobre protección de la propiedad intelectual e industrial en este campo. La patente, como título jurídico que protege la labor investigadora del inventor, supone un valioso incentivo para la investigación y desarrollo científico. Prueba de ello es que muchas innovaciones en el sector químico y farmacéutico no existirían de no ser por los beneficios que brinda el título de patente[251]. El derecho de la libertad de conciencia presenta estrecha vinculación con este derecho fundamental, pues la libertad de investigación no deja de ser una forma concreta de expresar pensamientos, ideas y opiniones de forma libre[252].

El elevado gasto que conlleva la investigación y desarrollo de nuevos medicamentos[253] ha conducido al diseño de me-

---

250 MARTÍNEZ VELENCOSO, L. M., *La protección jurídica de la persona en el ámbito de la Biotecnología y del Big Data*, Dykinson: Madrid, 2021, p. 31.

251 Las empresas pequeñas y medianas no observan en las patentes, en la mayoría de los sectores de muchos países desarrollados, un elemento atractivo para promover la innovación o una fuente esencial de obtención de información técnica. MANSFIELD, E., Patents and Inventors: An Empirical Study, *Management Science* 32 (2), 1986, pp. 173 -181, p. 174; y BARTON, J. et al., *Integrando los derechos de la propiedad intelectual y la política de desarrollo*, Comisión sobre Derechos de Propiedad Intelectual: Londres, 2002, p. 1.

252 SSTC 153/1985, de 7 de noviembre, RTC 1985\94, FJ 5; 543/2004, de 23 de marzo, RTC 2004\43, FJ 5; 34/2010, de 19 de julio, RTC 2005\6566, FJ 3.

253 SEUBA HERNÁNDEZ, X., *La protección de la salud ante la regulación internacional de los productos farmacéuticos*, Marcial Pons, Ediciones Jurídicas y Sociales: Madrid, 2010, p. 75.

canismos jurídicos, como las patentes, que alientan a los investigadores a embarcarse en tal inversión[254]. La patente se configura como un incentivo a la innovación en tanto que se traduce en una recompensa para el inventor por su labor investigadora y de desarrollo de un nuevo producto que aporta un avance al estado de la técnica[255]. El inventor, como contraprestación a la inversión realizada para el desarrollo de un nuevo producto, obtiene un derecho de explotación en exclusiva de los frutos de su investigación en el mercado durante un total de 20 años desde la solicitud de la patente. Durante ese período, el invento se explotará comercialmente en régimen de monopolio (sin perjuicio de que el titular licencie a terceros para fabricarlo y venderlo) si bien, su investigación será pública desde el momento de la solicitud de la patente[256]. El título de patente se traduce en una rentable

---

254 STIGLITZ, J. E., Knowledge as a Global Public Good, en I. KAUL, I. GRNBERG y M. STERN (eds.), *Global Public Goods*, Oxford University Press: Nueva York, 1999, pp. 308 – 325, p. 311.

255 Las patentes se han entendido como un incentivo a los investigadores para impulsar el avance del conocimiento, un bien público cuyo uso por terceros no puede restringirse. Desde una perspectiva económica, el mercado, por sí mismo, no produciría la cantidad suficiente de ese bien –en este caso, un medicamento (cuyo desarrollo puede suponer millones de euros y entre diez y veinte años de investigación)–. La razón es que no existiría un incentivo que animase a los investigadores a embarcarse en dichos gastos con la finalidad de producir un conocimiento que, posteriormente, pudiera ser utilizado por terceros para su beneficio propio, introduciendo en el mercado productos prácticamente iguales a precio más reducido; pues estos no tendrían que hacer frente a los gastos en investigación y desarrollo a los que sí hizo frente el investigador originario.

256 Fue tras la firma de los ADPIC cuando se establecieron por primera vez unos estándares comunes de propiedad intelectual en el sistema multilateral de comercio, que vincularían a todos los países integrantes de la OMC. Hasta la firma de los ADPIC (1994), el grado de observancia de estos derechos y la manera en que cada país los pro-

recompensa al inventor por su esfuerzo investigador, pues la ausencia de una protección que proporcione esa rentabilidad a la actividad investigadora favorecería la explotación por terceros de ideas ajenas, generando un daño moral a su legítimo titular y desincentivándole para continuar con su labor investigadora. Para evitar esta situación, la construcción jurídica

---

tegía podía diferir y, de hecho, así sucedía, produciendo tensiones entre estados a nivel internacional. Con la firma de este acuerdo, los países miembros de la OMC se comprometían a otorgar protección a la propiedad intelectual del resto de socios.

En el Acuerdo sobre los ADPIC se regulan cuestiones fundamentales relacionadas con los derechos de propiedad intelectual: (1) principios básicos del comercio y acuerdos internacionales sobre propiedad intelectual, (2) alcance, ejercicio y respeto de los derechos de propiedad intelectual, (3) solución de diferencias y (4) disposiciones transitorias y finales. Acuerdo por el que se establece la Organización Mundial del Comercio y del Acuerdo sobre Contratación Pública, hechos en Marrakech el 15 de abril de 1994, Anexo 1C: Acuerdo sobre los Derechos de Propiedad Intelectual relacionados con el Comercio, Instrumento de ratificación, publicado en «BOE» núm. 20, de 24 de enero de 1995.

El objetivo era dotar de unas normas adecuadas y uniformes de protección en los países miembros de la OMC, que respondiesen a unos principios comunes y que fuesen respetadas por el resto de los países firmantes. Para ello, se partió de las obligaciones que ya se contemplaban en otros acuerdos internacionales de la Organización Mundial de Propiedad Intelectual, como el Convenio de París para la Protección de la Propiedad Industrial (sobre patentes, entre otros instrumentos jurídicos), o el Convenio de Berna (sobre derechos de autor). Estos Convenios, no obstante, establecían una regulación que permanecía ajena a algunos aspectos fundamentales para el comercio, o incluso que resultaba ser insuficiente en la práctica. El Acuerdo sobre los ADPIC trataba de poner solución a estas limitaciones completando pormenorizadamente la regulación de esas cuestiones escasamente reguladas y que por razones de actualidad resultaban de relevancia. OMC, *Propiedad Intelectual: Protección y Observancia,* disponible en: http://www.wto.org/spanish/thewto_s/whatis_s/tif_s/agrm7_s.htm, última consulta: 28/4/2022.

que supone la patente permite al titular de la invención obtener un beneficio por su labor, y a la sociedad en su conjunto beneficiarse, en último término, de la existencia de nuevos avances científicos[257].

Las elevadas ganancias para las empresas farmacéuticas generadas bajo este sistema de protección de la propiedad intelectual han promovido argumentos en contra del sistema regulado en el Acuerdo sobre los ADPIC, manifestando, algunos detractores, que el enriquecimiento económico[258] se ha convertido en un fin en sí mismo, lejos de su inicial finalidad de promoción de la innovación científica para lograr el más alto nivel de salud física y mental posible, en definitiva, el beneficio social[259]. Estos autores consideran que el sistema responde más a la demanda del mercado que a las necesidades de las personas, en tanto que su puesta en práctica fomenta la innovación especialmente en

---

257 MACHLUP, F. y PENROSE, E., The Patent Controversy in the Nineteenth Century, *The Journal of Economic History*, 10 (1), 1959, pp. 1-29, pp. 7–28.

258 Algunos economistas subrayan que las negociaciones de esta primera Ronda de Uruguay estuvieron marcadas por presiones de empresas farmacéuticas para obtener una protección global de patentes: SACHS, J., The Global Innovation Divide, en A. B. JAFFE, J. LERNER, S. STERN, *Innovation Policy and the Economy*, vol. 3, 2003, pp. 131–141, p. 140.

259 La falta de vinculación jurídica del Convenio de París, unido a que muchos estados no concedieron patentes hasta finales del siglo XX, sugiere que las importantes innovaciones que tuvieron lugar a lo largo del siglo XX no se debieron, esencialmente, a la protección de la propiedad intelectual articulada en dicho Convenio. De hecho, la protección de la propiedad intelectual tal y como se recogía en él, aunque pudiera tener cierto impacto, no fue determinante en el desarrollo de tales avances –el ejemplo claro lo arrojan los escasos avances en el desarrollo de medicamentos de enfermedades que afectaban mayormente a países en desarrollo–. SEUBA HERNÁNDEZ, X., *La protección de la salud ante la regulación*… cit., pp. 93–95.

enfermedades que resultan más rentables en el comercio, por ser las predominantes en países más desarrollados y, consecuentemente, desatiende las necesidades de investigación e innovación en fármacos para enfermedades que inciden mayoritariamente en países en desarrollo, o enfermedades raras, dado que no presentan tan elevada rentabilidad económica[260].

Independientemente de la lectura que se haga del Acuerdo sobre los ADPIC, los datos acerca del posicionamiento de la industria farmacéutica en el mercado reflejan que esta se ha convertido en una de las industrias más lucrativas actualmente[261].

Sin embargo, desde la década de 2010, la industria farmacéutica está enfrentándose a una crisis de productividad. Se trata del fenómeno conocido como *Patent Cliff*, o expiración masiva de patentes sobre medicamentos superventas[262], responsables de un gran volumen de sus ingresos. La expiración de la patente sobre un medicamento de tal trascendencia conlleva la extinción del régimen de monopolio del que hasta entonces disfrutaba, con la consiguiente entrada de medicamentos genéricos en el mercado, ahora competitivo, lo que deriva en una caída de ingresos para la empresa titular del medicamento originario. Esta amenaza supone un estímulo a estas empresas

---

260 ROVIRA, J., Innovación y acceso a los medicamentos: ¿necesitamos un compromiso entre objetivos o un cambio de paradigma?, en: X. SEUBA (coord.), *Salud pública y patentes farmacéuticas: Cuestiones de Economía, política y derecho*, Bosch Mercantil: Barcelona, pp. 43 – 70, pp. 58–62.

261 BORJA, A. (29 de marzo de 2022), Top 11 ranking industrias que más dinero mueven en el mundo y cómo invertir en ellas, *Rankia*, disponible en: https://www.rankia.com/blog/bolsa-al-dia/3534358-top-11-ranking-industrias-que-mas-dinero-mueven-mundo-como-invertir-ellas, última consulta: 28/4/2022.

262 Esta situación afecta a aquellos medicamentos patentados tras la firma del Acuerdo sobre los ADPIC (entrada en vigor en el año 1996), que, tras 20 años (2016 y siguientes), ven expirada su patente.

para llevar a cabo estrategias comerciales con el fin de mitigar las consecuencias económicas de la entrada de los genéricos en el mercado. Estas estrategias consisten, especialmente, en dar nuevos usos a medicamentos ya existentes o transformarlos en versiones nuevas y mejoradas, por ejemplo, a través de nuevas formulaciones, dosificaciones, combinaciones o estrategias geográficas que pueden dificultar la entrada de genéricos[263].

Estas maniobras dan lugar a otro fenómeno particularmente presente en la industria farmacéutica[264]. Se trata del fenómeno "*evergreening*" o perennidad de patentes[265], esto es, la

---

263 Algunos ejemplos de este reposicionamiento de medicamentos nos los ofrecen casos como el de la duloxetina, la dapoxetina, la talidomida o el sildenafil. Véase: ASHBURN, T. T. y THOR, K. B., Drug Repositioning: Identifying and Developing New Uses for Existing Drugs, *Nature*, 3, 2004, pp. 673 – 83, pp. 673 y 678.

264 MERCURIO, B., The impact of the Australia-United States free trade agreement on the provision of health services in Australia, *SSRN*, 2005, pp. 1051 – 1100, p. 1092; y THOMAS, J. R., Patent "Evergreening": Issues in Innovation and Competition, *Congressional Research Service*, 2009, p. 4.

265 Traducción propia. El término "*evergreening*" ha venido empleándose para una serie de prácticas encaminadas al prolongamiento de los derechos de exclusividad del titular. Entre ellas, se observan tres categorías: (1) estrategias comerciales, como por ejemplo, el lanzamiento de un medicamento de prescripción con receta, en formato sin receta antes de perder la exclusividad del mercado, para así lograr una posición favorable una vez entre la competencia de genéricos; o lanzar una versión genérica de un medicamento patentado al vencimiento de la patente; (2) estrategias de patentabilidad, como por ejemplo, adquirir patentes y posicionarse en el *Orange Book* (se trata de una lista de medicamentos aprobados por la FDA en cumplimento con las exigencias de seguridad y efectividad. Al respecto, véase: FDA, *Approved Drug Products with Therapeutic Equivalence Evaluations*, disponible en: https://www.fda.gov/drugs/drug-approvals-and-databases/approved-drug-products-therapeutic-equivalence-evaluations-orange-book, última consulta:

perpetuidad intencionada de la vida legal de los derechos de propiedad intelectual provocada por la aplicación de estrategias enfocadas a ello[266], como el registro de múltiples patentes sobre versiones ligeramente mejoradas de un producto ya existente (por ejemplo, sobre nuevas formulaciones y aplicaciones) o los denominados *clusters* de patentes[267].

La justificación para llevar a cabo estas estrategias es evidente, pues de no existir una alternativa rentable como esta, es posible que las empresas farmacéuticas no encontrasen incentivos suficientes para seguir investigando y desarrollando nuevos medicamentos. Invertir en esta clase de innovación resulta ventajoso para la empresa, en tanto que obtiene un beneficio elevado a cambio de unos costes y riesgos comparativamente bajos[268].

Entre las estrategias que emplean las empresas farmacéuticas para mitigar los efectos negativos de la entrada de

---

25/11/2022); y estrategias defensivas de responsabilidad por infracción de alguna de las patentes que protegen una invención; (3) una combinación de las dos anteriores: estrategias de marketing para que los consumidores opten por nuevas formulaciones para las que la patente aún no ha expirado, aunque lo hará pronto (logrando así una menor demanda para las versiones genéricas de las formulaciones anteriores). ENZO FURROW, M., Pharmaceutical Patent Life-Cycle Management After KSR v. Teleflex, *Food and Drug Law Journal*, 63 (1), 2008, pp. 275 – 320, pp. 298–230.

266 HARDING, S. Perpetual Property, *Florida Law Review*, 61 (2), 2009, pp. 285–327, p. 305.

267 MERCURIO, B., The impact of the Australia-United States... cit., p. 1092; y MUELLER, J. M. y CHISUM, D. S., enabling patent law's inherent anticipation doctrine, *Houston Law Review*, 45 (4), 2008, pp. 1101 – 1164, p. 1106.

268 COHEN, F. J., Macro trends in pharmaceutical innovation, *Nature Reviews Drug Discovery*, 4, 2005, pp. 78 – 84, p. 79.

genéricos en el mercado[269] interesa destacar la que se está mostrando como una de las más relevantes hoy en día. Se trata de intentar mantener el hueco de mercado a través de la ampliación de la línea de productos con otros similares al original. Esto puede realizarse a través de varias vías: introduciendo alteraciones en el propio medicamento, recombinando varios fármacos o encontrando una nueva aplicación de ese medicamento para otras indicaciones[270]. En definitiva, se busca lograr una alteración en el antiguo medicamento para aportar innovación y nuevos beneficios para el paciente, por ejemplo, mejorando su adherencia o logrando menores efectos secundarios[271].

El resultado de la aplicación de esta estrategia son los medicamentos de continuación: medicamentos mejorados en su vertiente terapéutica o tecnológica. Un medicamento de continuación será más susceptible de tener éxito cuanto más relevante sea la mejora que aporta, pues puede inducir a los profesionales sanitarios a su prescripción con preferencia al medicamento genérico[272].

---

269 Entre estas estrategias se han descrito estrategias de prevención, estrategias de innovación, estrategias de extracción y estrategias de adaptación. SONG, C.H. y HAN, J.W., Patent cliff and strategic switch: exploring strategic design possibilities in the pharmaceutical industry, *SpringerPlus*, 5 (1), 2016, pp. 692 – 706, pp. 697 y ss.

270 DUBEY, R. y DUBEY, J., Pharmaceutical Product Differentiation: A Strategy for Strengthening Product Pipeline and Life Cycle Management, *Journal of Medical Marketing*, 9 (2), 2009, pp. 104–118, p. 108.

271 HONG, S. H. et al., Product-Line Extensions and Pricing Strategies of Brand-Name Drugs Facing Patent Expiration, *Journal of managed care pharmacy*, 11 (9), 2005, pp. 746 – 754, p. 751.

272 SONG, C.H. y HAN, J.W., Patent cliff and strategic switch… cit., p. 700.

El éxito de estas estrategias puede extender la vida legal de la patente sobre un medicamento[273] y, consecuentemente, frustrar la entrada en el mercado de alternativas genéricas más asequibles económicamente para los estados. La innovación en medicamentos de continuación puede provocar un incremento en el precio de venta al Estado y, consecuentemente, al precio que tendrá que asumir el consumidor final del producto (el paciente). Paralelamente, la investigación y desarrollo de fármacos intrínsecamente nuevos se ve reducida, puesto que las empresas se centran en la mejora terapéutica o tecnológica de los medicamentos ya existentes, desviando así la mirada de la investigación en nuevas o diferentes enfermedades. Ambas circunstancias suponen un manifiesto obstáculo en el acceso efectivo a medicamentos por parte del consumidor final.

Un claro ejemplo de este tipo de estrategias lo encontramos en los nuevos medicamentos digitales. Se trata de la mejora, en este caso, tecnológica, sobre medicamentos ya existentes que se han quedado obsoletos tras la expiración de su patente como táctica para mantener su posición en el mercado.

La fecha de expiración de la patente del antipsicótico de marca (*Abilify*, aripiprazol como principio activo) precedente de *Abilify MyCite* (comprimidos de aripiprazol con sensor) estaba señalada para el año 2015[274]. Tras varios litigios entre

---

273 La entrada de genéricos sobre un producto que ha visto caducada su patente pero que ha sido objeto de una innovación convirtiéndose por lo tanto en un medicamento de continuación, puede provocar litigios con los laboratorios titulares del medicamento de marca, al alegar aquellos que el medicamento genérico vulnera las reivindicaciones patentadas por el nuevo producto.

274 El medicamento *Abilify* (el precedente a *Abilify MyCite*), entre los años 2013 y 2014 (el año previo a la expiración de la patente). se había posicionado como el séptimo medicamento mejor vendido en todo el mundo alcanzando un total de más de 6 billones de dólares en ventas solamente en Estados Unidos y el comercio de este

la compañía titular y numerosas empresas de genéricos que trataban de entrar en el mercado con fecha previa a la expiración de la patente sobre aripiprazol[275], la empresa farmacéutica *Otsuka* se unió a la empresa tecnológica *Proteus Digital Health* para desarrollar un medicamento de continuación, que fusionara el medicamento originario con un sistema tecnológico de transmisión de información[276], convirtiéndolo de esta manera,

---

medicamento en norte américa implicaba el 40% del volumen de ventas totales de la empresa. Con la entrada en el mercado europeo de *Abilify* en el año 2013, las ventas se incrementaron, a medida que también se incrementaban los diagnósticos de trastorno bipolar y episodios maníacos, tanto en Europa como en Asia, donde el medicamento funcionaba como complemento a otro tratamiento para el trastorno depresivo severo y para indicaciones pediátricas, como el trastorno de Tourette, en Corea del Sur; al igual que en Japón, donde *Abilify* se convertiría en el primer antipsicótico recomendado para el trastorno depresivo severo. BEALL, R.F. et al. New Drug Formulations and Their Respective Generic Entry Dates, *Journal of Managed Care & Specialty Pharmacy*, 25(2), 2019, pp. 218 – 224, p. 220; OTSUKA (31 de marzo de 2014), *Annual Report 2014*, p. 17 y p. 40, disponible en: https://www.*Otsuka*.com/en/ir/library/pdf/annual/2014_all.pdf., última consulta: 28/4/2022; DRUGS.COM (Febrero, 2014), *U. S. Pharmaceutical Sales – 2013*. Disponible en: https://www.drugs.com/stats/top100/2013/sales, última consulta: 28/4/2022; e Ibid. p. 17.

275 MONROE, J. B. (7 de mayo de 2012), Otsuka Prevails in U.S Abilify Patent *App*eal, *Finnegan,* disponible en: https://www.finnegan.com/en/firm/news/*Otsuka*-prevails-in-u-s-abilify-patent-*app*eal.html., última consulta: 28/4/2022.

276 La forma en la que este sistema de transmisión de información es incorporado al medicamento resulta relevante desde un punto de vista tanto regulatorio como comercial. Existen dos métodos de incorporación del sensor en el medicamento: integrándolo en la propia pastilla como un ingrediente más, o encapsulando juntos la pastilla y el sensor. El caso de *Abilify MyCite* es representativo de la primera opción. La aprobación de un medicamento que opta por esta vía requerirá aprobación de solicitud de nuevo medicamento,

además de en un producto mejorado tecnológicamente, en un producto innovador potencialmente lucrativo en el mercado mundial de productos farmacéuticos[277], por ser radicalmente diferente a los medicamentos tradicionales y presentar un valor añadido que ningún otro medicamento presentaba hasta la fecha. El proceso de aprobación de este primer medicamento allanó la vía legal a otras empresas para comenzar a explorar una novedosa alternativa de innovación, empleando la tecnología más puntera, hasta ahora inexplorada sobre medicamentos obsoletos[278].

Lo característico de este primer medicamento de continuación, fruto de una innovación estrictamente tecnológica, es que logra dar una solución considerablemente definitiva a un extendido problema sanitario: la mala adherencia a los tratamientos terapéuticos por parte de los pacientes. El principio activo sigue siendo el mismo, sin embargo, el medicamento de

---

ya que entra dentro de la sección 3.2.(e)(1) del Código de Reglamentos Generales (FDA). Sin embargo, si el sistema de transmisión de información, en lugar de embebido en la pastilla estuviera introducido junto al medicamento dentro de una cápsula, el titular podría prescindir de cumplir los requisitos para una nueva solicitud de aprobación de nuevo medicamento. Así sucedió con el sensor de *Proteus* cuando fue incorporado dentro de una cápsula junto con un medicamento oncológico. Véase: ROBBINS, R. (17 de enero de 2019), A 'digital pill' for cancer… cit. Evitar un proceso regulatorio largo y costoso podría constituir un incentivo importante para las empresas que buscan la aplicación de este tipo de estrategias.

277 HATCH, A. R. (14 de junio de 2018), Digital mental health drug raises troubling questions, *The Conversation,* disponible en: https://theconversation.com/digital-mental-health-drug-raises-troubling-questions-97510, última consulta: 28/4/2022.

278 DE MIGUEL BERIAIN, I. y MORLA GONZÁLEZ, M., "Digital Pills" for Mental Diseases: An Ethical and Social Analysis of the Issues behind the Concept, *Journal of Law and the Biosciences,* 7 (1), 2020, pp. 1–19, p. 7.

continuación tiene el valor añadido que proporciona el sistema de transmisión de información, pues este permite conocer con exactitud el patrón de ingesta del medicamento y otros datos de salud del paciente, facilitando de esta forma al profesional conocer los efectos reales del tratamiento.

Es la capacidad de un producto para mejorar la salud del paciente lo que determina que los agentes sanitarios encargados de su provisión estén dispuestos a asumir tal inversión. Es decir, ese valor añadido que presenta el medicamento de continuación será el factor determinante para que el sistema público o la compañía aseguradora decida optar por su financiación en lugar de la versión tradicional o el medicamento genérico que no presenta esa innovación[279].

La aparición en el mercado de los nuevos medicamentos digitales parecer responder a una cuestión clara: permiten tratar al paciente a la vez que controlan sus patrones de comportamiento durante el tratamiento. El control de la adherencia a través de medios tecnológicos constituye un factor de gran interés para la innovación en la industria farmacéutica.

II. EL CONTROL DE LA ADHERENCIA AL TRATAMIENTO CON EL EMPLEO DE MEDICAMENTOS DIGITALES

Los medicamentos digitales están conformados por una parte química (el principio activo más excipientes) y una parte tecnológica (diferentes componentes digitales), un sistema de transmisión de información cuyo objetivo es obtener información del paciente durante su tratamiento. Inicialmente, estos medicamentos se conciben como un método de control

---

279 Ibid., p.28.

efectivo de la adherencia (sin perjuicio de que, en un futuro, ese sistema de información pueda obtener otro tipo de información del usuario). El presupuesto final de este control de la adherencia es mejorar el manejo farmacológico del paciente, y con ello, mejorar el cuidado de su salud.

La mala adherencia tiene efectos negativos para el paciente, y se traduce en un importante coste económico para los sistemas sanitarios, a la vez que supone un perjuicio para la investigación farmacológica. Los medicamentos digitales se presentan como un avance de extrema utilidad para la identificación de la mala adherencia en pacientes y para, potencialmente, minimizar el impacto negativo en diferentes esferas que provoca este fenómeno.

1. La mala adherencia como un fenómeno biosocial complejo

Según la OMS, la correcta adherencia a tratamientos para enfermedades crónicas oscila en torno a solamente un 50%, presentando un índice aún mucho menor en países en vías de desarrollo. La adherencia es definida como "la medida en la que el comportamiento de un paciente corresponde con las recomendaciones acordadas con su profesional sanitario"[280]. La deficiencia de la misma en el seguimiento de tratamientos de enfermedades crónicas ha sido calificada por la OMS como "un problema mundial de alarmante magnitud" [281]. Lograr un seguimiento preciso de los índices de adherencia de

---

[280] Traducción propia, extraída de OMS, *Adherence to long term therapies. Evidence for action,* World Health Organization: Geneva, 2003, p. 18.

[281] JAAM, M. et al., A Qualitative Exploration of Barriers to Medication Adherence among Patients with Uncontrolled Diabetes in Qatar: Integrating Perspectives of Patients and Health Care Providers, *Patient Preference and Adherence,* 12, 2018, pp. 2205–2216, p. 2206; OMS, *Adherence to long term therapies…* cit., p. 7.

un paciente supone un factor esencial para poder diseñar un tratamiento efectivo y eficiente, de tal manera que los efectos sobre la salud del paciente puedan atribuirse únicamente a su terapia, y no a alteraciones en la forma en la que la está siguiendo. Hasta ahora, las estrategias tradicionales no han propuesto un método infalible para el control de la adherencia. Por ejemplo, el abordaje directo del paciente por el profesional para estudiar de cerca su adherencia, cuestionarios y trato personalizado, control por el profesional de las dosis remanentes, así como pastilleros o botes inteligentes de pastillas. Sin embargo, todos estos métodos presentan desventajas y su uso no implica que el paciente realmente haya seguido las pautas de ingesta[282].

Las consecuencias de una pobre adherencia a los tratamientos por parte de pacientes, especialmente los crónicos, aconseja prioritario el hallazgo de un método que permita conocer con precisión sus patrones de comportamiento durante el tratamiento, así como sus parámetros de salud o si sigue o no el tratamiento de forma correcta[283]. Más allá del fuerte impacto en costes para el sistema sanitario que provoca una adherencia incorrecta, esta también es responsable de una aminoración de los efectos beneficiosos del tratamiento, pudiendo incluso provocar un empeoramiento en calidad de vida del paciente[284], en la medida en la que no seguir el tratamiento de manera adecuada puede provocar recaídas, hospitalizaciones o intervenciones quirúrgicas de

---

[282] Ibid., p. 4.

[283] YANG, G. et al., *Body sensor networks,* Springer: London, 2014m p. 8; PFIZER, *La adherencia al tratamiento: Cumplimiento y constancia para mejorar la calidad de vida,* disponible en: http://envejecimiento.csic.es/documentos/documentos/pfizer-adherencia-01.pdf., última consulta: 28/4/2022.

[284] DUNBAR-JACOB, J. et al., Adherence in Chronic Disease, *Annual Review of Nursing Research,* 18, 2000, pp. 48–90, pp. 54 y 55.

urgencia[285] (especialmente en el caso de diabetes[286], hipertensión[287], asma[288] o trastornos psíquicos[289]).

La mala adherencia se observa, principalmente, en enfermedades en las que el paciente tiene que autoadministrarse el tratamiento, sean estas más o menos severas. Se trata de un fenómeno biosocial complejo que se produce por diversos factores[290], aquellos relacionados con el propio paciente[291]

---

285 OMS, *Adherence to long term therapies...* cit., pp. 11–13.

286 POLONSKY, W. H. et al., Poor Medication Adherence in Type 2 Diabetes: Recognizing the Scope of the Problem and Its Key Contributors, *Patient Preference and Adherence,* 10, 2016, pp. 1299–1306, p. 1299.

287 BRUNETT, H. R. et al., How to Improve Adherence with Prescribed Treatment in Hypertensive Patients, *Journal of Cardiovascular Pharmacology,* 35 (supl. 3), 2000, S23–S26, S23.

288 ENGELKES, M. et al., Medication Adherence and the Risk of Severe Asthma Exacerbations: A Systematic Review, *European Respiratory Journal,* 45, 2015, pp. 396–407, p. 405.

289 SANSONE, R. A. y SANSONE, L. A., Antidepressant Adherence: Are Patients Taking Their Medications? *Innovations in CLINICAL NEUROSCIENCE,* 9 (5 – 6), pp. 41 – 46; MORKEN, G. et al., Non-adherence to antipsychotic medication, relapse and rehospitalisation in recent-onset schizophrenia, *BMC Psichiatry,* 8 (32), 2008, pp. 1–7, p. 5.

290 Por ejemplo, si el paciente no observa efectos del tratamiento a corto plazo puede verse desincentivado a seguir con el tratamiento. Esto sucede en enfermedades como la depresión, en las que los beneficios del tratamiento pueden presentarse tras un tiempo prolongado después de iniciado este. OMS, *Adherence to long term therapies...* cit., p. 11.
Sobre la necesidad de comprender los factores que rodean a la enfermedad en el proceso de desarrollo de tratamientos: BISWAS, K., *Pharma's Prescription: How the right technology can save the pharmaceutical sector,* Elsevier: London, 2014, p. 11.

291 En este sentido, pueden encontrarse razones que derivan en una mala adherencia en el entorno cultural, educativo y social del pa-

(sus patrones de adherencia habituales cuando sigue tratamientos, su actitud frente a la medicación y la enfermedad, el estigma social que pueda provocarle el seguir una medicación), otros relacionados con las características de la enfermedad[292] (la visión que el paciente tenga de su enfermedad, si padece deterioro cognitivo, síntomas positivos y negativos, depresión, uso indebido de sustancias), las características del tratamiento[293] (eficacia, efectos secundarias, frecuencia de la dosis, formulación, coste económico del tratamiento, copago farmacéutico, complejidad de la medicación, experiencias previas con la medicación), la atención sanitaria (acompañamiento del paciente, accesibilidad del profesional, actitud del profesional hacia el tratamiento, planificación del alta, comunicación entre servicios) o la prestación de servicios[294] (plani-

---

ciente. También será un factor importante su personalidad, pues puede albergar creencias en relación con su tratamiento que le llevan a no seguir correctamente las pautas, puede haber entendido equivocadamente las instrucciones de seguimiento, puede tener dificultades a la hora de acceder al medicamento o, simplemente, puede olvidarse de tomar la dosis en el momento correcto.

292 Así, las enfermedades que son de tipo crónico presentan unos índices de adherencia inferiores a otras que no lo son. Esto puede ser especialmente relevante si nos encontramos ante una enfermedad infecciosa, por ejemplo, pues una adherencia deficiente a antirretrovirales puede dar lugar a mutaciones del virus y resistencias a la medicación, lo cual se traduce en un serio problema de salud pública.

293 Si este produce efectos secundarios adversos; dependiendo de su farmacodinámica, farmacocinética, forma de administración y características organolépticas; así como el precio, pueden ser factores que contribuyan a una adherencia deficiente al tratamiento.

294 En este caso, influirán factores como el tiempo dedicado al paciente por su profesional, dificultades en la comunicación entre ambos, o la monitorización que puede hacerse del paciente crónico.

ficación compartida de la atención, comunicación entre profesional y paciente, y entre distintos profesionales y servicios)[295].

Un incorrecto seguimiento de las indicaciones del tratamiento por cualquiera de los factores mencionados implica potenciales riesgos para el paciente: recaídas más intensas y más difíciles de superar[296], mayor riesgo de dependencia[297], mayor riesgo de abstinencia y efecto rebote[298], más probabilidades de generar resistencia a la terapia (como sucede con tratamientos antirretrovirales[299] o con tratamientos antibióticos[300]), mayor

---

295 HADDAD, P. M. et al., Nonadherence With Antipsychotic Medication. *Dovepress*, 5, 2014, pp. 43–62, p. 48; y DILLA, T. et al., Adherencia y Persistencia Terapéutica: Causas, Consecuencias y Estrategias de Mejora, *Atención Primaria*, 41 (6), 2009, pp. 342–348, p. 344.

296 BYERLY, M. J. et al., Antipsychotic Medication Adherence in Schizophrenia, *Psychiatric Clinics of North America*, 30, 2007, pp. 437–452, p. 439.

297 BUSH, P. J. et al., Use of Sedatives and Hypnotics Prescribed in a Family Practice, *Southern Medical Journal*, 77 (6), 1984, pp 677 – 681, p. 681.

298 DEMYTTENAERE, K, y HADDAD, P., Compliance with antidepressant therapy and antidepressant discontinuation symptoms, *Acta psychiatrica Scandinavica. Supplementum*, 403, 2000, pp. 50 – 56, pp. 54 y 55.

299 PATERSON, D. L. et al., Adherence to Protease Inhibitor Therapy and Outcomes in Patients with HIV Infection, *Annals of Internal Medicine*, 133 (1), 2000, pp. 21 – 30, p. 21.

300 Según la OMS, hoy en día la resistencia a antibióticos es una de las "mayores amenazas para la salud mundial". Una incorrecta administración de antibióticos ha sido origen ya hoy en día de resistencia a enfermedades como neumonía, tuberculosis, gonorrea y salmonelosis. Esta resistencia provoca estancias hospitalarias más largas, supone un incremento notable del gasto sanitario y es una causa objetivamente creciente de mortalidad. OMS (31 de julio 2020), *Resistencia a los antibióticos*, disponible en: https://www.who.int/es/news-room/fact-sheets/detail/resistencia-a-los-antibi%C3%B3ticos, última consulta: 25/11/2022; YACH, D., Tuberculosis in the western

probabilidad de intoxicación, sobre todo en pacientes mayores o con trastornos psiquiátricos (en caso de que la mala adherencia sea por una ingesta en exceso de la cantidad que corresponde de medicación), así como mayor probabilidad de sufrir accidentes, especialmente en el caso de una incorrecta adherencia a tratamientos que tienen efectos secundarios (por ejemplo, sedativos)[301], o, en la peor de la situaciones esa falta de adherencia podría derivar en la muerte del enfermo[302].

La OMS advierte que una mejor adherencia a los tratamientos crónicos se traduciría en un aumento de la efectividad y la eficiencia de los sistemas de salud[303]. Por tanto, lograr un control y mejora de la adherencia en estos pacientes se configura como un objetivo primordial para los sistemas sanitarios. Implementar herramientas que logren una correcta adherencia permitirá disminuir el impacto negativo tanto económico como clínico que es directa consecuencia de este grave problema.

2. Razones que justifican un uso extensivo de medicamentos digitales

Han sido diferentes las estrategias esgrimidas en la práctica clínica en busca de un efectivo control de la adherencia al tratamiento, especialmente, en aquellos pacientes crónicos –por

---

cape health region of South Africa, *Social & Science Medicine*, 27 (7), 1988, pp. 683 – 689, pp. 683, 688 y 689.

301 OMS, *Adherence to long term therapies…* cit., p. 22.

302 RODRÍGUEZ, C. (8 de febrero de 2018), ¿Por qué es importante investigar la adherencia al tratamiento en la práctica clínica?, *Adherencia & Cronicidad & Pacientes*, disponible en: https://www.adherencia-cronicidad-pacientes.com/adherencia/por-que-es-importante-investigar-la-adherencia-al-tratamiento-en-la-practica-clinica/, última consulta: 28/4/2022.

303 OMS, *Adherence to long term therapies…* cit., p. 23.

ejemplo, personas mayores o pacientes psiquiátricos– con el objetivo de esclarecer las causas y efectos reales del tratamiento de acuerdo con sus patrones de ingesta. Existen, en este sentido, métodos directos e indirectos de control de la adherencia.

Los directos consisten en una observancia directa de la administración del tratamiento al paciente, por ejemplo, observando que el paciente se introduce la pastilla en la boca, realizando análisis de sangre u orina para confirmar que el tratamiento ha sido ingerido, o administrando la dosis a través de inyectables[304]. Este tipo de métodos muestran una ventaja importante: la información obtenida sobre la adherencia al tratamiento es objetiva. Sin embargo, también tienen desventajas: el paciente puede esconder la pastilla en la boca para luego expulsarla, implican costes económicos y disponibilidad de personal sanitario para realizar el seguimiento del paciente o, en el caso de los inyectables, además de dolorosos, no siempre son administrables a todo tipo de pacientes, y el cálculo de la dosis adecuada puede presentar dificultades. A todo ello se añade que estos métodos no facilitan información acerca de las causas reales de una incorrecta adherencia al tratamiento[305].

Los métodos indirectos son técnicas que permiten conocer los patrones de adherencia sin una observancia directa del paciente. Estos métodos incluyen la realización de cuestionarios[306], el recuento de la medicación sobrante, el empleo de

---

304 Sobre la materia: HADDAD, P. M. et al., Nonadherence With Antipsychotic… cit.

305 PAGÈS-PUIGDEMONT, N. y VALVERDE-MERINO, M. A., Métodos para medir la adherencia terapéutica, *Ars Pharmaceutica*, 59 (3), 2018, pp. 163–172, pp. 164 y 165.

306 En la literatura pueden encontrarse diferentes tipos de cuestionarios: Cuestionario ARMS-e, el Test de Batalla, The Beliefs about Medicines Questionnarie (BMQ), Brief MEdication Questionnaire, Drug Attitude Inventory (DAI), Test de Haynes-Sackett (o test de cumplimiento autocomunicado), Hill-Bone Compliance Scale,

dispositivos electrónicos o el análisis de los registros de dispensación. Muestran alguna ventaja sobre los métodos directos, por ejemplo, favorecen la autonomía del paciente en el seguimiento de su tratamiento si este lo hace empleando dispositivos electrónicos, ahorran costes y tiempo para los profesionales sanitarios y para el propio paciente que no tiene que desplazarse hasta el centro sanitario cada vez que se administre el tratamiento, y no son dolorosos, a diferencia de algunos métodos de observancia directa, como los inyectables. Adicionalmente, estas técnicas sí permiten obtener información relevante sobre las causas de una adherencia deficiente por el paciente. No obstante, a pesar de los aspectos positivos, estas técnicas presentan un importante inconveniente: no proporcionan una información tan objetiva o fiable como los métodos de observancia directa (en los cuestionarios, es posible que el paciente mienta u omita datos relevantes para el tratamiento, o que piense que lo está siguiendo correctamente sin que sea así; el recuento de la medicación sobrante, la detección por el pastillero electrónico de la extracción de una píldora, o la dispensación de la medicación a través de medios electrónicos, no responden necesariamente que el paciente esté siguiendo de manera correcta el tratamiento, sino que podría responder a que esté deliberadamente manipulando su medicación)[307].

En un estudio llevado a cabo con pacientes de esquizofrenia en el que se midió la adherencia durante tres meses, se empleó un pastillero electrónico que registraba cada vez que el paciente extraía el medicamento, y una escala de valoración

The Medication Adherence Report Scale (MARS), Test de Morisky-Green, The Simplified MEdication Adherence Questionnaire (SMAQ). Ibid., pp. 165–170.

307 Ibid., pp. 165 a 170; GARFIELD, S. et al., Suitability of Measures of Self-Reported Medication Adherence for Routine Clinical Use: A Systematic Review, *BMC Medical Research Methodology*, 11, 2011, pp. 1–9, p. 2.

del profesional. Los resultados mostraron una diferencia importante: la información sobre la adherencia arrojada por los pastilleros electrónicos indicaba que el 48% de los pacientes no había seguido correctamente el tratamiento, mientras que la información arrojada por las valoraciones de los profesionales mostraba que todos los pacientes habían seguido correctamente el tratamiento[308]. Este experimento es muestra de que la adherencia al tratamiento estimada puede depender enteramente del método que se utilice para medirla.

Así, el método empleado para el control de la adherencia será determinante para un abordaje exitoso del problema de la mala adherencia con el objetivo de mitigar las consecuencias negativas.

Los medicamentos digitales presentan una gran ventaja frente a los métodos tradicionales de observancia indirecta, como el bote electrónico de pastillas, y es que la información proporcionada por ellos es completamente objetiva, y facilitan, asimismo, la averiguación de las causas reales por las que el paciente no está siguiendo correctamente el tratamiento.

Esta idea conduce a plantear si en el marco de la medicina personalizada de precisión, los medicamentos digitales podrían considerarse como una solución definitiva al problema de la mala adherencia de los pacientes a tratamiento. Una respuesta afirmativa a esta pregunta conduce necesariamente a plantear si debería, entonces, ser exigible un uso extendido de medicamentos en su formato digital en lugar de en su formato tradicional.

---

308 BYERLY, M. et al., A Comparison of Electronic Monitoring vs. Clinician Rating of Antipsychotic Adherence in Outpatients with Schizophrenia, *Psychiatry Research*, 133, 2005, pp. 129–133, p. 131.

3. Los medicamentos digitales como solución clínica a una mala adherencia

Los dispositivos médico-tecnológicos empleados en el marco de la medicina personalizada de precisión permiten obtener información valiosa y precisa sobre las pautas del paciente a la hora de seguir su tratamiento. De manera complementaria, además, pueden facilitar el diálogo entre médico y paciente cuando este acude a su consulta[309] y reforzar la autonomía del individuo, pues empoderan al paciente en tanto que proporcionan una información continuada a este sin necesidad de visitar al profesional, otorgándole así una sensación de mayor control sobre su salud[310]. De esta manera, estos dispositivos no solo suplen el tiempo no dedicado por el profesional, sino que ayudan al paciente a conocer cómo sus hábitos afectan a su enfermedad. La prerrogativa para un uso eficaz de estos dispositivos es que el paciente alimente de manera continua a la tecnología con datos heterogéneos (no solo de salud), para que el dispositivo pueda interpretar esa información y así formular recomendaciones de cambios en sus hábitos del cuidado de su salud[311].

---

309 ZULLIG, L. L. et al, Applying Technology to Medication Management and Adherence, en L. A. MARSCH, S. E. LORD y J. DALLERY (eds.), *Behavioral Healthcare and Technology*, Oxford University Press: USA, 2015, pp. 81–94. P. 81–82; MOUTEL, G. et al., The Digital Pill, between Beneficence and Vigilance: Ethical Stakes, *Medecine/Sciences*, 34, 2018, pp. 717–722, p. 719.

310 HO, A. y QUICK, O., Leaving Patients to Their Own Devices? Smart Technology, Safety and Therapeutic Relationships, *BMC Medical Ethics*, 19 (18), 2018, pp. 1–6, p. 2.

311 PETRAKAKI, D. et al., Between Empowerment and Self-Discipline: Governing Patients' Conduct through Technological Self-Care', *Social Science and Medicine*, 213, 2018, pp. 146–53, p. 150; y DE MONTALVO JÄÄSKELÄINEN, F., El uso secundario de los datos de salud en el marco… cit., p. 226.

Los nuevos medicamentos digitales superan obstáculos presentes en esas otras técnicas de control de la adherencia y monitorización de los patrones de comportamiento del paciente. Bajo el sometimiento a un tratamiento de medicamentos digitales, deja de ser prerrogativa del paciente desvelar información de manera voluntaria acerca de si ha ingerido la pastilla o no, y será su médico quien conocerá con precisión los índices de adherencia al tratamiento, así como otra información de salud. En otras palabras, no es ya necesario que el paciente voluntariamente revele información sobre su salud, basta con que acepte someterse a un tratamiento de estas características[312].

Los medicamentos digitales ayudan a superar los obstáculos del complejo problema de la mala adherencia, pues facilitan abordar no solo factores clínicos, sino también sociales que cumplen un papel determinante en los efectos del tratamiento. Las circunstancias vitales y sociales que acompañan a los pacientes son determinantes para aconsejar el empleo de este tipo de medicamentos. Así, se aconsejaría apropiado este tipo de tratamientos, por ejemplo, para pacientes mayores polimedicados o sujetos con patologías psiquiátricas, en tanto que son un colectivo de pacientes que presenta índices de adherencia muy bajos (debido a efectos secundarios, olvidos o confusiones con las dosis correspondientes) y cuyo manejo farmacológico puede ser complejo[313]. Los medicamentos digitales, a diferencia del resto de métodos existentes para el control de la adherencia, registran automáticamente la ingesta de la dosis y alertan cuando esta no ha sido ingerida en el momento que corresponde, facilitando, entre otras cosas, que el paciente deje de sufrir confusiones en el seguimiento

---

[312] DE MIGUEL BERIAIN, I. y MORLA GONZÁLEZ, M., "Digital Pills" for Mental... cit., p. 5.

[313] Ibid., p. 5.

de su tratamiento y que la familia o el profesional conozcan sus patrones de seguimiento del tratamiento[314].

No obstante, aunque lo expuesto hasta ahora pueda conducir inevitablemente a considerar los medicamentos digitales como una extraordinaria alternativa clínica, pueden objetarse distintos argumentos frente a su empleo. Como ya se estudió previamente, los medicamentos digitales no son garantía de un incremento en la adherencia a los tratamientos ni, consecuentemente, de una mejora de la salud o calidad de vida del paciente. Lo único que logran garantizar es que el profesional sanitario o cuidador podrá tener un exhaustivo control de los patrones de comportamiento del paciente a lo largo de su tratamiento[315].

Sin embargo, los múltiples y complejos factores vitales y sociales que influyen en el comportamiento del paciente aconsejan no abordar el problema de la mala adherencia de una única manera, por ejemplo, rastreando los patrones de ingesta. Existen evidencias que demuestran que un seguimiento

---

314 CHAI, P.R. et al., Ingestible Biosensors for Real-Time Medical Adherence Monitoring: MyTMed, *Hawaii International Conference on System Sciences,* 2016, pp. 3416–3423, p. 3422.

315 FDA, CENTER FOR DRUG EVALUATION AND RESEARCH, *Application number: 207202orig1s000: Summary Review*... cit., pp. 7 y 8; COSGROVE, L. et al., Digital aripiprazole or digital evergreening?... cit., p. 235 a 236. Tal y como se mencionaba previamente, la propia FDA advirtió, en el proceso de aprobación del medicamento digital, que lo único que demostraban los ensayos clínicos sometidos a estudio es que los pacientes podían utilizar adecuadamente la tecnología, y que esta funcionaba correctamente, pero no lograban proporcionar información adicional sobre la adherencia. Véase: FDA, *Non-inferiority clinical trials to establish effectiveness: guidance for industry,* disponible en: https://www.fda.gov/media/78504/download, újltima consulta: 29/4/2022; y FDA, *Application number: 207202Orig1s000 Clinical Review(s),* 2017, p. 10, disponible en: https://www.accessdata.fda.gov/drugsatfda_docs/nda/2017/207202Orig1s000MedR.pdf., última consulta: 29/4/2022.

estricto del tratamiento puede ser difícil o incluso perjudicial en términos de calidad de vida para el paciente. Bien por los efectos secundarios desagradables que le produce, o bien porque implica realizar unos cambios en el estilo de vida que se le presentan inasumibles[316].

El paciente, en ejercicio de su autonomía, puede priorizar el cuidado de la salud entendido como la consecución un bienestar más amplio, una calidad de vida determinada por él mismo que podría implicar no seguir de manera estricta las pautas recomendadas para el seguimiento del tratamiento[317]; mientras que el profesional puede concebir el cuidado de la salud de forma diferente, por ejemplo, ligado a una perfecta adherencia al tratamiento. Para el paciente, sin embargo, ambas posturas pueden ser incompatibles.

Por ello, parece razonable conceder cierta flexibilidad al paciente en lo relativo a su manejo farmacológico en ejercicio de su autonomía, pues solo él conoce cuál es la mejor conducta para lograr una óptima calidad de vida de acuerdo con sus preferencias y convicciones. Cada paciente responde de manera diferente a cada tratamiento y por ello, no debe asumirse que una desviación de la dosis recomendada suponga un peor rendimiento del tratamiento para aquel, peores resultados para su salud o menor calidad de vida[318].

En conclusión, el sometimiento a un tratamiento que rastree los patrones de ingesta del medicamento (sin asegurar

---

316 DE MIGUEL BERIAIN, I. y MORLA GONZÁLEZ, M. "Digital Pills" for Mental… cit., p.18.

317 HARRIS, L. (15 de septiembre de 2019), The Rise of the Digital Asylum, *Mad in America,* disponible en: https://www.madinamerica.com/2019/09/the-rise-of-the-digital-asylum/,última consulta: 29/4/2022.

318 DE MIGUEL BERIAIN, I. y MORLA GONZÁLEZ, M. "Digital Pills" for Mental… cit., p.18.

que los índices de adherencia incrementen) no garantiza la solución al problema raíz que provoca una incorrecta adherencia, más, cuando dicho comportamiento puede ser voluntariamente elegido por el paciente por los beneficios que le pueda reportar en su calidad de vida.

III. DERECHO DE ACCESO Y USO EFECTIVO DE LAS TERAPIAS DIGITALES. LA BRECHA DIGITAL SANITARIA.

Para lograr un tratamiento óptimo de la enfermedad, es necesario que el paciente se involucre en la gestión de diferentes aspectos de su padecimiento, será él quien decida cuándo buscar ayuda de un profesional o en qué medida adherirse a la medicación prescrita. Involucrar al paciente, de manera que este se convierta en un agente activo en el control de su salud, puede suponerle una notable mejoría. Para convertir al paciente en un agente activo que conozca la información de su salud y actúe en consecuencia diariamente, los medios tradicionales se observan limitados. Es entonces cuando el uso de la tecnología (*apps* móviles y dispositivos médico-tecnológicos) promueven la figura de un paciente más informado, que puede gestionar personalmente la evolución de su salud y de su enfermedad fuera de la consulta del médico. Además, estas tecnologías se convierten en una ayuda extra para el profesional en la medida en que favorecen la comunicación entre ambos. Dejar de fumar, hacer más ejercicio, mejorar el manejo farmacológico o gestionar mejor su estado de ánimo puede ser más fácil con ayuda de estos dispositivos. El acceso a la tecnología móvil y a internet se vuelve así un factor clave en este escenario[319].

---

[319] FREE, C. et al., The Effectiveness of Mobile-Health Technology-Based Health Behaviour Change or Disease Management Inter-

1. Concepto de brecha digital y Derecho

En la mayoría de los países desarrollados el empleo de *smartphones* está bastante extendido. El teléfono móvil inteligente se ha convertido en un complemento habitual del día a día. Un asistente personal en el bolsillo de cada vez más gente que lo consulta más de 100 veces al día y no sale de casa sin él[320]. El uso del teléfono móvil favorece la creación de hábitos muy arraigados en la vida diaria de las personas y el empleo extendido de *apps* móviles de salud ha demostrado que promueve el cambio de comportamientos del usuario, por ejemplo, para la mejora de su actividad física o bienestar mental[321].

En los países con menos ingresos, el sector de la tecnología móvil y comunicación es el sector que más crece, y la cobertura geográfica es elevada. Sin embargo, aunque el uso de *smartphones* se está extendiendo rápidamente por la mayoría de los países del planeta, no significa que la explotación de las oportunidades que ofrecen se esté realizando por igual en todos los lugares ni por todas las personas. Aunque el acceso material a un *smartphone* pueda ser relativamente sencillo, la falta de cobertura, infraestructura técnica de baja calidad o conocimiento limitado y habilidades digitales escasas, han dejado a la cola del desarrollo digital a muchas zonas geográficas y

---

ventions for Health Care Consumers: A Systematic Review, *PLoS Medicine*, 10(1), 2013, pp. 1–45, p. 2.

320 GOOGLE (2012), *Our Mobile Planet: España*, disponible en: https://www.yumpu.com/es/document/read/18427359/our-mobile-planet-espana-prisa-digital última consulta: 29/4/2022.

321 BAKKER, D. et al., Mental Health Smartphone *Apps*: Review and Evidence-Based Recommendations for Future Developments, *JMIR Mental Health*, 3 (1), 2016, pp. 1–31, p. 2.

personas. Bajo estas circunstancias se produce lo que se conoce como brecha digital[322].

La brecha digital hace referencia a la desigualdad en el acceso a las nuevas tecnologías e internet[323], no solo desde una perspectiva material (falta de acceso a recursos: dispositivos, internet), sino también personal (personas que, por sus circunstancias, contexto cultural, competencias, o por esa falta de recursos materiales necesarios, quedan excluidas de participar en el panorama digital)[324]. La falta de ambas formas de acceso al entorno digital provoca situaciones de discriminación.

El acceso efectivo a internet se ha configurado como un factor clave en estas situaciones de discriminación. Las Naciones Unidas han promovido iniciativas para la configuración

---

322 BANKS, K. y BURGE, R., *Mobile Phones: An Appropriate Tool For Conservation And Development?* Fauna and Flora International: UK, 2004, p. 10 a 14, 17, y 21 a 29; y DONNER, J., Research Approaches to Mobile Use in the Developing World: A Review of the Literature, *Information Society*, 24 (3), 2008, pp. 140–159, p. 141.

323 ÁLVAREZ ROBLES, T., El derecho de acceso a internet en el constitucionalismo español: desde la influencia supranacional a la LO 3/2018, de protección de datos personales y garantía de los derechos digitales, en F. BUENO DE MATA (dir.) e I. GONZÁLEZ PULIDO (coord.), *FODERTICS 9.0.*, pp. 3-15, 4 y 5; POLLICINO, O., The Right to Internet Access. A Comparative Constitutional Legal Framework, en M. IENCA, O. POLLICINO, L. LIGUORI, E. STEFANINI, R. ANDORNO (eds.), *Information technology, life sciences and human rights*, Cambridge University Press: UK, 2022, pp. 125 – 138, p. 137; y RANCHORDÁS, S., Connected but Still Excluded? Digital Exclusion beyond Internet Access, en M. IENCA, O. POLLICINO, L. LIGUORI, E. STEFANINI, R. ANDORNO (eds.), *Information technology, life sciences and human rights*, Cambridge University Press: UK, 2022, pp. 244 – 257, p. 245.

324 DE BENITO CASTANEDO, J., Bibliographic Analysis of the Digital Divide and Literacy in New Technologies, *Revista Electrónica Educare*, 21(2), 2017, pp. 1–10, p. 2.

de este derecho, entre ellas, el informe de mayo de 2011 de la Oficina del Alto Comisionado para los Derechos Humanos o la Resolución del Consejo de Derechos Humanos de la Naciones unidas de 2012, la cual proclama los mismos derechos de los que las personas son titulares *offline* han de seguir siéndolo *online*, ante el uso de dispositivos tecnológicos y en internet. Por su parte, la Unión Europea también ha mostrado una profusa actividad normativa para promover el acceso a internet, así, elaboró un paquete de directivas sobre telecomunicaciones del año 2002, aprobó el Reglamento General de Protección de Datos, las recomendaciones de la Comisión Europea, y la Organización para la Seguridad y la Cooperación en Europa desde 2011 ha contribuido también a fomentar que el derecho de acceso a la red se materialice, dando lugar en algunos países a su configuración como derecho fundamental por vía jurisprudencial o por vía legal. En Europa disponemos de la guía de derechos humanos para usuarios de Internet del Consejo de Europa, del año 2014, que ha incorporado el derecho de acceso a internet como un derecho de acceso justo, reivindicando un acceso libre de discriminaciones o, en otras palabras, libre de brechas digitales por razón de edad, sexo, lugar de residencia, etc.[325]. En España, podemos encontrar previsiones legales, como la Ley 2/2011 de 4 de marzo, de economía sostenible (art. 52), desarrollada por el RD 726/2011, de 20 de mayo, por el que se modifica el Reglamento sobre las condiciones para la prestación de servicios de comunicaciones electrónicas, el servicio universal y la protección de los

---

[325] En el ámbito americano, merece especial consideración la Convención Interamericana sobre la protección de los derechos humanos de las personas mayores, que recoge, entre otras cosas, compromisos como "promover la educación y formación de la persona mayor en el uso de las nuevas tecnologías de la información y comunicación (TIC) para minimizar la brecha digital, generacional y geográfica e incrementar la integración social y comunitaria" (art. 20).

usuarios, reconoce el derecho de acceso a internet de alta velocidad (banda ancha), o el artículo 81 de la LOPDGDD, que recoge el acceso universal a internet[326].

Cuando el acceso a internet y a nuevas tecnologías interfiere con el cuidado a la salud es necesario tomar en consideración el mandato de los poderes públicos de "organizar y tutelar la salud pública a través de medidas preventivas y de las prestaciones y servicios necesarios" (art. 43.2 CE). Los poderes públicos están llamados a proteger la salud de los individuos no solo ante un deterioro de esta, sino de forma preventiva, bajo el empleo de las herramientas disponibles en el contexto actual[327]. Dicha protección del cuidado de la salud exigirá una garantía de prestaciones y servicios accesibles en términos de igualdad a los ciudadanos, incluyendo, dentro de los mencionados servicios, también aquellos digitales, pues tal y como dispone el artículo 9.2 CE, los agentes públicos deberán promover "las condiciones para que la libertad y la igualdad del individuo y de los grupos en que se integra sean reales y efectivas" (art. 9.2 CE), lo cual no puede interpretarse ajeno al panorama digital.

En el terreno de la salud digital, la brecha digital se muestra como una manifestación de la falta de equidad, indicadora de la necesidad de llevar a cabo un esfuerzo adicional para localizar las vulnerabilidades y barreras a las que se enfrentan los usuarios de dispositivos médico-tecnológicos, tanto en el ma-

---

326 GARCÍA MEXÍA, P., El derecho de acceso a internet, en T. DE LA QUADRA SALCEDO y J.L. PIÑAR MAÑAS (eds.), M. BARRIO ANDRÉS y J. TORREGROSA VÁZQUEZ (coords.), Sociedad Digital y Derecho, Boletín oficial del Estado, Ministerio de Industria, Comercio y Turismo, RED.ES: Madrid, 2018, pp. 397 – 415, p. 405

327 ÁLVAREZ VÉLEZ, M. I., Derecho de igualdad y asistencia sanitaria, en S. ADROHER BIOSCA y F. DE MONTALVO JÄÄSKELÄINEN (dirs.), *Los Avances del Derecho ante los Avances de la Medicina,* Aranzadi: Navarra, 2008, pp. 535–546, p. 540.

nejo de los recursos digitales, como en la alfabetización digital o en el acceso efectivo a los mismos[328].

2. Tipos de brecha digital

Se han identificado diferentes tipos de brechas en el entorno digital: por cuestiones de género, de edad, de educación o formación, económica, territorial, laboral[329] o lingüística[330]. Las investigaciones sociológicas sobre consumo sugieren que en función del bagaje cultural y del contexto o las circunstancias, las personas tienden a utilizar la tecnología de manera diferente[331].

Así, la brecha digital de género se manifiesta por comparativa entre hombres y mujeres en lo que respecta a su actividad digital: en comparación con los hombres, las mujeres están más desconectadas digitalmente[332]. La brecha digital generacional se observa en la diferencia de edad que existe en el uso de las nuevas tecnologías: los jóvenes son más adaptativos a los avan-

---

328 FALCÓN ROMERO, M. y LUNA RUIZ-CABELLO, A., E-Salud, paciente y equidad, en C. GIL MEMBRADO (dir. y coord.), *E-Salud, autonomía y datos clínicos,* Dykinson: Madrid, 2021, pp. 33 – 57, p. 42.

329 VARELA FERRÍO, J., *La Brecha Digital en España.* UGT Comunicaciones: España, p. 25.

330 OLARTE ENCABO, S., Brecha digital, pobreza y exclusión social, *Temas laborales,* (138), 2017, pp. 285–313, p. 295.

331 SE HEALTHCARE. *The Impact of Technology in the Healthcare Sector,* disponible en: https://www.sehealthcarequalityconsulting.com/2020/07/21/the impact-of-technology-in-the-healthcare-sector/, última consulta: 29/4/2022.

332 VARELA FERRÍO, J., *La Brecha Digital en España...* cit., p. 26; MINISTERIO DE SANIDAD, SERVICIOS SOCIALES E IGUALDAD. La brecha digital de género en España: Análisis multinivel (España, Europa, Comunidades Autónomas), p. 7, disponible en: https://www.inmujeres.gob.es/publicacioneselectronicas/documentacion/Documentos/DE0702.pdf, última consulta, 29/4/2022.

ces tecnológicos y activos en internet que las personas mayores, que aprenden con mayor dificultad el empleo correcto de estas nuevas herramientas y el funcionamiento de internet[333]. La falta de educación también es un factor determinante para el ensanchamiento de la brecha digital: aquellas personas con un nivel educativo superior o con formación en competencias digitales tienden a conocer mejor el uso correcto de las nuevas tecnologías y el funcionamiento de internet que aquellas que carecen de esta formación[334].

Por otra parte, una de las mayores brechas digitales se produce con ocasión de la capacidad económica del usuario: es sabido que las personas en situación de pobreza encuentran más obstáculos a la hora de acceder a dispositivos tecnológicos o a costearse una tarifa de internet más beneficiosa, además de que las *apps* más sofisticadas tienden a funcionar mejor en dispositivos más caros. Las nuevas tecnologías pueden sufrir cualquier tipo de error de funcionamiento, por cuestiones técnicas, la calidad del código fuente, errores en la programación del *software,* etc. Incluso cuando carece de este tipo de deficiencias, una misma *app* móvil puede desarrollar un funcionamiento diferente en función del dispositivo en el que se instale y funcione –se observa que las apps móviles

---

333 PANHUYS, H. F. et al., Organisation for Economic Co-Operation and Development, *International Organisation and Integration,* 1968, pp. 1018–1023, p. 1039; VARELA FERRÍO, J., *La Brecha Digital en España…* cit., p. 31; OLARTE ENCABO, S. Brecha digital, pobreza y exclusión social… cit., pp. 293 – 294; ATIENZA MACÍAS, E., El envejecimiento ante los avances científicos y tecnológicos, en C. GIL MEMBRADO (dir. y coord.), *E-Salud, autonomía y datos clínicos,* Dykinson: Madrid, 2021, pp. 59–87, p. 68.

334 PANHUYS, H. F. et al., Organisation for Economic Co-Operation… cit. p. 1039; UNICEF, *La brecha digital impacta en la educación,* disponible en: https://www.unicef.es/educa/blog/covid-19-brecha-educativa, última consulta: 29/4/2022.

presentan un mejor rendimiento en dispositivos más potentes y de coste elevado–[335].

La brecha digital geográfica también es incontrovertible, sobre todo en zonas rurales: es precisamente en estos entornos donde se observa que una conexión de calidad (buena cobertura, banda ancha) es más limitada que en zonas urbanas[336]. Asimismo, las competencias tecnológicas se han observado como un factor clave en el ámbito laboral, tanto para el acceso al empleo como para la permanencia en el mismo[337]. Por último, la lengua inglesa en la configuración por defecto de muchos dispositivos tecnológicos y *apps* móviles se manifiesta también como un obstáculo en un uso efectivo de estos instrumentos para aquellas personas que desconocen el idioma[338].

3. La brecha digital en la medicina personalizada de precisión

La brecha digital puede proyectarse en diferentes esferas cuando se emplean dispositivos tecnológicos con fines terapéuticos o de diagnóstico: en la información, la disponibilidad de recursos, coste, eficiencia, calidad, aceptabilidad o uso[339].

---

335 OLARTE ENCABO, S., Brecha digital, pobreza y exclusión… cit., pp. 292 y 293; POLLICINO, O. et al., M-Health at the Crossroads between the Right… cit., p. 14.

336 GINER PÉREZ, J. M. y TOLOSA BAILÉN, M. C., La brecha digital local en España: factores explicativos, *XXXIV Reunión de Estudios Regionales, X Congreos de la Asociación Andaluza de Ciencia Regional*, Jaén, 2008, pp. 1 y 5.

337 OLARTE ENCABO, S., Brecha digital, pobreza y exclusión… cit., pp. 295 y 296.

338 RODRÍGUEZ GALLARDO, A., *Brecha digital y sus determinantes*, Universidad Autónoma de México: México, 2006, p. 31.

339 MEHL, G. et al., Harnessing mHealth in Low-Resource Settings to Overcome Health System Constraints and Achieve Universal Access to Healthcare, en L. A. MARSCH, S. E. LORD y J. DALLERY (eds.),

El empleo por el paciente de dispositivos médico-tecnológicos requiere que este posea habilidades en el uso de nuevas tecnologías, alfabetización en salud digital[340] y acceso a internet[341] y es posible que, si carece de dichas capacidades o posibilidades, prefiera optar por los tratamientos tradicionales. Biomarcadores, sensores, *apps* móviles, registros electrónicos, etc., aunque no tienen por sí mismos la capacidad de alterar la enfermedad o la salud del paciente, son importantes instrumentos de apoyo al cuidado de la salud. Por ello, cómo se usen estos dispositivos por el profesional y el paciente será clave para lograr una efectividad real de los mismos[342] en la gestión de la enfermedad o en el diagnóstico.

Behavioral Healthcare and Technology, Oxford University Press: USA, 2015, pp. 239–263, p. 244.

340 La alfabetización en salud digital puede definirse como la capacidad de los individuos de obtener, procesar y comprender información sanitaria básica o acceder a servicios sanitarios, a través de la tecnología digital para tomar decisiones adecuadas en el plano de su salud. DUNN, P. y HAZZARD, E., Technology Approaches to Digital Health Literacy, *International Journal of Cardiology*, 293, 2019, pp. 294–296; EHRARI, H. et al., The Digital Divide in Healthcare: A Socio-Cultural Perspective of Digital Literacy, *Proceedings of the 55th Hawaii International Conference on System Sciences*, 7, 2022, pp. 4097–4106, p. 4097; BOTRUGNO, C., The Spread of Telemedicine in Daily Practice. Weighing Risks and Benefits… cit., p. 108.

341 En el año 2022, más de 101 millllones de personas en Europa no usaban internet, siendo esta cifra en España de 3.479.819 personas. INTERNET WORLD STATS, *Internet in Europe Stats,* disponible en: https://www.internetworldstats.com/stats4.htm#europe, última consulta: 29/4/2022.

342 CHAUNDHRY, B. et al., Systematic Review: Impact of Health Information Technology on Quality, Efficiency, and Costs of Medical Care, *Annals of Internal Medicine*, 144 (10), 2006, pp. 742–752, p. 748. SAEED, S.A. y MASTERS, R.M., Disparities in Health Care and the Digital Divide, *Current Psychiatry Reports*, 23(9), 2021, pp. 1–6, p. 1.

Una de las tecnologías más extendidas en las terapias digitales, tal y como sucede con los medicamentos digitales, son las *apps* móviles. Han mostrado ser efectivas, pero pueden suponer un fracaso si el paciente no las usa, o las usa de forma inadecuada o sin la periodicidad que debe. Por ejemplo, en el uso efectivo de *apps* móviles, se ha demostrado que contribuyen factores como la edad, la cultura, los ingresos, la educación, o incluso el peso corporal del paciente[343]. En un estudio desarrollado por Ramírez et al., se demostró que del 85,9% de pacientes interesados en una *app* específica o en la descarga de una *app* de bienestar, solamente el 31,53% llegaron a usar realmente una[344]. A pesar de que las *apps* que rastrean los parámetros de salud del paciente se muestran especialmente útiles para el seguimiento de pacientes crónicos, son precisamente estos los que se muestran menos diligentes en el uso correcto de la *app*, por lo que se necesitan más esfuerzos con estos pacientes para que optimicen la ayuda tecnológica a su tratamiento[345].

Algunas limitaciones que se observan en el empleo de dispositivos médico-tecnológicos y *apps* móviles son la falta de un apoyo emocional al paciente, que sigue alejado de un conocimiento experto o carece de alfabetización digital. Además, el uso de dispositivos móviles puede distraerle de la vida real, este puede "engañar" a la *app* o proporcionar una información que se ajuste más a su propia imagen. En el más extremo y perjudicial de los casos, podrían provocar que el

---

343 TOROUS, J. et al., The New Digital Divide for Digital Biomarkers, *Digital Biomarkers*, 1 (1), 2017, pp. 87–91, p. 89.

344 RAMÍREZ, V. et al., Assessing the Use of Mobile Health Technology by Patients: An Observational Study in Primary Care Clinics, *JMIR Mhealth and Uhealth*, 4 (2), 2016, pp. 1- 10, pp. 6–8.

345 SHAW, R. J. et al., Mobile Health Devices: Will Patients Actually Use Them?, *Journal of the American Medical Informatics Association*, 23 (3), 2016, pp. 462–466, p. 464.

paciente dejase de buscar atención profesional[346]. Por otra parte, la desconfianza que pueden tener tanto pacientes y profesionales en las *apps*, en su efectividad o en la gestión que harán de los datos recogidos, puede suponer una barrera importante en el empleo óptimo de estos dispositivos[347].

Todo lo dicho previamente hay que considerarlo desde la perspectiva de la actualidad. Tras la pandemia por Covid-19, se ha arraigado una tendencia general creciente en el empleo de las nuevas tecnologías para el cuidado de la salud, con la consecuente celeridad en el avance hacia una asistencia crecientemente virtual[348]. Esta circunstancia podría agrandar la brecha digital, incrementando las desigualdades sanitarias existentes.

Aunque el acceso a *smartphones* con buena conectividad a internet se ha demostrado como algo bastante extendido en pacientes de atención primaria, independientemente de su estatus socioeconómico y su contexto cultural o lingüístico, para evitar obstáculos en el empleo de los dispositivos y *apps* móviles para el cuidado de la salud se vuelve esencial que a lo largo del proceso de diseño de estos dispositivos se tenga

---

346 ESTRADA MARTÍNEZ, F. et al., "It Feels Different from Real Life": Users' Opinions of Mobile *App*lications for Mental Health, *OzCHI 2015: Being Human–Conference Proceedings*, 2015, pp. 598–602, p. 600.

347 TOROUS, J. y WEISS ROBERTS, L., Needed Innovation in Digital Health and Smartphone *App*lications for Mental Health Transparency and Trust, *JAMA Psychiatry*, 74 (5), 2017, pp. 437–438, pp. 437–438.

348 BOTRUGNO, C. The Spread of Telemedicine in Daily Practice. Weighing Risks and Benefits… cit., p. 110; y FOURNIER GIMBAO, J. (4 de marzo de 2021), La transformación digital: un aliado estratégico en la era COVID, *IEEE.ES*, disponible en: https://www.ieee.es/Galerias/fichero/docs_opinion/2021/DIEEEO27_2021_JOAFOU_Transformacion.pdf., última consulta: 29/4/2022.

especial consideración a las características del usuario último, para reducir de esta forma las barreras para el acceso[349].

A la hora de prescribir una terapia digital, es imperativo conocer el contexto del paciente, sobre todo si se trata de un paciente crónico. No solo se trata de conocer su contexto digital, sino también su contexto cultural, circunstancias económicas, laborales, educativas o formativas, etc. Pues el más sofisticado de los sistemas de control de adherencia del tratamiento que, a priori, se presente como el más adecuado para su patología, puede al mismo tiempo resultar inoperante si las concretas circunstancias personales del paciente son un obstáculo en su alfabetización digital o en la adquisición de competencias digitales para la eficacia y eficiencia del tratamiento.

4. Brecha digital y control de la adherencia mediante medicamentos digitales

Los medicamentos digitales se muestran como una alternativa adecuada para un control apropiado de la adherencia del paciente a su tratamiento. Como se ha mencionado, los tratamientos que implican el uso de medicamentos digitales están indicados, en términos generales, para pacientes crónicos y aquellos otros que por las características de sus patologías presentan mayor tendencia a llevar una incorrecta adherencia al tratamiento. Este perfil de sujetos reúne, particularmente, a dos grupos de pacientes: las personas mayores y las personas que padecen trastornos mentales.

La pandemia por Covid-19 ha propiciado que muchos servicios de salud se hayan trasladado a un entorno digital. Eso

349 RAMÍREZ, V. et al., Assessing the Use of Mobile Health Technology… cit., p. 8; TOROUS, J. et al., The New Digital Divide for Digital Biomarkers… cit., p. 90.

muestra la tendencia –importante y preocupante– de que muchos de los servicios de salud, en ocasiones vitales, operarán en el futuro de manera esencialmente digital. Conviene, por tanto, que los agentes públicos de salud actúen de manera anticipada en aras de evitar cualquier tipo de exclusión a personas vulnerables, teniendo presente que una exclusión digital conlleva una exclusión social. Es necesario poner en marcha políticas que conduzcan a evitar que los colectivos de personas vulnerables queden excluidos de una atención sanitaria de calidad[350].

4.1. La brecha digital en el empleo de medicamentos digitales por personas mayores

El creciente porcentaje de población mayor (entendiendo como personas mayores o senior aquellas que superan la edad de 65 años[351]) es resultado de la combinación de un aumento de la esperanza de vida unido a ratios de natalidad en disminución. En la medida en la que el número de nacimientos disminuye, el número relativo de personas adultas y mayores incrementa proporcionalmente[352]. En escala global, el número

---

350 SPANAKIS, P. et al., Measuring the digital divide among people with severe mental ill health using the essential digital skills framework, *Perspectives in public Health*, 2 (10), 2022, pp. 1 – 10, p. 9.

351 PÉREZ DÍAZ, J. et al., Un perfil de las personas mayores en España, 2020. Indicadores estadísticos básicos, *Informes: Envejecimiento en red*, 25, 2020.

352 De acuerdo con los últimos datos publicados en Eurostat, la población senior dentro de la Unión Europea observa un crecimiento importante en las últimas décadas, tendencia que se prevé se mantendrá en el futuro, pues las generaciones nacidas durante el *baby boom* tras la Segunda Guerra Mundial están alcanzando más de 70 años en la actualidad. Aunque existe una diferencia patente entre sexos dentro de esta franja de edad (la cantidad de mujeres de más de 65 años superaban en el año 2019 en más de un 1% a la cantidad de hombres), esta diferencia se está reduciendo a medida que

de personas mayores incrementará de un 8,5% en 2015, a un estimado 16,7% en 2050[353]. Se prevé que la edad media aumente 4,5 años durante las próximas tres décadas, y en un período de 50 años se espera que la ratio de dependencia de las personas mayores sea el doble que el actual. Junto con el incremento de la esperanza de vida (en el año 2050 se prevé la cifra de medio millón de personas de más de 100 años en los Estados europeos), el aumento de la ratio de dependencia se incrementa, así, en el año 2019 esta ratio alcanzaba el 34,1%, y se espera su incremento al 56,7% en el año 2050[354].

Actualmente, cada vez más personas mayores conviven con múltiples patologías crónicas y una capacidad limitada para continuar siendo independientes, y las herramientas de las que se dispone no están completamente enfocadas a proveer una asistencia de calidad a este sector de población de elevada edad. Es necesario mejorar la asistencia sanitaria, los servicios y el apoyo ofrecido a estas personas en áreas tales como la distribución de recursos, prestación de servicios, continuidad en el cuidado, o la gestión de enfermedades crónicas. Ante estas necesidades, las nuevas tecnologías presentan un potencial que permite anticipar su utilidad para este colectivo de sujetos[355].

---

más hombres llegan a edades elevadas. EUROPEAN COMMISSION (EUROSTAT), *Ageing Europe–statistics on population developments*, disponible en: https://ec.europa.eu/eurostat/statistics-explained/index.php?title=Ageing_Europe_-_statistics_on_population_developments#Older_people_.E2.80.94_increasingly_old_and_with_growing_dependency, última consulta: 3/2/2023.

353 US CENSUS BUREAU (2016). *An aging world: 2015*. Washington, DC: Government Printing Office.

354 ROMÁN-GRAVÁN, P. et al., Envejecimiento activo y uso de internet para mejorar la calidad de vida de las personas mayores, *Revista de Medios y Educación*, 60, 2021, pp. 109 – 134, p. 110.

355 Es importante considerar en este punto que la terminología empleada para el estudio de esta cuestión no esté sesgada por la ex-

Una de las prioridades de la OMS es lograr que las personas mayores se encuentren sanas, activas e independientes el mayor tiempo posible[356]. Para lograr este objetivo es necesario disponer de medios que permitan un diagnóstico temprano y mejorar la prevención y tratamiento de las enfermedades más frecuentes en personas mayores. El empleo de dispositivos tecnológicos para la asistencia sanitaria en este grupo de pacientes contribuye a la mejora funcional o al retraso en la pérdida de capacidades funcionales, a la mejora del bienestar y la calidad de vida, al incremento de la seguridad, a la disminución del riesgo de sufrir caídas, a la rebaja de los costes del cuidado o derivados de hospitalizaciones y, no menos importante, a la reducción de las preocupaciones familiares. Además, las eviden-

---

periencia de países de mayores rentas. Mientras que para países de rentas más elevadas actividades como caza, pesca, plantación o cuidado de huertos, o jardinería son actividades consideradas como recreativas, en países de menores ingresos esas mismas actividades son fundamentales para la economía de la familia, y consecuentemente, de la sociedad. No obstante, los países de rentas más bajas reúnen dos factores de impacto significativo para el estudio de esta cuestión, el primero, es que se trata de países que se espera que experimenten un crecimiento más alto en el número de personas mayores en las próximas décadas, y el segundo, es que en ellos la tecnología móvil ha alcanzado grandes niveles de extensión en la mayoría de los sectores de la población. Por esta razón, a lo largo de este apartado se tratan datos que han sido extraídos de estudios que han tenido en consideración estos factores. GARÇON, L. et al., Medical and Assistive Health Technology: meeting the needs of aging populations, *The Gerontologist,* 55 (s2), 2016, pp. S293 – S302, p. S298; y RICART, E. et al., Current Major Changes in Aging and Targets for Technology, en D. CHAU, T, G. OSBORNE, (eds.), *Critical topics in aging society. Using Technology to Improve Care of Older Adults,* Springer: New York, 2018, pp. 1 – 18, p. 1.

356 WHO. *Active ageing: a policy framework,* 2003, disponible en: https://extranet.who.int/agefriendlyworld/wp-content/uploads/2014/06/WHO-Active-Ageing-Framework.pdf, última consulta: 3/2/2023.

cias actuales parecen demostrar que un acercamiento a este tipo de tecnologías tiende a reforzar la autonomía, el estado de salud y retrasa la institucionalización en centros de mayores[357].

El aumento del número de personas mayores conlleva grandes cambios y desafíos, que serán buenos o malos en función de cómo se gestione un envejecimiento saludable. Un aumento de la esperanza de vida tiene un impacto directo en la demanda asistencial de este grupo poblacional, pues esta es tres veces superior a la del resto de población, en términos generales. Ello puede verse reflejado en el consumo de fármacos, pues hasta el 75% del gasto farmacéutico se destina a pacientes mayores[358]. En otras palabras, su asistencia clínica y farmacéutica supone una carga importante para los sistemas sanitarios. Un elevado porcentaje de los sujetos de este colectivo presentan alguna enfermedad crónica[359], y en general, un cuadro de pluripatologías. Ante estas circunstancias, el manejo farmacológico puede ser un proceso complejo[360]. En este sentido, se ha observado que entre el 30 y el 50% de los pacientes senior

---

357 GARÇON, L. et al., Medical and Assistive Health Technology… cit., p. S294.

358 NÚÑEZ MONTENEGRO, A. et al., Adherencia al tratamiento en pacientes polimedicados mayores de 65 años con prescripción por principio activo, *Atención Primaria*, 46 (5), 2014, pp. 238 – 245, p. 239.

359 En España, este porcentaje ronda el 90%. MINISTERIO DE SANIDAD, SERVICIOS SOCIALES E IGUALDAD, *Informe 2016, Las personas mayores en España: Datos estadísticos estatales y por comunidades autónomas*, 2017, p. 291, disponible en: https://imserso.es/documents/20123/0/112017001_informe-2016-persona.pdf/e01282c2-cdce-f7ce-bd30-dd627eabc230, última consulta: 4/2/2023.

360 NÚÑEZ MONTENEGRO, A. et al., Adherencia al tratamiento en pacientes… cit., p. 239; SOCIEDAD ESPAÑOLA DE GERIATRÍA Y GERONTOLOGÍA, *Guía de buena práctica en geriatría. Farmacología y envejecimiento. Los medicamentos en las personas mayores*, 2015, disponible en: https://www.segg.es/media/descargas/GBPCG_Farmacologia.pdf, última consulta: 4/2/2023.

no es diligente en las pautas de ingesta, pues el 90% toma dosis menores a las recomendadas[361].

Estos datos corroboran que el colectivo de personas mayores es un foco de atención para la mejora de prestación de servicios sanitarios en general y la mejora de la adherencia al tratamiento en particular. Olvidos, complejidad a la hora de distribuir las tomas para cada dosis de cada medicamento, efectos secundarios no deseados, percepción de la propia enfermedad y sus efectos sobre su salud, creencias erróneas, falta de comprensión, no querer reconocer ciertas conductas, etc., son factores que habitualmente afectan al cumplimiento de las instrucciones de ingesta por el paciente mayor[362].

El empleo de las nuevas tecnologías en este concreto grupo de pacientes propone amplias ventajas para una mejor gestión de los problemas ligados al envejecimiento en aspectos como la consecución de una medicina personalizada o el desarrollo de un envejecimiento activo y saludable[363]. Así las cosas, los medicamentos digitales podrían ser potencialmente los más indicados para su prescripción a este colectivo. No obstante, el

---

361 PALOP LARREA, V. y MARTÍNEZ MIR, I., Adherencia al tratamiento en el paciente anciano, *Información terapéutica del sistema Nacional de Salud,* 25 (5), 2004, pp. 113 – 120, p. 113.

362 HAYNES, B. et al., Systematic review of randomized trials of interventions to assist patients to follow prescriptions for medications, *Lancet,* 348 (9024), 1996, pp. 383 – 386; WORLD HEALTH ORGANISATION, *Adherence to long-term therapies: evidence for action,* Ginebra, Suiza, 2003, p. 7; y 11; FRANCES YAP, A. et al., Medication adherence in the elderly, *Journal of Clinical Gerontology & Geriatrics,* 7 (2), 2016, pp. 64 – 67; STEVENSON, F. A. et al., A systematic review of communication between patients and health providers about medicine taking and prescribing, *GKT Concordance Unit,* Kings College, 2004; YANG, G. et al., *Body sensor networks…* cit., pp. 11 y 12.

363 ATIENZA MACÍAS, E., El envejecimiento ante los avances científicos… cit., pp. 66 y 67.

perfil de este tipo de pacientes sugiere que ciertos problemas presentes en ellos habrán de ser abordados de manera independiente para que el tratamiento en su versión digital pueda desplegar los beneficios esperados, reduciendo al máximo los obstáculos en su seguimiento[364].

4.2. Aproximación al estudio de la brecha digital para el cuidado del paciente psiquiátrico

Se ha demostrado que las terapias digitales pueden ser un importante refuerzo para acompañar a los pacientes que sufren trastornos mentales en su tratamiento cuando estos experimentan dificultades a la hora de seguir el mismo. Sin embargo, existen barreras que impiden que este grupo de pacientes puedan aprovechar las ventajas que ofrecen estas nuevas tecnologías[365].

Abordar la brecha digital en el particular caso de las enfermedades mentales no resulta sencillo hoy en día, pues no existen demasiados estudios publicados para extraer conclusiones de forma generalizada.

Las terapias digitales enfocadas en pacientes que presentan patologías mentales crónicas como origen de discapacidades mentales plantean un beneficio considerable, en tanto que la asistencia de estos pacientes es prolongada y durante ella

---

364 MORLA GONZÁLEZ, M., El control de la adherencia en el tratamiento de personas mayores a través del empleo de medicamentos digitales, en I. ALKORTA IDIAKEZ (dir.), E. ATIENZA MACÍAS (coord.), *Soluciones tecnológicas para los problemas ligados al envejecimiento: Cuestiones Jurídicas y éticas*, Dykinson: Madrid, 2020, pp. 139 – 162, p. 140.

365 BEN-ZEEV, D. et al., Technologies for People with Serious Mental Illness, en L. A. MARSCH, S. E. LORD y J. DALLERY (eds.), *Behavioral Healthcare and Technology*, Oxford University Press: USA, 2015, pp. 70 – 80, p. 70 y 71.

son, en general, atendidos por diferentes profesionales desde distintas especialidades. El empleo de terapias digitales puede facilitar la continuidad en la coordinación de servicios y profesionales, algo que se ha observado como un factor a mejorar en el área de salud mental[366].

El marco institucional y normativo internacional y nacional se manifiesta partidario de la eliminación de la brecha digital en colectivos vulnerables –como son aquellos sujetos que padecen alguna patología grave de tipo mental y se encuentran siguiendo terapias prolongadas–, a través del fomento de la alfabetización digital. El derecho a la igualdad de oportunidades y no discriminación de personas vulnerables exige, entre otras cosas, un respeto a la libertad de decisión, a su derecho a llevar una vida independiente, a su derecho a participar en la sociedad, o a su inclusión laboral. En definitiva, exige un respeto a su autonomía y al derecho a un desarrollo pleno de su personalidad[367]. Es necesaria, por tanto, la implementación de políticas que garanticen una accesibilidad universal para este colectivo de pacientes a todo tipo de servicios, también a los digitales.

La inclusión digital se concibe, hoy en día, como una forma de inclusión social que, aunque no conlleve a esta, sí constituye un importante factor que la favorece, máxime cuando la sociedad está cada vez más inmersa en un entorno digitalizado. La inclusión digital es un derecho de última generación que

---

[366] BURNS, T. et al., Continuity of care in mental health: understanding and measuring a complex phenomenon, *Phychological Medicine*, 39, 2009, pp. 313 – 323, p. 313.

[367] MORENO MOLINA, J. A., Discapacidad y ciudadanía digital, en T. DE LA QUADRA SALCEDO y J.L. PIÑAR MAÑAS (eds.), M. BARRIO ANDRÉS y J. TORREGROSA VÁZQUEZ (coords.), *Sociedad Digital y Derecho, Boletín oficial del Estado, Ministerio de Industria, Comercio y Turismo*, RED.ES: Madrid, 2018, pp. 455 – 465, p.456.

deriva de un entorno tecnológico expandido a prácticamente todas las esferas de la vida. Estos avances tecnológicos, en información y comunicación, han de ser accesibles por todas las personas, también por aquellos colectivos vulnerables por razones de salud mental[368].

Las iniciativas normativas en favor de la inclusión digital parten de la ONU, cuando la Declaración del Milenio del año 2000 ya contemplaba acción para eliminar la brecha digital, pues consideraba esta cuestión fundamental en la lucha contra el subdesarrollo. Las directrices acordadas en las cumbres mundiales que tendrían lugar en los años 2003 y 2005 miraban en la misma dirección, eliminar la brecha digital en el acceso a las tecnologías de la información y las comunicaciones en todo el mundo. La Unión Europea, desde el año 1999 ha mostrado su interés en expandir las nuevas tecnologías, llegando con la Estrategia Europea sobre discapacidad 2020 a promover una expansión de las nuevas tecnologías con el objetivo de que las personas con discapacidad que sufren exclusión social puedan vivir con dignidad y verse incluidas de manera activa en la sociedad. Entre los objetivos, se contemplan la alfabetización digital y favorecer la accesibilidad a internet y a dispositivos tecnológicos[369].

En España, el Real Decreto 1/2013, de 29 de noviembre, por el que se aprueba el Texto Refundido de la Ley General de derechos de las personas con discapacidad y su inclusión social, promueve la inclusión de las personas que tiene riesgo de sufrir cualquier tipo de exclusión social; y la Ley 39/2006, de 14 de diciembre, de Promoción de la Autonomía Personal y Atención a las personas en situación de dependencia,

---

368 MANCHADO FLORES, M.A. Hacia la inclusión digital: una mirada a la rehabilitación psicosocial de personas con trastorno mental, *Trabajo Social Hoy*, 82, 2017, pp. 111 – 134, p. 116.

369 Ibid., p. 113.

pretende la incorporación de la dimensión de la discapacidad en todas las políticas sociales y económicas, en lugar de construir una política específica sobre discapacidad. Además, recientemente ha sido aprobada la Ley 8/2021, de 2 de junio, por la que se reforma la legislación civil y procesal para el apoyo a las personas con discapacidad en el ejercicio de su capacidad jurídica, cuyo estudio se reserva para más adelante, y que también contempla disposiciones para el refuerzo de la autonomía de personas con discapacidad[370].

ENNIS et al. publicaron un estudio en 2012, siendo su punto de partida la escasez de investigaciones enfocadas en el estudio de cómo la falta de empleabilidad de nuevas tecnologías afecta en particular al colectivo de personas con alguna patología psiquiátrica. Reconocen que a lo largo del estudio se observó entre los pacientes un incremento de uso de *tablets* y teléfonos *Android,* mencionando que por ello de sus resultados no podría extraerse una conclusión generalizada para este tipo de pacientes[371]. En el estudio se observa que los pacientes que no utilizan internet se dividen en dos grandes categorías: los que se autoexcluyen del uso (siendo este el grupo más amplio) y los que están excluidos del uso por la escasez de recursos. La razón de una falta de uso de internet en ese primer grupo radica en una falta de interés más que en una falta de competencias digitales o capacidad económica para manejar y adquirir estas tecnologías. Estudios recientes subrayan que, en efecto, los pacientes con enfermedades mentales, en general, muestran una menor ratio de acceso y empleabilidad de nuevas tecnologías por comparación a la población en general[372].

---

370 MORENO MOLINA, J. A., Discapacidad y ciudadanía digital… cit., p.460.

371 ENNIS, L. et al., Can't surf, won't surf: The digital divide in mental health, *Journal of Mental Health,* 21 (4), 2012, pp. 395 – 403, p. 396.

372 SPANAKIS, P. et al., Measuring the digital divide among… cit., p. 9.

Las personas con trastornos mentales que sí tienen acceso a internet y hacen uso de dispositivos digitales muestran unos patrones de uso relacionados, especialmente, con la búsqueda de información clínica y con la participación en foros, en chats, en webs de grupos de apoyo y en redes sociales. Las búsquedas en internet tienen como objetivo principal encontrar información sobre medicación, efectos secundarios y otros medicamentos que pudieran tener menores efectos secundarios, o encontrar información sobre el diagnóstico y la génesis del trastorno. En general, estos pacientes lo hacen por un desconocimiento que probablemente se deba a una falta de información proporcionada por parte de su profesional sanitario. Por ello es importante incidir en que los profesionales sanitarios deben ser especialmente diligentes en su labor de información a su paciente cuando este padezca algún tipo de trastorno mental, pues acudir a internet puede conducirle a acceder a información sesgada o errónea[373].

Siguiendo los resultados arrojados por un estudio de 2015, los grupos de apoyo en los que participan los pacientes que padecen un trastorno mental son beneficiosos en la medida en la que constituyen un entorno en el que pueden expresar sus experiencias personales, por ejemplo, respecto a los efectos que experimentan del tratamiento, los síntomas, o las terapias a las que acuden, pues de esta manera se sienten acompañados en su proceso. En el empleo de redes sociales es donde se observa de forma notoria la escasa alfabetización digital que muestra este colectivo de pacientes, generando, en general, efectos negativos por las interpretaciones erróneas o las interacciones fallidas que pueden tener con otras personas. No obstante, se han observado positivas cuando su

---

373 MATEU-MATEU, J. M. y NAVARRO-GÓMEZ, N., Claves y evidencias del uso de las TIC en trastorno mental grave, *Psychology, Society, & Education,* 7 (1), 2015, pp. 85 – 95, p. 87.

uso se realiza para la búsqueda de apoyo, en cuyo caso los efectos que provoca el uso de redes sociales abarca tanto la disminución de la sensación de aislamiento, como la normalización de su condición, a través de compartir estrategias de afrontamiento e información sobre la experiencia con medicamentos y atención sanitaria[374].

MORENO MOLINA llevó a cabo un estudio en la comunidad de Madrid sobre pacientes con trastornos mentales en el que demostró, en primer lugar, que los profesionales de la rehabilitación psicosocial perciben como una necesidad aumentar los conocimientos existentes en torno a la alfabetización digital de las personas con trastornos mentales graves; en segundo lugar, que la accesibilidad a internet en los centros de salud es dispar, pues mientras muchos servicios ofrecen acceso a internet desde ordenadores, el acceso público a redes wifi desde los centros es muy bajo (no alcanza el 30%), por ello destaca la necesidad de mejorar la infraestructura teniendo en cuenta, especialmente, la rápida expansión de los *smartphones* entre las personas con trastornos mentales graves; y, en tercer lugar, que la mayoría de los centros no mide el grado de alfabetización de las personas con trastorno mentales graves (la mayoría de centros encuestados carecía de un programa de alfabetización digital), lo cual dificulta el conocimiento de las necesidades de estos pacientes. En definitiva, el estudio muestra que, existiendo conciencia sobre la necesidad de ofertar una accesibilidad a internet y medidas de alfabetización digital a estos pacientes, estas políticas no llegan a implementarse de manera extensiva y exitosa[375].

Los pacientes con trastornos mentales son un tipo de pacientes propensos a seguir tratamientos crónicos, cuyos índices de

---

374 Ibid., pp. 89–91.

375 MORENO MOLINA, J. A., Discapacidad y ciudadanía digital... cit., p. 128 y 129.

adherencia, en general, son bajos. Así, la potencial utilidad de terapias digitales en estos pacientes, como los medicamentos digitales, resulta evidente. Sin embargo, la brecha digital aquí podría tener consecuencias devastadoras. Por ejemplo, una desconexión en un momento crucial de la transmisión de información al profesional o al cuidador podría derivar en una falta de atención para el paciente, con un desenlace negativo. Por ello es imperioso abordar las circunstancias que contribuyen a la brecha digital en este tipo de pacientes para evitar cualquier tipo de situación discriminatoria a la que puedan verse expuestos con una terapia digital para el control de la adherencia a lo largo de su tratamiento.

Más allá del abordaje de las particulares características de este colectivo de pacientes es necesario considerar el resto de los factores que les siguen afectando de manera general, como, por ejemplo, el género, o su residencia. Como se señalaba previamente, las mujeres tienden a emplear dispositivos tecnológicos o a conectarse a internet en menor medida que los hombres, y las zonas rurales pueden verse afectadas por una conexión de poca calidad. Estos factores tienen una incidencia directa añadida a las circunstancias particulares y ya desfavorables para este colectivo de pacientes.

De no poder proporcionar una atención online o digital de calidad adaptada a las necesidades digitales de este grupo de pacientes, será inexcusable que se siga pudiendo ofrecer servicios en persona y terapias tradicionales a estos, en lugar de servicios online o terapias digitales.

Apuntado todo esto, es importante destacar que conviene fomentar la investigación sobre la afectación de las condiciones concretas de los pacientes con trastornos mentales en el ensanchamiento de la brecha digital, a fin de aminorar los factores que favorecen la exclusión social que padece este colectivo y proponer políticas y programas específicos enfocados en la reducción de la brecha digital sanitaria.

5. Algunas causas de la brecha digital

Las causas de la brecha digital en pacientes tanto mayores como psiquiátricos pueden agruparse en tres grupos: en primer lugar, aquellas relacionadas con la accesibilidad y asequibilidad de dispositivos tecnológicos; en segundo lugar, aquellas relacionadas con la falta de competencias digitales; y, en tercer lugar, la falta de comprensión de los términos y condiciones de uso que es necesario aceptar previamente a comenzar el tratamiento.

5.1. La accesibilidad y asequibilidad de dispositivos tecnológicos y tarifas de conexión a internet

Desde comienzos del siglo XXI, la disposición de una infraestructura que permita acceder a internet se ha configurado como un auténtico derecho, tal y como lo muestran múltiples iniciativas normativas internacionales[376].

No obstante, la asequibilidad de los dispositivos tecnológicos, así como de una tarifa óptima de conexión a internet, constituyen una de las barreras más determinantes en el acceso material a los mismos[377]. La consecuencia más negativa de esta dificultad en el acceso es la falta de capacidad para participar en la sociedad ante la digitalización, no solo de los servicios privados (compras, gestiones bancarias), sino también y especialmente, de los servicios públicos (gestiones sanitarias, sociales, administrativas) del día a día[378].

---

376 GARCÍA MEXÍA, P., El derecho de acceso a internet… cit., p. 405.

377 GARÇON, L. et al., Medical and Assistive Health Technology… cit., p. S299.

378 MINISTERIO DE DERECHOS SOCIALES Y AGENDA 2030, Informe sobre brecha digital, 2021, disponible en: https://www.mayore-

Uno de los principios que rigen las sociedades actuales es la integración de las personas en situación de dependencia. Ello incluye, hoy en día, la provisión de servicios mínimos para contribuir a su adaptación en la sociedad, consideración que incluye el acceso a internet y a dispositivos tecnológicos. En nuestro país podemos entender comprendido el mandato la inclusión digital de estas personas dentro de aquellas intervenciones requeridas por los poderes públicos para promover su bienestar "mediante un sistema de servicios sociales que atenderán sus problemas específicos de salud, vivienda, cultura y ocio" (art. 50 de la Constitución Española)[379].

Señal de ello es el contenido de la Ley 39/2006, de 14 de diciembre, de Promoción de la Autonomía Personal y Atención a las personas en situación de dependencia, que reguló la teleasistencia a través de llamadas telefónicas o *apps* móviles. La evolución de este servicio centrado en la persona ha facilitado la asistencia remota en pro de la integración, en este caso, en la atención de la salud, de las personas en una situación de dependencia[380]. La pandemia por Covid-19 subrayó precisamente no solo la necesidad, sino también la utilidad de este tipo de integración cuando se trata de situaciones en las que la asistencia presencial se ve obstaculiza-

---

sudp.org/wp-content/uploads/2021/07/54461ISAS01-Barómetro-Mayores-2021_I.pdf, última consulta: 4/4/2023.

379 ABAD ALCALÁ, L., Mayores y ciudadanía digital, en T. DE LA QUADRA SALCEDO y J.L. PIÑAR MAÑAS (eds.), M. BARRIO ANDRÉS y J. TORREGROSA VÁZQUEZ (coords.), *Sociedad Digital y Derecho, Boletín oficial del Estado, Ministerio de Industria, Comercio y Turismo,* RED.ES: Madrid, 2018, pp. 439–453, p. 444.

380 ALKORTA IDIAKEZ, I., La protección del derecho a la autodeterminación informativa de los mayores en entornos conectados, en E. ATIENZA MACÍAS (coord.) e I. ALKORTA IDIAKEZ (dir.), *Soluciones tecnológicas para los problemas ligados al envejecimiento,* Dykinson: Madrid, 2020, pp. 13–56, p. 20.

da[381]. El empleo de las nuevas tecnologías para la asistencia sanitaria ha de realizarse de manera inclusiva, pues, precisamente, durante la gestión de la pandemia se pusieron de relieve cuestiones tan cruciales como que aquellos pacientes más alejados de las tecnologías muestran una accesibilidad a la asistencia sanitaria no alineada con sus necesidades[382].

La eventual prescripción de terapias digitales para el cuidado de patologías crónicas exigirá un acceso a internet de alta velocidad y de conexión continuada, así como a un dispositivo ciberseguro y de calidad, pues una falta de conexión en el momento oportuno puede provocar que la información no se transmita correctamente. El vertiginoso avance de las nuevas tecnologías no verá materializado un éxito en su uso si no se abordan antes cuestiones tan fundamentales como el acceso a internet de banda ancha y a través de dispositivos móviles adaptados para el empleo de *apps* enfocadas en el cuidado de la salud.

El coste que implica el acceso a una tarifa de internet y a un dispositivo que facilite la conectividad, constituyen hoy un factor

---

381 Sobre el potencial de las nuevas tecnologías e internet en situaciones de pandemia, merece especial referencia ATIENZA MACÍAS, E. y VIEITO VILLAR, M., La inteligencia artificial en el contexto sanitario: algunas reflexiones éticas y jurídicas. Especial referencia al papel de los robots ante la pandemia de la Covid-19 y su alcance en las personas mayores, en I. ALKORTA IDIAKEZ (dir.), E. ATIENZA MACÍAS (coord.), *Soluciones tecnológicas para los problemas ligados al envejecimiento. Cuestiones Jurídicas y éticas,* Dykinson: Madrid, 2020, pp. 57 – 91, pp. 57 y ss.

382 DÍAZ SALCEDO, E. y VIDAL-ALABALL, J., Accesibilidad y brecha digital, la Ley de cuidados inversos 2.0., *Atención Primaria,* 54, 2022, pp. 1 – 3, p. 2. Estos autores apuntan que este fenómeno es lo que se conoce como la ley de cuidados inversos de Tudor-Hart, según la cual "la disponibilidad de una buena atención médica tienda a variar inversamente a las necesidades de la población atendida". TUDOR HART, J., The Inverse Care Law, *The Lancet,* 297 (7696), 1971, pp. 405 – 41.

de peso en esa carencia de accesibilidad a dispositivos y a internet. La falta de cobertura pública de dispositivos tecnológicos y de una tarifa de internet exige formular alternativas para fomentar un uso de estas tecnologías de manera asequible.

La normativa actual europea y española reconoce el derecho de acceso universal a internet, a la seguridad digital o a la educación digital, entre otros[383]. No obstante, no se contempla aún, hoy en día, ningún instrumento jurídico que regule, de forma específica, un abordaje de dichos principios para la asistencia sanitaria a personas mayores o a pacientes psiquiátricos a través de medios tecnológicos. En tanto que no se logre una definitiva aplicación de tales derechos, la brecha digital que afecta a estos sujetos seguirá siendo una barrera para un acceso justo a una asistencia sanitaria pública y de calidad, especialmente si esta hace uso de dispositivos tecnológicos que exigen del paciente acceso a internet, posesión de medios tecnológicos y competencias digitales, impidiendo, de esta forma, que se vean beneficiados de las ventajas que para ellos pueden ofrecer las terapias digitales.

5.2. Falta de competencias digitales, falta de interés y falta de acceso efectivo a internet o a dispositivos tecnológicos

Las personas alejadas de internet y del uso de dispositivos tecnológicos se enfrentan a una importante barrera en el acceso a entornos a los que antes de la revolución tecnológica podían acceder sin mayor dificultad (por ejemplo, para la realización de determinados trámites administrativos). La carencia de dominio de canales digitales de comunicación puede traducirse en una manifiesta forma de exclusión de aquellas

---

383 Arts. 80 y ss., LOPDPGDD.

personas que, por sus características o circunstancias, no pueden seguir el ritmo que sigue el avance tecnológico[384].

Aunque cada año se observa un aumento en el empleo de dispositivos digitales en pacientes mayores, en el año 2020, de acuerdo con los últimos datos publicados por el Instituto Nacional de Estadística español, solamente un 25,2% de las personas encuestadas de entre 65 a 74 años descargó o instaló una *app* en su dispositivo móvil. Aunque a lo largo del tiempo se observa un crecimiento en el empleo de dispositivos, la diferencia con el empleo de estos en franjas de menor edad sigue siendo significativa (por ejemplo, el porcentaje asciende al 86,3% de las personas encuestadas entre 16 y 24 años)[385].

Estos datos evidencian que, a mayor edad, menos competencias digitales. Lo que se traduce en una exigencia de supervisión constante si el paciente mayor está sometido a una terapia digital[386]. Esta tendencia irá reduciéndose a medida que los nativos digitales alcancen esa franja de edad, pero hasta entonces (e incluso entonces), seguirá habiendo personas que queden excluidas de participar en un entorno digital por sus circunstancias personales o por la falta de competencias

---

384 SANTISTEBAN GALARZA, M., Redes sociales y personas mayores. Un planteamiento jurídico desde la obligación de promover el envejecimiento activo, en I. ALKORTA IDIAKEZ (dir.), E. ATIENZA MACÍAS (coord.), *Soluciones tecnológicas para los problemas ligados al envejecimiento. Cuestiones Jurídicas y éticas,* Dykinson: Madrid, 2020, pp.163 – 181, p. 164; RANCHORDÁS, S., Connected but Still Excluded?... cit., p. 245.

385 INSTITUTO NACIONAL DE ESTADÍSTICA, *Porcentaje de adultos (16 a 74 años) que en los últimos 12 meses han realizado tareas relacionadas con conocimientos informáticos por sexo, grupos de edad y tipo de tarea,* disponible en: https://ine.es/jaxiT3/Tabla.htm?t=46292, última consulta: 4/2/2023.

386 POLLICINO, O. et al., M-Health at the Crossroads between the Right… cit., p. 14.

digitales. De acuerdo con el último informe publicado por el Ministerio de Derechos Sociales y Agenda para la Unión Democrática de Pensionistas y Jubilados de España, la carencia de competencias digitales y déficit de interés, unido a la falta de acceso a dispositivos, es la razón principal de un uso de internet poco óptimo y extendido. Los bajos índices de empleabilidad de dispositivos tecnológicos en el día a día en personas mayores se deben, principalmente, a que no saben hacerlo o no les interesa, porque carecen de acceso a internet, o por la falta de una buena conexión a internet en el lugar de residencia de la persona[387].

Es necesario, además, hacer una consideración especial atendiendo al sexo, nivel de estudios y lugar de residencia de estas personas. Tomando los resultados de España como representativos de lo que sucede en Europa, podemos observar que la brecha en el uso de internet entre hombres y mujeres es significativa, pues afecta de manera negativa al sexo femenino. En las mujeres se observa una tendencia a la falta de dotación de móviles (38,2%), o falta de conexión a internet (33,5%), en comparación a los hombres que muestran unos índices de 23,5% y 19,1% respectivamente. Se observa también que entre aquellas personas mayores que viven solas, el 42,9% no utiliza internet porque no están dotados de dispositivos tecnológicos y, en el caso de los que viven acompañados, el porcentaje se reduce al 27,8%. En cuanto al nivel formativo, las diferencias entre quienes poseen estudios superiores y los que solo presentan estudios primarios son significativas. La pobre conexión a internet, no saber cómo utilizarlo aunque les gustaría, su coste elevado, o no tener quién les ayude a la hora de manejarlo, son

---

387 MINISTERIO DE DERECHOS SOCIALES Y AGENDA 2030, Informe… cit.

los factores que contribuyen a esa falta de su uso por quienes solo tienen estudios primarios[388].

Por último, en relación con la zona de residencia, en las grandes ciudades es mayor el porcentaje de quienes no tienen un dispositivo tecnológico para conectarse a internet (57,7%), frente al porcentaje registrado en ciudades pequeñas (39,6%). Además, en las ciudades pequeñas el 74,3% de las personas mayores no utilizan internet porque no saben cómo hacerlo y no les interesa, mientras que, en el ámbito rural, ese porcentaje se reduce al 48,2%[389].

Por lo que respecta al colectivo de pacientes psiquiátricos, su empleo y confianza en las nuevas tecnologías son similares al de la población general. No obstante, se detectan ciertas diferencias. En primer lugar, las personas mayores y las minorías dentro de estos pacientes tienden a tener un peor acceso a la tecnología[390]. En segundo lugar, la falta de uso no se debe, en general, a una falta de interés (de hecho, en el estudio mostraron interés por utilizar tecnologías), sino más bien a que su interés se centraba, especialmente, en el uso de ordenadores y no de *smartphones*. Y, en tercer lugar, el coste o la carencia de alfabetización digital –y no la indiferencia hacia la tecnología– son las principales razones por las que el empleo de ordenadores no está extendido en este grupo[391].

---

388 Ibid.

389 Ibid.

390 Se observó que las personas de piel negra utilizaban más ordenadores fuera de su domicilio, y una recomendación es que cualquier introducción de las nuevas tecnologías para el cuidado de la salud debería tener en cuenta que las minorías negras y grupos étnicos pueden necesitar apoyo adicional con la provisión de tecnología, pues la información compartida en los dispositivos es información muy personal y privada.

391 No obstante, matizan los autores que estas conclusiones solo podían extraerse del grupo de mayor edad que padecía psicosis. Los

En ocasiones, la falta de interés en el uso de las últimas tecnologías puede encontrarse ligado a preocupaciones sobre privacidad o pérdida de autonomía. No obstante, la proliferación de información acerca de un uso seguro de los dispositivos y de internet facilita que tanto usuarios como profesionales del ámbito sanitario se muestren poco a poco más favorables al uso de estos dispositivos[392].

5.3. La complejidad de los términos y condiciones de uso

El acceso a internet y a las nuevas tecnologías facilita un acceso directo a grandes cantidades de información de aquellas cuestiones que afectan al usuario. Por lo tanto, su derecho a la información, también en formato digital, está íntimamente ligado al libre desarrollo de la personalidad (art. 10.1 de la Constitución Española)[393].

Más allá de las competencias digitales para descargar una aplicación, instalarla en el dispositivo o navegar por la red, es necesario hacer una referencia especial a las competencias de

---

resultados arrojados no estaban solamente ligados a la edad, pues aquellos de similar edad, pero diferente diagnóstico, no indicaron un deseo de aumentar el uso de ordenadores. Esto se debe, probablemente, a una cuestión de educación y empleo, pues el padecimiento de psicosis habitualmente refleja unas ratios bajas en estos dos factores. Así, concluyen los autores que los resultados de su estudio no son representativos de todo tipo de pacientes mentales, y que es necesario continuar con la investigación para profundizar en los resultados. ENNIS, L. et al., Can't surf, won't surf: The digital divide… cit., p. 401 y 402.

392 GARÇON, L. et al., Medical and Assistive Health Technology… cit., p. S298.

393 ABAD ALCALÁ, L., Mayores y ciudadanía digital… cit., p. 440; RANCHORDÁS, S., Connected but Still Excluded?... cit., pp. 248 y 249.

comprensión de la información técnica que se pone a disposición del usuario en este entorno digital.

En el caso del empleo de dispositivos médico-tecnológicos para el cuidado de la salud cobra especial protagonismo el consentimiento informado digital que este tendrá que aceptar previamente para poder usar el dispositivo. Es importante subrayar esa situación de vulnerabilidad digital en la que se encuentra ciertos tipos de pacientes, como pueden ser pacientes mayores o psiquiátricos, especialmente en lo que se refiere a la recepción de información. La complejidad y tecnicismos empleados en este tipo de contratos de adhesión no solo es ajena a la comprensión de un ciudadano que no es un nativo digital, sino que también está alejada de la comprensión del ciudadano medio. Dichos términos y condiciones de uso, configurados por el desarrollador del dispositivo o del sistema de transmisión de información, recogen cuestiones tan fundamentales como segundos usos y gestión de los datos recogidos por el dispositivo que, en el caso de terapias digitales, son esencialmente datos de salud. La trascendencia de la falta de comprensión de los términos y condiciones de uso por el paciente es aún más grave si quien firma dicho contrato adolece de cierta vulnerabilidad.

Por esta razón, la alfabetización informacional es una exigencia previa a la administración de cualquier tipo de terapia digital si el paciente es una persona mayor con características que manifiesten una vulnerabilidad, particularmente, digital. Dicha alfabetización no solo promueve un empoderamiento en la toma de decisiones del paciente, sino también su inclusión digital[394].

---

394 ABAD ALCALÁ, L., Mayores y ciudadanía digital… cit., p. 452; POLLICINO, O. et al., M-Health at the Crossroads between the Right… cit., p. 14.

En el específico caso del empleo de medicamentos digitales para el cuidado de la salud en pacientes crónicos, es necesario hacer una consideración definida de sus particularidades para reconocerles y proporcionarles un cuidado personal, también y especialmente, cuando se trate de ejercer su derecho a la información, su derecho a la intimidad, y su derecho a decidir en aquello que afecta a su salud.

El riesgo mayor como consecuencia de esta circunstancia se localiza en una aceptación sin comprensión de dichos términos y condiciones de uso, bien alentado por su profesional o bien por la familia, que de esta manera puede recibir información en tiempo real de la salud de su ser querido. El derecho a la autodeterminación informativa bajo una aceptación de los términos y condiciones en este contexto se ve gravemente amenazado. La autodeterminación informativa debería configurarse desde la atención centrada en el usuario, con especial atención a sus particulares necesidades, de manera que los derechos digitales que le asisten puedan ser ejercitados con las mayores garantías[395].

6. Propuesta de soluciones para reducir la brecha digital en el empleo de terapias digitales

Como se ha estudiado hasta ahora, son varios los factores que contribuyen a la generación de una brecha digital cuando el colectivo de pacientes que se relaciona con esta tecnología son crónicos. Fundamentalmente, estos factores tienen que ver con la carencia de competencias digitales o la falta de interés tanto para el uso de dispositivos como para la comprensión de la información ligada a su uso, o la dificultad en el acceso material a los

---

395 ALKORTA IDIAKEZ, I., La protección del derecho a la autodeterminación... cit., p. 20.

mismos, especialmente, por cuestiones de asequibilidad. A continuación, se abordan sugerencias de intervención sobre estos factores en dos bloques: el primero, la necesidad de fomento del uso de nuevas tecnologías asequibles, a fin de determinar cuáles deberían ser las directrices a seguir para construir un entorno digital neutro y respetuoso con los derechos de estos pacientes; y el segundo, la necesidad de alfabetización digital.

6.1. El fomento del empleo de nuevas tecnologías asequibles

El empleo de dispositivos tecnológicos para la asistencia sanitaria del paciente crónico ofrece la posibilidad de reducir costes, mejorar los estándares del cuidado, y en algunos casos, prevenir recaídas o mejorar la calidad de vida de la persona[396]. La falta de acceso material a la tecnología o a internet impide, no obstante, que puedan verse materializadas las oportunidades que ofrecen estas herramientas. Por esta razón, es necesario fomentar la creación de un entorno digital que acoja la innovación tecnológica para el seguimiento de patologías crónicas.

Se han estudiado estrategias que reúnen iniciativas enfocadas en la creación de dicho entorno: la primera, crear mecanismos de financiación para la investigación y desarrollo de dispositivos digitales adaptados a estos colectivos; la segunda, aumentar la conciencia pública sobre la utilidad de estos dispositivos y llevar a la práctica políticas de apoyo a las tecnologías en la asistencia sanitaria; y por último, fomentar que los proveedores acerquen estas tecnologías a las personas mayores y a los cuidadores que las necesitan. Incrementar el empleo de estas tecnologías en aras de proteger a este colectivo contra

---

[396] ILLES, J. et al., Ending aging: the rejuvenation breakthrough that could reverse human aging in our lifetime, *Nature*, 450 (7168), pp. 351 – 352; RANCHORDÁS, S., Connected but Still Excluded?... cit., pp. 254, 255 y 256.

cualquier tipo de discriminación es un objetivo clave. Dado que tanto personas mayores como pacientes psiquiátricos son uno de los colectivos que más tímidamente se acercan y participan en el entorno digital, es necesario un apoyo directo y específico hacia ellos, a fin de que la sofisticación de las nuevas tecnologías enfocadas a la asistencia de estos pacientes no fracase[397].

Un paciente que desea seguir un tratamiento con medicamentos digitales para controlar mejor su adherencia al tratamiento y conocer mejor los resultados arrojados por aquel, no podrá llevar a cabo un uso adecuado del dispositivo si no está familiarizado con el uso de *smartphones, apps,* o internet.

Se ha observado que uno de los factores que influye en una baja adopción y uso de dispositivos tecnológicos es el alto coste que su empleo supone. Así, para que estas tecnologías lleguen al usuario final son necesarias dos exigencias: la primera, que sean asequibles económicamente; y la segunda, que el equipo médico instruya a los pacientes en el adecuado empleo de estos dispositivos. Para la primera de las cuestiones, es necesario que el Estado incorpore dentro de la cartera de servicios este tipo de tecnologías, haciendo un balance entre los gastos y los beneficios que su introducción en la asistencia sanitaria pública supondría. Para la segunda cuestión, es necesario que el equipo médico esté oportunamente formado para proporcionar asistencia con este tipo de tecnología a las personas que necesitan de ella. Hasta ahora las recomendaciones promueven la inversión en educación y formación para prestar el mejor servicio y extraer el máximo potencial de las nuevas tecnologías aplicadas en medicina, sin embargo, este fomento de la educación y formación ha sido limitada[398].

---

397 RANCHORDÁS, S., Connected but Still Excluded?... cit., pp. 254–256.

398 GARÇON, L. et al., Medical and Assistive Health Technology... cit., p. S300.

Además de todo lo señalado, se requiere hacer una consideración holística de los factores que afectan a los pacientes crónicos al igual que al resto de la sociedad, como el género o el lugar de residencia, entre otros. Como ha tenido ocasión de estudiarse, si la persona mayor en cuestión es una mujer, se verá más afectada por la brecha digital. Si, además, vive en una zona rural donde no existe acceso a banda ancha de conexión a internet, su situación es aún más desfavorable. Todos los factores que afectan al ensanchamiento de la brecha digital son significativos si se aborda la potencial eficiencia de la terapia digital, como la es la de los medicamentos digitales para el control de la adherencia y el conocimiento de los efectos del tratamiento. Un fallo de conexión en el momento en que se está enviando importante información al profesional sanitario o al cuidador, podría tener consecuencias trágicas. Por ello, la implementación coordinada de tecnologías avanzadas digitales para la asistencia del paciente exige como condición previa la implementación de una adecuada y asequible infraestructura tecnológica sobre la que se sustente este nuevo tipo de asistencia sanitaria, gobernada por el factor digital.

6.2. La necesidad de alfabetización digital

Aquel paciente que sigue una terapia digital –como los medicamentos digitales– deberá realizar un adecuado uso del sistema de transmisión de información[399]. Para ello, será necesario, en primer lugar, comprender la trascendencia del consentimiento formulado para acceder al servicio, es decir, de la aceptación de los términos y condiciones de uso redactados por el desarrollador tecnológico referidos al funcionamiento

399 FALCÓN ROMERO, M. y LUNA RUIZ-CABELLO, A., E-Salud, paciente y equidad… cit., p. 45.

de la *app,* del parche y del *software.* En segundo lugar, será necesario que el paciente reúna destrezas digitales para utilizar adecuadamente ese sistema de transmisión de información, especialmente la *app.* Conocer cómo instalarla, qué servicios ofrece, cómo se desplegará su información de salud en el dispositivo y cómo podrá interpretarla, cómo poder notificar a su profesional las razones de una falta de toma de la medicación, etc., son cuestiones fundamentales cuyo conocimiento garantiza un funcionamiento adecuado del tratamiento.

La generalidad de la población reconoce dificultades en la comprensión de los términos y condiciones de uso a aceptar antes de emplear un dispositivo tecnológico, dificultades que se elevan cuando se trata de una persona vulnerable en el nuevo entorno digital, como la persona mayor[400]. Una falta de competencias digitales derivará, inevitablemente, en una errónea utilización de la *app* y muy probablemente, en falta de obtención del máximo rendimiento del sistema de transmisión de información. Desde un punto de vista clínico, ello puede derivar en una falta de resultados del tratamiento, y desde un punto de vista jurídico, el paciente puede quedar desprotegido en sus derechos fundamentales, como su derecho a la intimidad y a la protección de datos, a la información y a la libertad de decisión.

En conclusión, es imperativo llevar a cabo políticas como la implementación de programas públicos formativos que acerquen el conocimiento tecnológico básico a pacientes crónicos que se encuentran en una situación de vulnerabilidad ante el nuevo entorno digital[401]. Este acercamiento de la tecnología

---

400 REYNOLDS, A. y OSBORNE, T. F., Promoting Technology Adoption and Engagement in Aging, en D. CHAU y T.F. OSBORNE (eds.), *Using Technology to Improve Care of Older Adults,* Springer: New York, 2018, pp. 19 – 38, p. 22.

401 RANCHORDÁS, S., Connected but Still Excluded?... cit., 254 y 255.

exige no dejar atrás la alfabetización jurídica en relación con el empleo de dispositivos tecnológicos conectados a internet cuya función es recoger información del consumidor. Los términos y condiciones de uso a firmar por el usuario como prerrogativa de acceso a la tecnología y, por ende, al tratamiento, contemplan la gestión que se hará de los datos de salud del paciente. Datos que, por su naturaleza, son especialmente sensibles y exigen consecuentemente una protección superior.

La tecnología empleada para el cuidado de la salud ha de ser inclusiva y no desarrollada por defecto considerando que el consumidor último será un paciente idealmente alfabetizado en competencias digitales, especialmente si esta tecnología está destinada al tratamiento de personas con patologías crónicas.

A modo de conclusión: dos facotores de impulso a las terapias digitales frente a una grave limitación

El sector del cuidado de la salud avanza alentado, en buena medida, por las oportunidades que ofrece el uso de las nuevas tecnologías e internet. El uso del *IoT* ha promovido grandes avances en todas las industrias, especialmente en la biosanitaria, química y farmacéutica. Gracias a la incorporación de sistemas computacionales en productos y medicamentos es posible prestar servicios de diagnóstico y tratamiento de manera precisa y con mínimos márgenes de error. Todo ello de forma remota y sin necesidad de que el paciente acuda a la consulta de su profesional. El potencial que muestran los sistemas de transmisión de información en tiempo real entre varios dispositivos conectados entre sí permite anticiparse a situaciones de salud adversas.

La última frontera del *IoT* en el ámbito en el sector del cuidado de la salud ha venido constituida por el desarrollo de los denominados medicamentos digitales (*digital pills*), cuya característica más particular no es la información que logran obtener del paciente, sino la forma de acceso y obtención de dicha información.

Las terapias digitales se caracterizan por la interconexión de varios elementos tecnológicos dentro y fuera del cuerpo humano con la función de monitorizar el estado de salud del paciente con fines de tratamiento o de diagnóstico. Algunos de los dispositivos de las terapias digitales aquí analizadas son un sensor ingerible, un parche, un *app* móvil, un *software* y un dispositivo computacional (teléfono móvil y ordenador), siendo posible la comunicación entre todos ellos bien vía *bluetooth* o bien a través de un servidor de datos en la nube.

A la hora de valorar este tipo de innovaciones biosanitarias, es importante examinar la fundamental cuestión acerca de las razones que han llevado a la industria a innovar en un sentido tecnológico, si ello se debe a la voluntad de solucionar un problema sanitario serio –como lo es la mala adherencia a los tratamientos y sus consecuencias–, o más bien es consecuencia de un interés comercial de la industria farmacéutica.

Este planteamiento es el que propone precisamente el análisis del recorrido legal del primer medicamento digital aprobado por la Food and Drug Administration (FDA) para su entrada en el comercio. En este caso, se observa que exceptuando uno, en todos los estudios clínicos que respaldaban la utilidad, seguridad y funcionamiento del sistema de transmisión de información integrado en el medicamento participó la empresa responsable de la tecnología, *Proteus Digital Health,* planteando la posible existencia de conflictos de interés manifiestos; la segunda, es que el primer medicamento digital (*Abilify MyCite*) está destinado a pacientes psiquiátricos, y su FDA se amparó únicamente en un estudio clínico llevado a cabo sobre este tipo de pacientes (a diferencia del resto de enfermedades estudiadas donde existían, en la mayoría, varios estudios clínicos con resultados positivos); y la tercera, es que, a pesar de la promoción que en ese sentido hacía la compañía y de los requerimientos formulados por la FDA, aquella solo logró demostrar que el sistema de transmisión de información funcionaba correctamente (es decir, que el parche recibía correctamente la señal de ingesta del sensor y lo comunicaba de manera eficiente al *software*), y no que pudiera incrementar los índices de adherencia al tratamiento.

El derecho de acceso a medicamentos ha observado obstáculos en su ejercicio a lo largo de la historia, que derivaban –y aún derivan– del efecto colateral de la configuración jurídica de los derechos de propiedad intelectual relacionados con el comercio, especialmente en lo referente a productos farmacéuticos. Los derechos que colisionan son dos, por un lado, el derecho a la libertad de investigación en la industria farmacéutica en consonancia con el art. 15.1c) del Pacto Internacional de Derechos Económicos, Sociales y Culturales (PIDESC), que recoge el derecho de toda persona a beneficiarse de la protección de los intereses morales y materiales que le corresponden por razón de las producciones científicas, literarias o artísticas de las que se autor; y por otro, el art. 12 del PIDESC, que recoge el acceso a medicamentos y tratamientos adecuados para paliar el sufrimiento de enfermedades.

El análisis desarrollado ha desvelado que la base sobre la que se asientan los derechos de propiedad intelectual sobre productos biosanitarios ha dado lugar a una serie de estrategias comerciales desarrolladas por empresas farmacéuticas que ven próxima la expiración de la patente de un producto que ha logrado un elevado número de ventas, tratando así de anticiparse a la entrada en el mercado de los medicamentos genéricos. Una de estas estrategias ha sido la innovación tecnológica sobre productos farmacéuticos obsoletos, siendo, ejemplo de la misma, la historia legal de la patente del primer medicamento digital. El objetivo de este tipo de estrategias es mantener sus ganancias y su posición en el mercado.

No obstante, no conviene caer en la conclusión precipitada de considerar que su autorización se debe simplemente a presiones de la compañía farmacéutica en particular, o de la industria en general, a fin de mantener el hueco de mercado logrado durante la etapa legal de la patente del medicamento en cuestión. En efecto, existe un fenómeno biosocial complejo que impulsa la creación de este tipo de terapias: la mala adherencia a los tratamientos supone un coste económico y humano serio, que, con la irrupción de la medicina personalizada de precisión, puede dejar de ser un problema. Lograr un control de la adherencia es un objetivo clave de los sistemas sanitarios para reducir el malgasto sanitario, mejorar la calidad de vida de la población que convive con enfermedades, especialmente crónicas, y optimizar la farmacovigilancia así como la investigación científica para el desarrollo de nuevos medicamentos. En este contexto, las terapias digitales desarrolladas en el seno de la medicina personalizada de precisión, como, por ejemplo, los medicamentos digitales, proponen una solución al problema de la falta de control de la adherencia. Estas terapias permiten al profesional sanitario conocer con una objetividad y precisión nunca antes conocidas si el paciente está siguiendo el tratamiento diligentemente o no y, consecuentemente, conocer si la falta de resultados se debe a que el medicamento recomendado no es el más adecuado para ese específico paciente o si se debe, más bien, a que el paciente no está siguiendo correctamente las pautas indicadas para su seguimiento.

Está claro que uno y otro son factores ofrecen un gran estímulo para la aparición de este tipo de productos sanitarios en el comercio, y que, si bien el primer y único país en autorizar la entrada de los mismos ha sido Estados Unidos, cabe esperar su entrada en el comercio europeo tras su aprobación por la Agencia Europea del Medicamento. Habrá que estar, en todo caso, a la interpretación que la misma haga de los estándares de aprobación de este tipo de productos, con especial consideración a la normativa sobre protección de datos de salud que, en este caso, reciben la categorización de especialmente protegidos por ser determinantemente sensibles. Queda claro que su autorización o la falta de la misma podrá generar posturas encontradas: por un lado, la de aquellos que opinen que una falta de autorización vulneraría el derecho de acceso a un tratamiento sanitario, en tanto que perjudicaría a aquellos pacientes que podrían observar un potencial beneficio en su uso, después de haber consentido en ejercicio de su autonomía al sometimiento a este tipo de control sanitario. Por otro lado, su entrada en el mercado alentaría a los detractores de este tipo de innovación biosanitaria a argumentar que un tratamiento cuyo objetivo es "espiar" los comportamientos del paciente vulnera de todo punto su autonomía, y por ende los derechos fundamentales de los que es titular, a saber: su intimidad, su derecho a la información y el derecho a decidir libremente sobre su propia salud.

Sin embargo, más allá del debate acerca de la conveniencia o no de la autorización de este tipo de terapias digitales, las oportunidades que estas ofrecen caminan de la mano de una limitación que no pasa inadvertida: la brecha digital, es decir, la desigualdad en el acceso material y personal a las nuevas tecnologías e internet. Esta brecha digital constituye un factor clave en la limitación en el acceso real y efectivo a este tipo de terapias. La conclusión es evidente: de poco sirve tratar de implementar las terapias más punteras que abren la puerta a una medicina personalizada de precisión extraordinaria, si existe un problema de base no resuelto que limita, de todo punto, la explotación de las oportunidades que ofrecen las terapias digitales.

La brecha digital se observó subrayada especialmente por la pandemia por Covid-19, en la que el empleo de dispositivos tecnológicos e internet suplió el contacto humano también en el ámbito sanitario. Dicha circunstancia provocó que aquellas personas alejadas de un entorno digital óptimo se viesen excluidas de actividades que antes formaban parte de su día a día. La brecha digital se presenta en múltiples vertientes, entre otras, de género, de edad, de capacidad económica, de formación y educación, o del lugar de residencia del usuario de la tecnología. En este sentido, un uso efectivo y eficiente de cualquier terapia digital debe partir de una aproximación de los extremos de esta brecha digital, pues emplear los dispositivos más sofisticados para el cuidado de la salud no se verá materializado en una mejoría para la gestión de la enfermedad si el usuario final –paciente– no tiene posibilidad de acceso a ellos –por falta de acceso económico a internet o a un dispositivo– o carece de las competencias digitales para comprender cómo funciona el dispositivo y emplearlo correctamente.

Una falta de acceso material o competencial a las nuevas tecnologías en el ámbito sanitario provoca situaciones de discriminación, pues el éxito de las terapias que propone la medicina personalizada de precisión depende singularmente de que los usuarios tengan la capacidad de acceso y la alfabetización digital oportuna para el uso de los dispositivos que esta medicina les ofrezca. El mandato que recae sobre los poderes públicos para promover la libertad e igualdad de los individuos en el grupo en el que se integran, así como para proteger el derecho a la salud o los recientemente reconocidos derechos digitales, exige una garantía de prestaciones y servicios accesibles en términos de igualdad a los ciudadanos, incluyendo los servicios digitales.

El marco institucional y normativo internacional muestra una tendencia a la eliminación de la brecha digital en colectivos vulnerables, especialmente a través del fomento de la alfabetización digital. El derecho a la igualdad de oportunidades y no discriminación de personas con discapacidad exige un respeto a su autonomía y al derecho a un desarrollo pleno de su personalidad, factores que se encuentran hoy íntimamente ligados con el entorno digital. Si bien, a pesar de que la normativa europea y española reconoce el derecho de acceso universal a internet, a la seguridad digital o a la educación digital, no se contemplan, a día de hoy instrumentos jurídicos que aborden específicamente, dichos derechos cuando se trata de personas vulnerables. Sirvan, por tanto, estas últimas reflexiones, para alentar a la implementación políticas en materia de discapacidad que garanticen una accesibilidad universal a todo tipo de servicios, también los digitales, para este colectivo de personas.

Es necesario que el panorama jurídico de garantías a los derechos fundamentales de las personas vulnerables –especialmente pacientes crónicos– avance en su configuración de la mano de lo que lo hace la tecnología en el campo de la biomedicina o, al menos, no camine con demasiado retraso por detrás de las punteras terapias digitales. Si deseamos poder extraer el mayor beneficio que ofrece la tecnología para el tratamiento y diagnóstico de enfermedades es necesario que, en primer lugar, se aborde de raíz la brecha digital, que se materializa en una grave limitación en el aprovechamiento de las oportunidades que trae consigo la medicina personalizada de precisión. En este sentido, es perentorio garantizar los derechos digitales básicos, como un acceso a internet adecuado y dispositivos tecnológicos de calidad, así como a la alfabetización digital de los pacientes crónicos en particular, que potencialmente obtendrán un gran beneficio de este tipo de terapias digitales, como de la sociedad en general, para lograr un cuidado responsable de la salud y un uso adecuado de las tecnologías punteras en el ámbito sanitario.

Bibliografía

ABAD ALCALÁ, L., Mayores y ciudadanía digital, en T. DE LA QUADRA SALCEDO y J.L. PIÑAR MAÑAS (eds.), M. BARRIO ANDRÉS y J. TORREGROSA VÁZQUEZ (coords.), *Sociedad Digital y Derecho, Boletín oficial del Estado, Ministerio de Industria, Comercio y Turismo,* RED.ES: Madrid, 2018, pp. 439 – 453.

ABDUL MINAAM, D. S. y ABD-ELFATTAH, M., Smart drugs: Improving healthcare using Smart Pill Box for Medicine Reminder and Monitoring System, *Future Computing and Informatics Journal,* 3 (2), 2018, pp. 443 – 456.

AEM (8 de noviembre de 2019), *Acerca de la agencia Europea del Medicamentos,* disponible en: https://www.ema.europa.eu/en/documents/other/about-us-european-medicines-agency-ema_es.pdf, última consulta: 23/11/2022.

AEMPS (13 de septiembre de 2019), *Organismo Notificado 0318 y Certificación 13485 – Expertos Organismo Notificado,* disponible en: https://www.aemps.gob.es/productosSanitarios/organismoNotificado/expertos-notificado.htm, última consulta: 25/11/2022.

AEMPS (2020), Guía para fabricantes de productos sanitarios Clase I, p. 21, disponible en: https://www.aemps.gob.es/productosSanitarios/docs/guia_fabricantes-ps.pdf, última consulta: 14/3/2023.

AICURE, disponible en: https://aicure.com, última consulta: 23/11/2022.

AIDS (23 de julio de 2018), HIV prevention research advances unveiled at AIDS 2018, *Official Press Releasses,* disponible en: http://www.aids2018.org/Media-Centre/The-latest/Press-releases/ArticleID/184/HIV-prevention-research-advances-unveiled-at-AIDS-2018, última consulta: 25/11/2022.

ALKORTA IDIAKEZ, I., La protección del derecho a la autodeterminación informativa de los mayores en entornos conectados, en E. ATIENZA MACÍAS (coord.) e I. ALKORTA IDIAKEZ (dir.), *Soluciones tecnológicas para los problemas ligados al envejecimiento*, Dykinson: Madrid, 2020, pp. 13 – 56.

ÁLVAREZ ROBLES, T., El derecho de acceso a internet en el constitucionalismo español: desde la influencia supranacional a la LO 3/2018, de protección de datos personales y garantía de los derechos digitales, en F. BUENO DE MATA (dir.) e I. GONZÁLEZ PULIDO (coord.), *FODERTICS 9.0.*, pp. 3-15.

ÁLVAREZ VÉLEZ, M. I., Derecho de igualdad y asistencia sanitaria, en S. ADROHER BIOSCA y F. DE MONTALVO JÄÄSKELÄINEN (dirs.), *Los Avances del Derecho ante los Avances de la Medicina*, Aranzadi: Navarra, 2008, pp. 535 – 546.

ÁLVAREZ VILLASEÑOR, A. S., Adherencia al tratamiento farmacológico en pacientes con hipertensión arterial de un consultorio auxiliar. *Medicina general y de familia. Edición digital*, 8 (2), 2019, disponible en: http://mgyf.org/adherencia-al-tratamiento-farmacologico-en-pacientes-con-hipertension-arterial-de-un-consultorio-auxiliar/, última consulta: 25/11/2022.

ASHBURN, T. T. y THOR, K. B., Drug Repositioning: Identifying and Developing New Uses for Existing Drugs, *Nature*, 3, 2004, pp. 673 – 83.

ATIENZA MACÍAS, E. y VIEITO VILLAR, M., La inteligencia artificial en el contexto sanitario: algunas reflexiones éticas y jurídicas. Especial referencia al papel de los robots ante la pandemia de la Covid-19 y su alcance en las personas mayores, en I. ALKORTA IDIAKEZ (dir.), E. ATIENZA MACÍAS (coord.), *Soluciones tecnológicas para los problemas ligados al envejecimiento. Cuestiones Jurídicas y* éticas, Dykinson: Madrid, 2020, pp. 57 – 91.

ATIENZA MACÍAS, E., El envejecimiento ante los avances científicos y tecnológicos, en C. GIL MEMBRADO (dir. y coord.), *E-Salud, autonomía y datos clínicos*, Dykinson: Madrid, 2021, pp. 59 – 87.

AUFFRAY, C. et al., Making sense of big data in health research: Towards an EU action plan, *Genome Medicine,* 8 (71), 2016, pp. 1 – 13.

AU-YEUNG, K. Y., y DICARLO, L., Cost comparison of wirelessly vs. directly observed therapy for adherence confirmation in anti-tuberculosis treatment, *The International Journal of Tuberculosis and Lung Disease,* 16 (11), 2012, pp. 1498 – 1504.

BAKKER, D. et al., Mental Health Smartphone *Apps*: Review and Evidence-Based Recommendations for Future Developments, *JMIR Mental Health,* 3 (1), 2016, pp. 1 – 31.

BANKS, K. y BURGE, R., *Mobile Phones: An Appropriate Tool For Conservation And Development?* Fauna and Flora International: UK, 2004.

BARTON, J. et al., *Integrando los derechos de la propiedad intelectual y la política de desarrollo,* Comisión sobre Derechos de Propiedad Intelectual: Londres, 2002.

BAUER, H. et al., (1 de diciembre de 2014), The Internet of Things: Sizing up the opportunity, *McKinsey&Company,* disponible en: https://www.mckinsey.com/industries/semiconductors/our-insights/the-internet-of-things-sizing-up-the-opportunity#, última consulta: 23/11/2022.

BEALL, R.F. et al. New Drug Formulations and Their Respective Generic Entry Dates, *Journal of Managed Care & Specialty Pharmacy,* 25(2), 2019, pp. 218 – 224.

BELKNAP, R. et al., Feasibility of an Ingestible Sensor-Based System for Monitoring Adherence to Tuberculosis Therapy, *PLoS ONE,* 8 (1), 2013, pp. 1 – 5.

BELLE, A. et al., Big Data Analytics in Healthcare, *BioMed Research International,* 2015 (370194), 2015, pp. 1 – 16.

BELLUCK, P., (13 de noviembre de 2017), First Digital Pill Approved to Worries About Biomedical 'Big Brother', *The New York Times,* disponible en: https://www.nytimes.com/2017/11/13/health/digital-pill-fda.html, última consulta: 25/11/2022.

BEN-ZEEV, D. et al., Technologies for People with Serious Mental Illness, en L. A. MARSCH, S. E. LORD y J. DALLERY (eds.), *Behavioral Healthcare and Technology*, Oxford University Press: USA, 2015, pp. 70 – 80.

BHARATHI, A. et al., Internet of Things Technologies, en V. E. BALAS, L. HOANG SON, S. JHA, M. KHARI, R. KUMAR (Eds.), *Internet of Things in Biomedical Engineering*, Elsevier: India, 2019, pp. 291 – 322.

BISWAS, K., *Pharma's Prescription: How the right technology can save the pharmaceutical sector*, Elsevier: London, 2014.

BITTNER, B. et al., Connected drug delivery devices to complement drug treatments: potential to facilitate disease management in home setting, *Medical Devices: Evidence and Research*, 12, 2019, pp. 101 – 127.

BONACINI, M. et al., Wirelessly Observed Therapy to Optimize Adherence and Target Interventions for Oral Hepatitis C Treatment: An Observational, Pilot Study, *Journal of Medical Internet Research*, 22 (4), 2020, pp. 1 – 26.

BORJA, A. (29 de marzo de 2022), Top 11 ranking industrias que más dinero mueven en el mundo y cómo invertir en ellas, *Rankia,* disponible en: https://www.rankia.com/blog/bolsa-al-dia/3534358-top-11-ranking-industrias-que-mas-dinero-mueven-mundo-como-invertir-ellas, última consulta: 28/4/2022.

BORRELL, J. R. y WATAL, J., Impact of Patents on Access to HIV/AIDS Drugs in Developing Countries, *Working Papers, Center for International Development at Harvard University,* (92), 2002.

BOTRUGNO, C. The Spread of Telemedicine in Daily Practice. Weighing Risks and Benefits, en M. IENCA, O. POLLICI-

NO, L. LIGUORI, E. STEFANINI, R. ANDORNO (eds.), *Information technology, life sciences and human rights*, Cambridge University Press: UK, 2022, pp. 102 – 112.

BROWNE, S. H. et al., Digitizing Medicines for Remote Capture of Oral Medication Adherence Using Co-encapsulation, *Clinical Pharmacology & Therapeutics*, 103 (3), 2017, pp. 502-510.

BROWNE, S. H., et al., Wirelessly Observed Therapy (WOT): A New Paradigm in TB Therapy Monitoring. Abstract Body, *Conference on Retroviruses and Opportunistic Infections*, disponible en: http://www.croiconference.org/sessions/wirelessly-observed-therapy-wot-new-paradigm-tb-therapy-monitoring, última consulta: 24/11/2022.

BROWNE, S.H. et al., Wirelessly observed therapy compared to directly observed therapy to confirm and support tuberculosis treatment adherence: A randomized controlled trial, *PLoS Medicine*, 16 (10), 2019, pp. 1 – 19.

BROWNE, S.H., Let Visuals Tell the Story: Medication Adherence in Patients with Type II Diabetes Captured by a Novel Ingestion Sensor Platform, *JMIR mHealth uHealth*, 3 (4), 2015, pp. 1 – 19.

BRUNETT, H. R. et al., How to Improve Adherence with Prescribed Treatment in Hypertensive Patients, *Journal of Cardiovascular Pharmacology*, 35 (supl. 3), 2000, S23–S26.

BURNS, T. et al., Continuity of care in mental health: understanding and measuring a complex phenomenon, *Phychological Medicine*, 39, 2009, pp. 313 – 323.

BUSH, P. J. et al., Use of Sedatives and Hypnotics Prescribed in a Family Practice, *Southern Medical Journal*, 77 (6), 1984, pp 677 – 681.

Businesswire. (17 de enero de 2019), *Proteus Digital Health® Launches Digital Oncology Medicines to Improve Patient Outcomes*. disponible en: https://www.businesswire.com/news/home/20190117005164/en/Proteus-Digital-Health®-Launches-Digital-Oncology-Medicines-to-Improve-Patient-Outcomes, última consulta 25/11/2022.

BYERLY, M. et al., A Comparison of Electronic Monitoring vs. Clinician Rating of Antipsychotic Adherence in Outpatients with Schizophrenia, *Psychiatry Research*, 133, 2005, pp. 129–133.

BYERLY, M. J. et al., Antipsychotic Medication Adherence in Schizophrenia, *Psychiatric Clinics of North America*, 30, 2007, pp. 437 – 452.

CENTROS PARA EL CONTROL Y PREVENCIÓN DE ENFERMEDADES, *PrEP (Profilaxis prexposición)*, disponible en: https://www.cdc.gov/hiv/spanish/basics/prep.html, última consulta: 25/11/2022.

CERRATO, P. y HALAMKA, J., *The Transformative Power of Mobile Medicine*, Elsevier: India, 2019.

CHAI, P.R. et al., Ingestible Biosensors for Real-Time Medical Adherence Monitoring: MyTMed, *Hawaii International Conference on System Sciences*, 2016, pp. 3416 – 3423.

CHAUNDHRY, B. et al., Systematic Review: Impact of Health Information Technology on Quality, Efficiency, and Costs of Medical Care, *Annals of Internal Medicine*, 144 (10), 2006, pp. 742 – 752.

CHEN, J. (24 de julio de 2018), Adherence to PrEP, the HIV prevention drug, is low. A new study suggests a pill with a tiny sensor might help, *STAT*, disponible en: https://www.statnews.com/2018/07/24/digital-pill-prep-truvada/, última consulta: 25/11/2022.

CHOUDHURI, A. et al., Internet of Things in Healthcare: A Brief Overview, en V. E. BALAS, L. HOANG SON, S. JHA, M. KHARI, R. KUMAR (eds.), *Internet of Things in Biomedical Engineering*, Elsevier: India, 2019, pp. 131 – 160.

COHEN, F. J., Macro trends in pharmaceutical innovation, *Nature Reviews Drug Discovery*, 4, 2005, pp. 78 – 84.

COMSTOCK, J. (24 de noviembre de 2014), AiCure clinical trial seeks to validate smartphone camera-enabled medication adherence, *Mobihealthnews,* disponible en: https://www.mobihealthnews.com/38512/aicure-clinical-trial-seeks-to-validate-medication-adherence, última consulta: 23/11/2022.

COMSTOCK, J. (7 de abril de 2017), In small study, AiCure *app* led to 50 percent improvement in medication adherence, *Mobihealthnews,* disponible en: https://www.mobihealthnews.com/content/small-study-aicure-*app*-led-50-percent-improvement-medication-adherence, última consulta: 23/11/2022.

COSGROVE, L. et al., Digital aripiprazole or digital evergreening? A systematic review of the evidence and its dissemination in the scientific literature and in the media, *BMJ Evidence-Based Medicine,* 24 (6), 2019, pp. 231 – 238.

DANZIS, S. D. y PRUITT, C., Rethinking the FDA's Regulation of Mobile Medical *Apps*, *The SciTech Lawyer,* 9 (3), 2013, pp. 1 – 5.

DE BENITO CASTANEDO, J., Bibliographic Analysis of the Digital Divide and Literacy in New Technologies, *Revista Electrónica Educare,* 21(2), 2017, pp. 1 – 10.

DE MIGUEL BERIAIN, I. y MORLA GONZÁLEZ, M., "Digital Pills" for Mental Diseases: An Ethical and Social Analysis of the Issues behind the Concept, *Journal of Law and the Biosciences,* 7 (1), 2020.

DE MONTALVO JÄÄSKELÄINEN, F., El uso secundario de los datos de salud en el marco del desarrollo de la e-health, en C. GIL MEMBRADO (dir. y coord.), *E-Salud, autonomía y datos clínicos,* Dykinson: Madrid, 2021, pp. 217 – 259.

DEMYTTENAERE, K, y HADDAD, P., Compliance with antidepressant therapy and antidepressant discontinuation symptoms, *Acta psychiatrica Scandinavica. Supplementum,* 403, 2000, pp. 50 – 56.

DHINGRA, P. et al., Internet of Things based pharmaceutics data analysis, en V.E. BALAS, V.K. SOLANKI y R. KUMAR (eds.), *Emergence of Pharmaceutical Industry Growth with Industrial IoT Approach*, Elsevier: UK, 2020, pp. 85-131.

DÍAZ SALCEDO, E. y VIDAL-ALABALL, J., Accesibilidad y brecha digital, la Ley de cuidados inversos 2.0., *Atención Primaria*, 54, 2022, pp. 1 – 3.

DICARLO, L. et al., PCV16 Real-Time assessment of medication taking and activities of daily living in patients with uncontrolled hypertension, *Value in Health*, 17, 2014, A323-A686.

DILLA, T. et al., Adherencia y Persistencia Terapéutica: Causas, Consecuencias y Estrategias de Mejora, *Atención Primaria*, 41 (6), 2009, pp. 342 – 348.

DIMITROV, D. V., Medical Internet of Things and Big Data in Healthcare, *Healthcare Informatics Research*, 22 (3), 2016, pp. 156 – 163.

DOLAN, B. (12 de enero de 2010), Novartis invests $24M in Proteus Biomedical, *MobiHealthNews*, disponible en: https://www.mobihealthnews.com/6013/novartis-invests-24m-in-proteus-biomedical última consulta: 25/11/2022.

DONNER, J., Research Approaches to Mobile Use in the Developing World: A Review of the Literature, *Information Society*, 24 (3), 2008, pp. 140 – 159.

DÖOG GUNNARSDÓTTIR, H. et al., The Ethics and Laws of Medical Big Data, en M. IENCA, O. POLLICINO, L. LIGUORI, E. STEFANINI, R. ANDORNO (eds.), *Information technology, life sciences and human rights*, Cambridge University Press: UK, 2022, pp. 48 – 55.

DRUGS.COM (Febrero, 2014), *U. S. Pharmaceutical Sales – 2013*. Disponible en: https://www.drugs.com/stats/top100/2013/sales, última consulta: 28/4/2022.

DUBEY, R. y DUBEY, J., Pharmaceutical Product Differentiation: A Strategy for Strengthening Product Pipeline and Life Cycle Management, *Journal of Medical Marketing*, 9 (2), 2009, pp. 104–118.

DUNBAR-JACOB, J. et al., Adherence in Chronic Disease, *Annual Review of Nursing Research*, 18, 2000, pp. 48 – 90.

DUNN, P. y HAZZARD, E., Technology Approaches to Digital Health Literacy, *International Journal of Cardiology*, 293, 2019, pp. 294 – 296.

EHRARI, H. et al., The Digital Divide in Healthcare: A Socio-Cultural Perspective of Digital Literacy, *Proceedings of the 55th Hawaii International Conference on System Sciences*, 7, 2022, pp. 4097 – 4106.

EISENBERGER, U. et al., Medication Adherence Assessment: High Accuracy of the New Ingestible Sensor System in Kidney Transplants, *Transplantation,* 96 (3), 2013, pp. 245 – 250.

ELENKO, E. et al., A regulatory framework emerges for digital medicine, *Nature Biotechnology*, 33 (7), 2015, pp. 697 – 702.

EMA. COMMITTEE FOR MEDICINAL PRODUCTS FOR HUMAN USE (CHMP) (15 de febrero de 2016), *Qualification opinion on ingestible sensor system for medication adherence as biomarker for measuring patient adherence to medication in clinical trials*, p. 2, disponible en: https://www.ema.europa.eu/en/documents/regulatory-procedural-guideline/qualification-opinion-ingestible-sensor-system-medication-adherence-biomarker-measuring-patient_en.pdf, última consulta: 23/11/2022.

ENGELKES, M. et al., Medication Adherence and the Risk of Severe Asthma Exacerbations: A Systematic Review, *European Respiratory Journal*, 45, 2015, pp. 396 – 407.

ENNIS, L. et al., Can't surf, won't surf: The digital divide in mental health, *Journal of Mental Health*, 21 (4), 2012, pp. 395 – 403.

ENZO FURROW, M., Pharmaceutical Patent Life-Cycle Management After KSR v. Teleflex, *Food and Drug Law Journal*, 63 (1), 2008, pp. 275 – 320.

ESTRADA MARTÍNEZ, F. et al., "It Feels Different from Real Life": Users' Opinions of Mobile *App*lications for Mental

Health, *OzCHI 2015: Being Human–Conference Proceedings*, 2015, pp. 598 – 602.

ETECTRX (13 de enero de 2020), *Breakthrough ID-Cap System from EtectRx™ Selected to Measure Adherence to HIV Treatment in New University of Colorado Study*, disponible en: https://etectrx.com/breakthrough-id-cap-system-from-etectrx-selected-to-measure-adherence-to-hiv-treatment-in-new-university-of-colorado-study/, última consulta: 25/11/2022.

ETECTRX (9 de diciembre de 2019), *EtectRx Announces U.S. FDA Clearance of Novel Ingestible Event Marker*, disponible en: https://etectrx.com/etectrx-announces-u-s-fda-clearance-of-novel-ingestible-event-marker/, última consulta: 25/11/2022.

ETECTRX, disponible en: https://etectrx.com, última consulta: 25/11/2022.

EUROPEAN COMISSION (10 de abril de 2014), *Green Paper*, p. 3, disponible en: https://ec.europa.eu/digital-single-market/en/news/green-paper-mobile-health-mhealth, última consulta: 25/11/2022.

EUROPEAN COMMISSION (1 de febrero de 2019), *Manual on borderline and classification in the community regulatory framework for medical devices*, disponible en: https://ec.europa.eu/docsroom/documents/35582, última consulta: 25/11/2022.

EUROPEAN COMMISSION (EUROSTAT), *Ageing Europe–statistics on population developments*, disponible en: https://ec.europa.eu/eurostat/statistics-explained/index.php?title=Ageing_Europe_-_statistics_on_population_developments#Older_people_.E2.80.94_increasingly_old_and_with_growing_dependency, última consulta: 3/2/2023.

EUROPEAN COMMISSION, DG HEALTH AND CONSUMERS (2012), *Guidelines on the Qualification and Classification of Standalone Software Used in Healthcare within the Regulatory Framework of Medical Devices*, disponible en: https://ec.europa.eu/docsroom/documents/17921.

EUROPEAN COMMISSION, MEDICAL DEVICE COORDINATION GROUP (MDCG) (2019), *MDCG 2019-11. Guidance on Qualification and Classification of Software in Regulation (EU) 2017/745 – MDR and Regulation (EU) 2017/746 – IVDR*, p. 3, disponible en: https://ec.europa.eu/docsroom/documents/37581?locale=en, última consulta: 14/3/2023.

EYSENBACH, G., What is e-health? Journal of Medical Internet Research, 3 (2), 2001, pp. 1 – 2.

FALCÓN ROMERO, M. y LUNA RUIZ-CABELLO, A., E-Salud, paciente y equidad, en C. GIL MEMBRADO (dir. y coord.), *E-Salud, autonomía y datos clínicos*, Dykinson: Madrid, 2021, pp. 33 – 57.

FDA (13 de noviembre de 2017), FDA approves pill with sensor that digitally tracks if patients have ingested their medication, *FDA News Release*, disponible en: https://www.fda.gov/news-events/press-announcements/fda-*app*roves-pill-sensor-digitally-tracks-if-patients-have-ingested-their-medication, última consulta: 25/11/2022.

FDA (19 de septiembre de 2019), *CFR–Code of Federal Regulations Title 21*, disponible en: https://www.accessdata.fda.gov/scripts/cdrh/cfdocs/cfCFR/CFRSearch.cfm?fr=801.109, última consulta: 23/11/2022.

FDA (2012), *Evaluation of Automatic Class III Designation (de novo) for Proteus Personal Monitor Including Ingestion Event Marker*, disponible en: https://www.accessdata.fda.gov/cdrh_docs/reviews/K113070.pdf, última consulta: 23/11/2022.

FDA (28 de marzo de 2018), *What is the difference between the Federal Food, Drug, and Cosmetic Act (FD&C Act), FDA regulations, and FDA guidance?*, disponible en: https://www.fda.gov/about-fda/fda-basics/what-difference-between-federal-food-drug-and-cosmetic-act-fdc-act-fda-regulations-and-fda-guidance, última consulta: 25/11/2022.

FDA (31 de enero de 2020), *21st Century Cures Act,* disponible en: https://www.fda.gov/regulatory-information/selected-amendments-fdc-act/21st-century-cures-act, última consulta: 25/11/2022.

FDA (6 de diciembre de 2019), *EtectRx 510(k) Premarket submission.* disponible en: https://www.accessdata.fda.gov/cdrh_docs/pdf18/K183052.pdf, última consulta: 25/11/2022.

FDA, *510(k) Premarket Notification,* disponible en: https://www.accessdata.fda.gov/scripts/cdrh/cfdocs/cfpmn/pmn.cfm, última consulta: 22/11/2022.

FDA, *Application number: 207202Orig1s000 Clinical Review(s),* 2017, disponible en: https://www.accessdata.fda.gov/drugsatfda_docs/nda/2017/207202Orig1s000MedR.pdf, última consulta: 29/4/2022.

FDA, *Approved Drug Products with Therapeutic Equivalence Evaluations,* disponible en: https://www.fda.gov/drugs/drug-approvals-and-databases/approved-drug-products-therapeutic-equivalence-evaluations-orange-book, última consulta: 25/11/2022);

FDA, CENTER FOR DRUG EVALUATION AND RESEARCH, *Application number 207202Orig1s000: Administrative and Correspondence Documents,* disponible en: https://www.accessdata.fda.gov/drugsatfda_docs/nda/2017/207202Orig1s000AdminCorres.pdf, última consulta: 24/11/2022.

FDA, CENTER FOR DRUG EVALUATION AND RESEARCH, *Application number: 207202orig1s000: Summary Review,* disponible en: https://www.accessdata.fda.gov/drugsatfda_docs/nda/2017/207202Orig1s000SumR.pdf, última consulta: 24/11/2022;

FDA, CENTER FOR DRUG EVALUATION AND RESEARCH, *Application number: 207202orig1s000: Product Quality Review(s),* disponible en: https://www.accessdata.fda.gov/drugsatfda_docs/nda/2017/207202Orig1s000ChemR.pdf, última consulta: 25/11/2022.

FDA, CENTER FOR DRUG EVALUATION AND RESEARCH, *Application number: 207202orig1s000: Other Review(s)*, disponible en: https://www.accessdata.fda.gov/drugsatfda_docs/nda/2017/207202Orig1s000OtherR.pdf, última consulta: 25/11/2022.

FDA, CENTER FOR DRUG EVALUATION AND RESEARCH, *Application number: 207202Orig1s000: Proprietary Name Review(s)*, disponible en: https://www.accessdata.fda.gov/drugsatfda_docs/nda/2017/207202Orig1s000NameR.pdf, última consulta: 25/11/2022.

FDA, CENTER FOR DRUG EVALUATION AND RESEARCH, *Application number: 207202Orig1s000: Labeling*, disponible en: https://www.accessdata.fda.gov/drugsatfda_docs/nda/2017/207202Orig1s000Lbl.pdf, última consulta: 25/11/2022.

FDA, CENTER FOR DRUG EVALUATION AND RESEARCH, *Application number: 207202Orig1s000: Other Action Letters*, disponible en: https://www.accessdata.fda.gov/drugsatfda_docs/nda/2017/207202Orig1s000OtherActionLtr.pdf, última consulta: 25/11/2022.

FDA, DEPARTMENT OF HEALTH & HUMAN SERVICES (2012), disponible en: https://www.accessdata.fda.gov/cdrh_docs/pdf11/K113070.pdf, última consulta: 23/11/2022.

FDA, DEPARTMENT OF HEALTH AND HUMAN SERVICES (Junio de 2008), *Guidance for Industry—Q3A Impurities in New Drug Substances*, disponible en: https://www.fda.gov/media/71727/download, última consulta: 24/11/2022.

FDA, *Digital Health*, disponible en: https://www.fda.gov/medical-devices/digital-health-center-excellence/what-digital-health, última consulta: 23/11/2022.

FDA, *Non-inferiority clinical trials to establish effectiveness: guidance for industry*, disponible en: https://www.fda.gov/media/78504/download, újltima consulta: 29/4/2022.

FLEISHCH, E., FRANZ, C. y HERRMANN, A., *The digital pill: what everyone should know about the future of our healthcare system*, Emerald Publishing: UK, 2021.

FOURNIER GIMBAO, J. (4 de marzo de 2021), La transformación digital: un aliado estratégico en la era COVID, *IEEE. ES,* disponible en: https://www.ieee.es/Galerias/fichero/docs_opinion/2021/DIEEEO27_2021_JOAFOU_Transformacion.pdf., última consulta: 29/4/2022.

FRANCES YAP, A. et al., Medication adherence in the elderly, *Journal of Clinical Gerontology & Geriatrics,* 7 (2), 2016, pp. 64 – 67.

FREE, C. et al., The Effectiveness of Mobile-Health Technology-Based Health Behaviour Change or Disease Management Interventions for Health Care Consumers: A Systematic Review, *PLoS Medicine,* 10(1), 2013, pp. 1 – 45.

FREEDMAN, D. H., Hunting for new drugs with AI, *Nature,* 576, 2019, pp. 849 – 853.

FRIAS, J. et al., Effectiveness of Digital Medicines to Improve Clinical Outcomes in Patients with Uncontrolled Hypertension and Type 2 Diabetes: Prospective, Open-Label, Cluster-Randomized Pilot Clinical Trial, *Journal of Medical Internet Research,* 19 (7), 2017. p. 1 – 17.

FUNDACIÓN INSTITUTO ROCHE., *Propuesta de competencias en Medicina Personalizada de Precisión de los profesionales sanitarios,* disponible en: https://www.institutoroche.es/static/archivos/INFORME_MARCO_COMPETENCIAS_MPP_web.pdf, última consulta: 25/11/2022.

GARCÍA MEXÍA, P., El derecho de acceso a internet, en T. DE LA QUADRA SALCEDO y J.L. PIÑAR MAÑAS (eds.), M. BARRIO ANDRÉS y J. TORREGROSA VÁZQUEZ (coords.), Sociedad Digital y Derecho, Boletín oficial del Estado, Ministerio de Industria, Comercio y Turismo, RED.ES: Madrid, 2018, pp. 397 – 415.

GARÇON, L. et al., Medical and Assistive Health Technology: meeting the needs of aging populations, *The Gerontologist*, 55 (s2), 2016, pp. S293 – S302.

GARFIELD, S. et al., Suitability of Measures of Self-Reported Medication Adherence for Routine Clinical Use: A Systematic Review, *BMC Medical Research Methodology*, 11, 2011, pp. 1 – 9.

GERKE, S. et al., Ethical and legal issues of ingestible electronic sensors, *Nature Electronics*, 2, 2019, pp. 329 – 334.

GILMER, E., Developing mobile *apps* as medical devices: Understanding U.S. government regulations. What medical mobile *app* developers need to know, *IBM DeveloperWorks*, 2019, pp. 1 – 13.

GINER PÉREZ, J. M. y TOLOSA BAILÉN, M. C., La brecha digital local en España: factores explicativos, *XXXIV Reunión de Estudios Regionales, X Congreos de la Asociación Andaluza de Ciencia Regional*, Jaén, 2008.

GODBEHERE, P. y WAREING, P., Hypertension Assessment and Management: Role for Digital Medicine, *The Journal of Clinical Hypertension*, 18 (3), 2014.

GOMES SOARES, F. S., Salud pública y derechos de propiedad intelectual relacionados con el comercio, *Saber, ciencia y libertad*, 3 (2), 2008, pp. 67 – 82.

GÓMEZ SÁNCHEZ, Y., La libertad de creación y producción científica: especial referencia a la ley de investigación biomédica, *Uned. Revista de Derecho Político*, 75-76, 2009, pp. 489-514.

GOOGLE (2012), *Our Mobile Planet: España*, disponible en: https://www.yumpu.com/es/document/read/18427359/our-mobile-planet-espana-prisa-digital última consulta: 29/4/2022.

GREGORIO, F. et al., *Signal Processing Techniques for Power Efficient Wireless Communication Systems, Signals and Communication Technology*, Switzerland: Springer, 2020, p. 218.

HADDAD, P. M. et al., Nonadherence With Antipsychotic Medication. *Dovepress*, 5, 2014, pp. 43–62.

HAFEZI, H. et al., An Ingestible Sensor for Measuring Medication Adherence, *IEEE Transactions on Biomedical Engineering*, 62(1), 2015, pp 99 – 109.

HAGHI, M., THUROW, K. y STOLL, R., Wearable Devices in Medical Internet of Things: Scientific Research and Commercially Available, *Healthcare Informatics Research*, 23(1), 2017, pp. 4 – 15.

HARDING, S. Perpetual Property, *Florida Law Review*, 61 (2), 2009, pp. 285–327.

HARRIS, L. (15 de septiembre de 2019), The Rise of the Digital Asylum, *Mad in America*, disponible en: https://www.madinamerica.com/2019/09/the-rise-of-the-digital-asylum/,última consulta: 29/4/2022.

HATCH, A. R. (14 de junio de 2018), Digital mental health drug raises troubling questions, *The Conversation*, disponible en: https://theconversation.com/digital-mental-health-drug-raises-troubling-questions-97510, última consulta: 28/4/2022.

HAYNES, B. et al., Systematic review of randomized trials of interventions to assist patients to follow prescriptions for medications, *Lancet*, 348 (9024), 1996, pp. 383 – 386.

HO, A. y QUICK, O., Leaving Patients to Their Own Devices? Smart Technology, Safety and Therapeutic Relationships, *BMC Medical Ethics*, 19 (18), 2018, pp. 1 – 6.

HONG, S. H. et al., Product-Line Extensions and Pricing Strategies of Brand-Name Drugs Facing Patent Expiration, *Journal of managed care pharmacy*, 11 (9), 2005, pp. 746 – 754.

IDRAKUMARI, R. et al., The growing role of Internet of Things in healthcare wearables, en V. ELIMIA BALAS, V. KUMAS SOLANKI, R, KUMAR (eds.), *Emergence of Pharma-*

ceutical Industry Growth with Industrial IoT Approach, Elsevier: London, 2020, pp. 163 – 194.

ILIADIS, A., Computer Guts and Swallowed Sensors: Ingestible Made Palatable in an Era of Embodied Computing, en I. PEDERSEN y A. ILIADIS (eds.), *Embodied Computing: Wearables, Implantables, Embeddables, Ingestibles*, The MIT Press, Massachusetts Institute of Technology: Massachusetts, 2020, pp. 1 – 20.

ILLES, J. et al., Ending aging: the rejuvenation breakthrough that could reverse human aging in our lifetime, *Nature*, 450 (7168), pp. 351 – 352.

INSTITUTO NACIONAL DE ESTADÍSTICA, *Porcentaje de adultos (16 a 74 años) que en los últimos 12 meses han realizado tareas relacionadas con conocimientos informáticos por sexo, grupos de edad y tipo de tarea*, disponible en: https://ine.es/jaxiT3/Tabla.htm?t=46292, última consulta: 4/2/2023.

INTERNATIONAL ORGANIZATION FOR STANDARIZATION: *ISO 10993-12:2007, Biological evaluation of medical devices – Part 12: Sample preparation and reference materials*, disponible en: https://www.iso.org/standard/40384.html, última consulta: 23/11/2022.

INTERNET WORLD STATS, *Internet in Europe Stats*, disponible en: https://www.internetworldstats.com/stats4.htm#europe, última consulta: 29/4/2022.

JAAM, M. et al., A Qualitative Exploration of Barriers to Medication Adherence among Patients with Uncontrolled Diabetes in Qatar: Integrating Perspectives of Patients and Health Care Providers, *Patient Preference and Adherence*, 12, 2018, pp. 2205–2216.

JARA, A. J. et al. A Pharmaceutical Intelligent Information System to Detect Allergies and Adverse Drugs Reactions based on Internet of Things, *2010 8th IEEE International Conference on Pervasive Computing and Communications Workshops, PERCOM Workshops*, 2010, pp. 809 – 812.

JARA, A. J. et al., An Internet of Things-Based Personal Device for Diabetes Therapy Management in Ambient Assisted Living (AAL), *Personal and Ubiquitous Computing*, 15 (4), 2011, pp. 431 – 440.

KANE, J. et al., Non-adherence to medication in patients with psychotic disorders: epidemiology, contributing factors and management strategies, *World Psychiatry*, 12 (3), 2013, pp. 216 – 226.

KANE, J.M. et al., First Experience With a Wireless System Incorporating Physiologic Assessments and Direct Confirmation of Digital Tablet Ingestions in Ambulatory Patients With Schizophrenia or Bipolar Disorder, *The Journal of Clinical Psychiatry*, 74 (6), 2013, pp. 533 – 540.

KHAN, Y. et al., Monitoring of Vital Signs with Flexible and Wearable Medical Devices, *Advanced Materials*, 28, 2016, pp. 4373 – 4395.

KIM Y.A. et al., PCV38 Modeling The Impact Of A Digital Health Feedback System In Uncontrolled Hypertensive Patients, *Value in Health*, 17, 2014, A323 – A686.

KIM, Y.A., PMD14 An economic model of the impact of digital medicines with a Mobile *app*lication in patients with Comorbid Hypertension, Diabetes, and Hypercholesterolemia, *Value in health*, 18, 2015, A1-A307.

KLUGMAN, C. M. et al., The Ethics of Smart Pills and Self-Acting Devices: Autonomy, Truth-Telling, and Trust at the Dawn of Digital Medicine, *American Journal of Bioethics*, 18(9), 2018, pp. 38 – 47.

LLAMAZARES FERNÁNDEZ, D., El principio de «subsidiariedad horizontal» en el ordenamiento español, en G. CIMBALO y J. I. ALONSO PÉREZ, *Federalismo, regionalismo e principio di sussidiarietà orizzontale: Le azioni, le strutture, le regole della collaborazione con enti confessionali*, G. Giappichelli Editore: Torino, 2006, pp. 73 – 96.

LUPTON, D., Wearable Devices: Sociotechnical Imagineries and Agential Capacities, en I. PEDERSEN y A. ILIADIS (eds.), *Embodied Computing: Wearables, Implantables, Embeddables, Ingestibles,* The MIT Press, Massachusetts Institute of Technology: Massachusetts, 2020, pp. 50 – 69.

MACHLUP, F. y PENROSE, E., The Patent Controversy in the Nineteenth Century, *The Journal of Economic History,* 10 (1), 1959, pp. 1- 29.

MAGDALENA LAYOS, L., ¿Por qué debería confiar en ti (máquina)? en F. LLEDÓ YAGÜE, I. BENÍTEZ ORTÚZAR, O. MONJE BALMASEDA (dirs.), M.J. CRUZ BLANCA, I. LLEDÓ BENITO (coords.), *La robótica y la inteligencia artificial en la nueva era de la revolución industrial 4.0 (Los desafíos jurídicos, éticos y tecnológicos de los robots inteligentes),* Dykinson: Madrid, 2021, pp. 617 – 641.

MANCHADO FLORES, M.A. Hacia la inclusión digital: una mirada a la rehabilitación psicosocial de personas con trastorno mental, *Trabajo Social Hoy,* 82, 2017, pp. 111 – 134.

MANSFIELD, E., Patents and Inventors: An Empirical Study, *Management Science* 32 (2), 1986, pp. 173 -181.

MARTÍNEZ PIVA, J. M. y TRIPO, F., *Innovación y propiedad intelectual: el caso de las patentes y el acceso a medicamentos,* Naciones Unidas: México, 2019.

MARTÍNEZ VELENCOSO, L. M., *La protección jurídica de la persona en el ámbito de la Biotecnología y del Big Data,* Dykinson: Madrid, 2021.

MATEU-MATEU, J. M. y NAVARRO-GÓMEZ, N., Claves y evidencias del uso de las TIC en trastorno mental grave, *Psychology, Society, & Education,* 7 (1), 2015, pp. 85 – 95.

MAYER-SCHÖNBERGER, V. y CUKIER, K., *Big Data: A revolution that will transform how we live, work and think,* John Murray: London, 2013.

MEDLINE PLUS, *Enfermedades infecciosas*, disponible en: https://medlineplus.gov/spanish/infectiousdiseases.html, última consulta: 24/11/2022.

MEDLINE PLUS, *VIH y SIDA* Disponible en: https://medlineplus.gov/spanish/hivaids.html, última consulta: 24/11/2022.

MEHL, G. et al, Harnessing mHealth in Low-Resource Settings to Overcome Health System Constraints and Achieve Universal Access to Healthcare, en L. A. MARSCH, S. E. LORD y J. DALLERY (eds.), *Behavioral Healthcare and Technology*, Oxford University Press: USA, 2015, pp. 239 – 263.

MEHL, G. et al., Harnessing mHealth in Low-Resource Settings to Overcome Health System Constraints and Achieve Universal Access to Healthcare, en L. A. MARSCH, S. E. LORD y J. DALLERY (eds.), *Behavioral Healthcare and Technology*, Oxford University Press: USA, 2015, pp. 239 – 263.

MEHTA, S. J., et al., Electronic Pill Bottles or Bidirectional Text Messaging to Improve Hypertension Medication Adherence (Way 2 Text): a Randomized Clinical Trial, *Journal of General Internal Medicine*, 34, 2019, pp. 2397 – 2404.

MERCURIO, B., The impact of the Australia-United States free trade agreement on the provision of health services in Australia, *SSRN*, 2005, pp. 1051 – 1100.

MINISTERIO DE DERECHOS SOCIALES Y AGENDA 2030, Informe sobre brecha digital, 2021, disponible en: https://www.mayoresudp.org/wp-content/uploads/2021/07/54461ISAS01-Barómetro-Mayores-2021_I.pdf, última consulta: 4/4/2023.

MINISTERIO DE SANIDAD, SERVICIOS SOCIALES E IGUALDAD, *Informe 2016, Las personas mayores en España: Datos estadísticos estatales y por comunidades autónomas*, 2017, p. 291, disponible en: https://imserso.es/documents/20123/0/112017001_informe-2016-persona.pdf/

e01282c2-cdce-f7ce-bd30-dd627eabc230, última consulta: 4/2/2023.

MINISTERIO DE SANIDAD, SERVICIOS SOCIALES E IGUALDAD. La brecha digital de género en España: Análisis multinivel (España, Europa, Comunidades Autónomas), disponible en: https://www.inmujeres.gob.es/publicacionese-lectronicas/documentacion/Documentos/DE0702.pdf, última consulta, 29/4/2022.

MONROE, J. B. (7 de mayo de 2012), Otsuka Prevails in U.S Abilify Patent *App*eal*, Finnegan,* disponible en: https://www.finnegan.com/en/firm/news/*Otsuka*-prevails-in-u-s-abilify-patent-*app*eal.html., última consulta: 28/4/2022.

MOORHEAD, P. et al., Efficacy and safety of a medication dose reminder feature in a digital health offering with the use of sensor-enabled medicines, *Journal of the American Pharmacists Association,* 30, 2017, pp. 1 – 7.

MORELL OCAÑA, L., La evolución y configuración actual de la actividad administrativa sanitaria, Revista de Administración Pública, (63), 1970, pp. 131 – 165.

MORENO MOLINA, J. A., Discapacidad y ciudadanía digital, en T. DE LA QUADRA SALCEDO y J.L. PIÑAR MAÑAS (eds.), M. BARRIO ANDRÉS y J. TORREGROSA VÁZQUEZ (coords.), *Sociedad Digital y Derecho, Boletín oficial del Estado, Ministerio de Industria, Comercio y Turismo,* RED.ES: Madrid, 2018, pp. 455 – 465.

MORKEN, G. et al., Non-adherence to antipsychotic medication, relapse and rehospitalisation in recent-onset schizophrenia, *BMC Psichiatry,* 8 (32), 2008, pp. 1 – 7.

MORLA GONZÁLEZ, M., El control de la adherencia en el tratamiento de personas mayores a través del empleo de medicamentos digitales, en I. ALKORTA IDIAKEZ (dir.), E. ATIENZA MACÍAS (coord.), *Soluciones tecnológicas para los problemas ligados al envejecimiento: Cuestiones Jurídicas y éticas,* Dykinson: Madrid, 2020, pp. 139 – 162.

MOUTEL, G. et al., The Digital Pill, between Beneficence and Vigilance: Ethical Stakes, *Medecine/Sciences*, 34, 2018, pp. 717–722.

MUELLER, J. M. y CHISUM, D. S., enabling patent law's inherent anticipation doctrine, *Houston Law Review*, 45 (4), 2008, pp. 1101 - 1164.

MUÑOZ VELA, J. M., *Retos, riesgos, responsabilidad y regulación de la inteligencia artificial: Un enfoque de seguridad física, lógica, moral y jurídica*, Aranzadi: Navarra, 2022.

NAIK, R. et al., First Use of an Ingestible Sensor to Manage Uncontrolled Blood Pressure in Primary Practice: The UK Hypertension Registry, *Journal of Community Medicine & Health Education*, 7 (1), 2017, pp. 1 - 5.

NELSON, R. (6 de febrero de2019), Digital Pill May Improve Adherence to Oral Cancer Drugs, *Medscape*, disponible en: https://www.medscape.com/viewarticle/908759 última consulta: 25/11/2022.

NOBLE, K., et al., Medication adherence and activity patterns underlying uncontrolled hypertension: Assessment and recommendations by practicing pharmacists using digital health care, *Journal of the American Pharmacists Association*, 56, 2016, pp. 310 - 315.

NÚÑEZ MONTENEGRO, A. et al., Adherencia al tratamiento en pacientes polimedicados mayores de 65 años con prescripción por principio activo, *Atención Primaria*, 46 (5), 2014, pp. 238 - 245.

OLARTE ENCABO, S., Brecha digital, pobreza y exclusión social, *Temas laborales*, (138), 2017, pp. 285–313, p. 295.

OMC, *Propiedad Intelectual: Protección y Observancia*, disponible en: http://www.wto.org/spanish/thewto_s/whatis_s/tif_s/agrm7_s.htm, última consulta: 28/4/2022.

OMS (1978). *Declaración de ALMA-ATA*, pp. 1 y 2, disponible en: https://www.paho.org/es/documentos/declaracion-alma-ata, última consulta: 25/11/2022.

OMS (31 de julio 2020), *Resistencia a los antibióticos*, disponible en: https://www.who.int/es/news-room/fact-sheets/detail/resistencia-a-los-antibi%C3%B3ticos, última consulta: 25/11/2022.

OMS, *Adherence to long term therapies. Evidence for action*, World Health Organization: Geneva, 2003.

OMS. *Model list of essential medicines*, disponible en: https://list.essentialmeds.org, última consulta: 28/4/2022.

ONU (1 de abril de 2009), *Informe del Relator Especial sobre el derecho de toda persona al disfrute del más alto nivel posible de salud física y mental, Anand Grover, relativo al acceso a los medicamentos*, A/HRC/23/42, disponible en: https://www.ohchr.org/es/documents/reports/report-special-r*app*orteur-right-everyone-enjoyment-highest-attainable-standard-access-medicines, última consulta: 25/11/2022.

ONU (2000), *Declaración del Milenio*, disponible en: https://documents-dds-ny.un.org/doc/UNDOC/GEN/N00/559/54/PDF/N0055954.pdf?OpenElement, última consulta: 27/4/2022.

ONU (2001), *Alto Comisionado para los Derechos Humanos, Access to medication in the context of pandemics such as HIV/AIDS, 2001/33*, disponible en: https://digitallibrary.un.org/record/439985?ln=cs, última consulta: 25/11/2022.

ONU (2015), *La Agenda 2030 y los Objetivos de Desarrollo Sostenible*, disponible en: https://www.un.org/sustainabledevelopment/es/objetivos-de-desarrollo-sostenible/, última consulta: 25/11/2022.

ONU (2016), *Resolución aprobada por el Consejo de Derechos Humanos. El acceso a los medicamentos en el contexto del derecho de toda persona al disfrute del más alto nivel posible de salud física y mental, A/HRC/RES/32/15*, disponible en: https://www.refworld.org.ru/cgi-bin/texis/vtx/rwmain/opendocpdf.pdf?reldoc=y&docid=57e918e14, última consulta: 28/4/2022.

ONU, CEDAW (1999), Recomendación General Nº 24, La mujer y la salud, disponible en: http://www.acnur.org/t3/fileadmin/Documentos/BDL/2001/1280.pdf?view=1, última consulta: 27/4/2022;

ONU, CESCR (2000), *Observación general Nº 14: El derecho al disfrute del más alto nivel posible de salud,* disponible en: https://www.refworld.org/docid/4538838d0.html; última consulta: 28/4/2022;

ONU, CESCR (2005), *Observación general Nº 17: El derecho de toda persona a beneficiarse de la protección de los intereses morales y materiales que le correspondan por razón de las producciones científicas, literarias o artísticas de que sea autor(a) (apartado c) del párrafo 1 del artículo 15 del Pacto,* párr. 1, disponible en: https://www.refworld.org.es/publisher,CESCR,GENERAL,,47ebcb822,0.html, última consulta: 25/11/2022.

ONU, CESCR (2016), *Observación general Nº 22, relativa al derecho a la salud sexual y reproductiva (artículo 12 del Pacto Internacional de Derechos Económicos, Sociales y Culturales),* disponible en: http://docstore.ohchr.org/SelfServices/FilesHandler.ashx?enc=4slQ6QSmlBEDzFEovLCuW1a0Szab0oXTdImnsJZZVQfQejF41Tob4CvIjeTiAP6sU9x9eXO0nzmOMzdytOOLx1%2BaoaWAKy4%2BuhMA8PLnWFdJ4z4216PjNj67NdUrGT87, última consulta: 28/4/2022;

ONU, COMITÉ DE LOS DERECHOS DEL NIÑO (2013), *Observación general Nº 15 sobre el derecho del niño al disfrute del más alto nivel posible de salud* (artículo 24), disponible en: disponible en: http://docstore.ohchr.org/SelfServices/FilesHandler.ashx?enc=6QkG1d%2FPPRiCAqhKb7yhsqIkirKQZLK2M58RF%2F5F0vHCIs1B9k1r3x0aA7FYrehlsj%2FQwiEONVKEf8BnpvEXSl7WLpnaEMIpupYgu9Jcq5Jnl6KhXRgZtqhSh9BZY9KH, última consulta: 28/4/2022.

OSTERBERG, L. et al., First clinical evaluation of a digital health offering to optimize treatment in patients with uncontrolled hypertension and type 2 diabetes, *Journal of the American College of Cardiology,* 67 (13), 2019.

OSTERBERG, L. y BLASCHKE, T., Adherence to Medication, *New England Journal of Medicine,* 335 (5), 2005, pp. 487-497.

OTSUKA (1 de enero de 2018), *Ablify MyCite system Terms of Use, Privacy Notice, and Authorization & Consent. Patient authorization & consent,* disponible en: https://www.*Otsuka*-us.com/media/static/Abilify-Mycite-Patient-Consent.pdf, última consulta: 25/11/20221

OTSUKA (24 de agosto de 2020), *Otsuka America Pharmaceutical, Inc., purchases the assets of Proteus Digital Health, Inc.,* disponible en: https://www.*Otsuka*-us.com/discover/proteus-assets-purchase, última consulta: 23/11/2022.

OTSUKA (31 de marzo de 2014), *Annual Report 2014,* p. 17 y p. 40, disponible en: https://www.*Otsuka*.com/en/ir/library/pdf/annual/2014_all.pdf., última consulta: 28/4/2022.

OTSUKA PHARMACEUTICAL CO. LTD, *Medication Guide. Abilify MyCite* (2002), disponible en: https://www.accessdata.fda.gov/drugsatfda_docs/label/2017/207202lbl.pdf, última consulta: 24/11/2022.

OTSUKA PHARMACEUTICAL CO. LTD., (14 de noviembre de 2017), Otsuka And Proteus® Announce The First U.S. FDA *App*roval Of A Digital Medicine System: ABILIFY MYCITE® (aripiprazole tablets with sensor), *News Releases,* disponible en: https://www.*Otsuka*.co.jp/en/company/newsreleases/2017/20171114_1.html, última consulta: 24/11/2022;

OTSUKA PHARMACEUTICAL CO., LTD., (14 de noviembre de 2017), Otsuka and Proteus Announce the First U.S. FDA Approval of a Digital Medicine System: ABILIFY MYCITE® (aripiprazole tablets with sensor), *News Releases,* disponible en: https://www.otsuka.co.jp/en/company/newsreleases/2017/20171114_1.html, última consulta: 25/11/2022.

OTSUKA PHARMACEUTICAL Co., Ltd., disponible en: https://www.*Otsuka*.co.jp/en/, última consulta: 23/11/2022.

OTSUKA. (1 de enero de 2018), *Ablify MyCite system Terms of Use, Privacy Notice, and Authorization & Consent,* disponible en: https://www.otsuka-us.com/products-solutions-and-patient-support/abilify-mycite-information, última consulta: 25/11/2022.

PAGÈS-PUIGDEMONT, N. y VALVERDE-MERINO, M. A., Métodos para medir la adherencia terapéutica, *Ars Pharmaceutica,* 59 (3), 2018, pp. 163 – 172.

PAGLIARI, C. et al., What is eHealth? A Scoping Exercise to Map the Field, *Journal of Medical Internet Research,* 7 (1), 2005, pp. 1 – 20.

PALOP LARREA, V. y MARTÍNEZ MIR, I., Adherencia al tratamiento en el paciente anciano, *Información terapéutica del sistema Nacional de Salud,* 25 (5), 2004, pp. 113 – 120.

PANHUYS, H. F. et al., Organisation for Economic Co-Operation and Development, *International Organisation and Integration,* 1968, pp. 1018–1023.

PASHKOV, V. et al., Medical device software: defining key terms, *Wiadomośći lekarskie,* 69 (6), 2015, pp. 813 – 817.

PASTOR BERMEJO, A. (10 de agosto de 2020), La pandemia de sida, una alarma sanitaria marcada por el estigma social, *Infolibre,* disponible en: https://www.infolibre.es/veranolibre/pandemia-sida-alarma-sanitaria-marcada-estigma-social_1_1186277.html, última consulta: 24/11/2022.

PATERSON, D. L. et al., Adherence to Protease Inhibitor Therapy and Outcomes in Patients with HIV Infection, *Annals of Internal Medicine,* 133 (1), 2000, pp. 21 – 30.

PEDERSEN, I., Will the Body Become a Platform? Body Networks, Datafied Bodies, and AI Futures, en I. PEDERSEN y A. ILIADIS (eds.), *Embodied Computing: Wearables, Implant-*

ables, Embeddables, Ingestibles, The MIT Press, Massachusetts Institute of Technology: Massachusetts, 2020, pp. 21 – 47.

PÉREZ DÍAZ, J. et al., Un perfil de las personas mayores en España, 2020. Indicadores estadísticos básicos, *Informes: Envejecimiento en red,* 25, 2020.

PETRAKAKI, D. et al., Between Empowerment and Self-Discipline: Governing Patients' Conduct through Technological Self-Care', *Social Science and Medicine,* 213, 2018, pp. 146–53.

PFIZER, *La adherencia al tratamiento: Cumplimiento y constancia para mejorar la calidad de vida,* disponible en: http://envejecimiento.csic.es/documentos/documentos/pfizer-adherencia-01.pdf., última consulta: 28/4/2022.

POLLICINO, O. et al., M-Health at the Crossroads between the Right to Health and the Right to Privacy, en M. IENCA, O. POLLICINO, L. LIGUORI, E. STEFANINI, R. ANDORNO (eds.), *Information technology, life sciences and human rights,* Cambridge University Press: UK, 2022, pp. 11 – 25.

POLLICINO, O., The Right to Internet Access. A Comparative Constitutional Legal Framework, en M. IENCA, O. POLLICINO, L. LIGUORI, E. STEFANINI, R. ANDORNO (eds.), *Information technology, life sciences and human rights,* Cambridge University Press: UK, 2022, pp. 125 – 138.

POLONSKY, W. H. et al., Poor Medication Adherence in Type 2 Diabetes: Recognizing the Scope of the Problem and Its Key Contributors, *Patient Preference and Adherence,* 10, 2016, pp. 1299 – 1306.

PRENDERGAST, M.B. y GASTON, R.S., Optimizing Medication Adherence: An Ongoing Opportunity To Improve Outcomes After Kidney Transplantation, *Clinical Journal of the American Society of Nephrology,* 5 (7), 2010, pp. 1305 – 1311.

PROTEUS DIGITAL HEALTH (2016), *Proteus Digital Health Feedback Device: Instructions for Use,* disponible en: https://www.proteus.com/wp-content/uploads/2017/03/LBL-

0171-Rev-6-IFU-Proteus-Digital-Health-Feedback-Device-DW5.pdf, última consulta: 15/5/2020.

PROTEUS DIGITAL HEALTH (21 de abril de 2010), Proteus Announces FDA Clearance of Wireless Personal Health Monitor, *Proteus Press Releases,* disponible en: https://www.proteus.com/press-releases/proteus-announces-fda-clearance-of-wireless-personal-health-monitor/, última consulta: 24/11/2022.

PROTEUS DIGITAL HEALTH (7 de febrero de 2014), *510(k) Summary,* disponible en: https://www.accessdata.fda.gov/cdrh_docs/pdf13/K133263.pdf, última consulta: 24/11/2022.

PROTEUS DIGITAL HEALTH®. (2016). DigiMeds Data Demonstrates 99% of Hepatitis C Patients at High Risk for Nonadherence Achieved a Cure, *Proteus Press Releases,* disponible en: https://www.proteus.com/press-releases/proteus-digital-health-digimeds-data-demonstrates-99-of-hepatitis-c-patients-at-high-risk-for-nonadherence-achieved-a-cure/, última consulta 20/5/2020.

RAMÍREZ, V. et al., Assessing the Use of Mobile Health Technology by Patients: An Observational Study in Primary Care Clinics, *JMIR Mhealth and Uhealth,* 4 (2), 2016, pp. 1- 10.

RANCHORDÁS, S., Connected but Still Excluded? Digital Exclusion beyond Internet Access, en M. IENCA, O. POLLICINO, L. LIGUORI, E. STEFANINI, R. ANDORNO (eds.), *Information technology, life sciences and human rights,* Cambridge University Press: UK, 2022, pp. 244 – 257.

REUTER, E. (9 de diciembre de 2019), New 'smart pill' maker gains FDA *app*roval, *MedCityNews,* disponible en: https://medcitynews.com/2019/12/new-smart-pill-maker-gains-fda-*app*roval/, última consulta: 25/11/2022.

REYNOLDS, A. y OSBORNE, T. F., Promoting Technology Adoption and Engagement in Aging, en D. CHAU y T.F.

OSBORNE (eds.), *Using Technology to Improve Care of Older Adults*, Springer: New York, 2018, pp. 19 – 38.

RICART, E. et al., Current Major Changes in Aging and Targets for Technology, en D. CHAU, T, G. OSBORNE, (eds.), *Critical topics in aging society. Using Technology to Improve Care of Older Adults*, Springer: New York, 2018, pp. 1 – 18.

RIOJA SALUD, *Enfermedades cardiovasculares*, disponible en: https://www.riojasalud.es/servicios/cardiologia/articulos/enfermedades-cardiovasculares, última consulta: 25/11/2022.

ROBBINS, R. (17 de enero de 2019), A 'digital pill' for cancer patients is rolled out for the first time, in hopes of improving outcomes, *STAT*, disponible en: https://www.statnews.com/2019/01/17/a-digital-pill-for-cancer-patients-is-rolled-out-for-the-first-time-in-hopes-of-improving-outcomes/, última consulta: 28/4/2022.

RODRÍGUEZ GALLARDO, A., *Brecha digital y sus determinantes*, Universidad Autónoma de México: México, 2006.

RODRÍGUEZ, C. (8 de febrero de 2018), ¿Por qué es importante investigar la adherencia al tratamiento en la práctica clínica?, *Adherencia & Cronicidad & Pacientes*, disponible en: https://www.adherencia-cronicidad-pacientes.com/adherencia/por-que-es-importante-investigar-la-adherencia-al-tratamiento-en-la-practica-clinica/, última consulta: 28/4/2022.

ROMÁN-GRAVÁN, P. et al., Envejecimiento activo y uso de internet para mejorar la calidad de vida de las personas mayores, *Revista de Medios y Educación*, 60, 2021, pp. 109 - 134.

ROVIRA, J., Innovación y acceso a los medicamentos: ¿necesitamos un compromiso entre objetivos o un cambio de paradigma?, en: X. SEUBA (coord.), *Salud pública y patentes farmacéuticas: Cuestiones de Economía, política y derecho*, Bosch Mercantil: Barcelona, pp. 43 – 70.

RÜBSAMEN, K. y SAKELLARIOU, S., (12 de agosto de 2015), Mobile health apps: Are they a regulated medical device?, *White & Case Technology Newsflash*, disponible en: https://www.whitecase.com/publications/article/mobile-health-*apps*-are-they-regulated-medical-device, última consulta: 25/11/2022.

SACHS, J., The Global Innovation Divide, en A. B. JAFFE, J. LERNER, S. STERN, *Innovation Policy and the Economy*, vol. 3, 2003, pp. 131 – 141.

SAEED, S.A. y MASTERS, R.M., Disparities in Health Care and the Digital Divide, *Current Psychiatry Reports*, 23(9), 2021, pp. 1 – 6..

SANSONE, R. A. y SANSONE, L. A., Antidepressant Adherence: Are Patients Taking Their Medications? *Innovations in CLINICAL NEUROSCIENCE*, 9 (5 – 6), 2012, pp. 41 – 46.

SANTISTEBAN GALARZA, M., Redes sociales y personas mayores. Un planteamiento jurídico desde la obligación de promover el envejecimiento activo, en I. ALKORTA IDIAKEZ (dir.), E. ATIENZA MACÍAS (coord.), *Soluciones tecnológicas para los problemas ligados al envejecimiento. Cuestiones Jurídicas y* éticas, Dykinson: Madrid, 2020, pp.163 – 181.

SCOOTER PLOWMAN, R. et al., Digital medicines: clinical review on the safety of tablets with sensors, *Expert Opinion on Drug Safety*, 17 (9), 2018, pp. 849-852.

SE HEALTHCARE. *The Impact of Technology in the Healthcare Sector*, disponible en: https://www.sehealthcarequalityconsulting.com/2020/07/21/the-impact-of-technology-in-the-healthcare-sector/, última consulta: 29/4/2022.

SEUBA HERNÁNDEZ, X., *La protección de la salud ante la regulación internacional de los productos farmacéuticos*, Marcial Pons, Ediciones Jurídicas y Sociales: Madrid, 2010.

SHACKELFORD, S. J., *The Internet of Things: what everyone needs to know*, Oxford University Press: USA, 2020.

SHAFFER, D. W. et al., What is Digital Medicine? en R.G. BUSHKO (ed.), *Future of Health Technology*, IOS Press: Amsterdam, 2002, pp. 195-204.

SHAW, R. J. et al., Mobile Health Devices: Will Patients Actually Use Them?, *Journal of the American Medical Informatics Association*, 23 (3), 2016, pp. 462 – 466.

SOCIEDAD ESPAÑOLA DE GERIATRÍA Y GERONTOLOGÍA, *Guía de buena práctica en geriatría. Farmacología y envejecimiento. Los medicamentos en las personas mayores*, 2015, disponible en: https://www.segg.es/media/descargas/GBPCG_Farmacologia.pdf, última consulta: 4/2/2023.

SONG, C.H. y HAN, J.W., Patent cliff and strategic switch: exploring strategic design possibilities in the pharmaceutical industry, *SpringerPlus*, 5 (1), 2016, pp. 692 – 706.

SPANAKIS, P. et al., Measuring the digital divide among people with severe mental ill health using the essential digital skills framework, *Perspectives in public Health*, 2 (10), 2022, pp. 1 – 10.

STEVENSON, F. A. et al., A systematic review of communication between patients and health providers about medicine taking and prescribing, *GKT Concordance Unit*, Kings College, 2004.

STIGLITZ, J. E., Knowledge as a Global Public Good, en I. KAUL, I. GRNBERG y M. STERN (eds.), *Global Public Goods*, Oxford University Press: Nueva York, 1999, pp. 308 – 325.

SULKOWSKI, M.S. et al., 1554 Efficacy and adherence to oral Hepatitis C (hcv) treatment through a digital medicine program (dmp) among a population at high risk for nonadherence (Conference paper, 12 de noviembre de 2019), disponible en: https://plan.core8-*apps*.com/tristar_aasld19/abstract/0b8716de6c519b8c26b6b46a115476e6, última consulta: 24/11/2022.

SULLIVAN, S. et al., Impact of a Novel Digital Medicine Program on Adherence and Utilization in Pediatric Transplant Patients, *2019 American Transplant Congress*, disponible en:

https://atcmeetingabstracts.com/abstract/impact-of-a-novel-digital-medicine-program-on-adherence-and-utilization-in-pediatric-transplant-patients, última consulta: 25/11/2022.

SUSMAN, E. (24 de julio de 2018), Tech-Driven Adherence Monitoring Comes to HIV –Embedded sensor tells whether patients take their meds, *MedPageToday*. disponible en: https://www.medpagetoday.com/meetingcoverage/iac/74200, última consulta: 25/11/2022.

TARODO SORIA, S. Libertad de conciencia y servicios sanitarios prestados por entes confesionales concertados con el Estado, en A. DE OTTO y F. BOTTI (eds.), *Federalismo fiscale, principio di sussidiarietà e neutralità dei servizi sociali erogati. Esperienze a confronto*, Bolonia University Press: Bolonia, 2007.

TARODO SORIA, S., Perspectiva intercultural y participación en el sistema de servicios sociales del Ayuntamiento de Barcelona, en, A. CASTRO JOVER (ed.). *Asistencia social, participación y reconocimiento de la diversidad: un estudio comparado entre comunidades autónomas*. Aranzadi: Pamplona, 2016, pp. 231 – 264.

THOMAS, J. R., Patent "Evergreening": Issues in Innovation and Competition, *Congressional Research Service*, 2009.

TOROUS, J. et al., The New Digital Divide for Digital Biomarkers, *Digital Biomarkers*, 1 (1), 2017, pp. 87 – 91.

TOROUS, J. et al., The New Digital Divide for Digital Biomarkers... cit., p. 90.

TOROUS, J. y WEISS ROBERTS, L., Needed Innovation in Digital Health and Smartphone *Applications* for Mental Health Transparency and Trust, *JAMA Psychiatry*, 74 (5), 2017, pp. 437 – 438.

TRIPLETT, K.N. et al., Digital medicine program with pediatric solid organ transplant patients: Perceived benefits and challenges, *Pediatric Transplantation*, 23 (7), 2019, pp. 1 – 12.

TUDOR HART, J., The Inverse Care Law, *The Lancet*, 297 (7696), 1971, pp. 405 – 441.

TURCU, C. E. y TURCU, C. O., Internet of Things as Key Enabler for Sustainable Healthcare Delivery, The 2nd International Conference on Integrated Information, *Procedia Social and Behavioral Sciences*, (73), 2013, pp. 251 – 256.

U.S. DEPARTMENT OF HEALTH AND HUMAN SERVICES, FOOD AND DRUG ADMINISTRATION; CENTER FOR DEVICES AND RADIOLOGICAL HEALTH, OFFICE OF DEVICE EVALUATION, OFFICE OF *IN VITRO* DIAGNOSTICS; CENTER FOR BIOLOGICS EVALUATION AND RESEARCH, OFFICE OF BLOOD RESEARCH AND REVIEW (11 de mayo de 2005), *Guidance for the Content of Premarket Submissions for Software Contained in Medical Devices*, pp. 2 – 3, disponible en: https://www.fda.gov/media/73065/download, última consulta: 25/11/2022.

U.S. DEPARTMENT OF HEALTH AND HUMAN SERVICES, FOOD AND DRUG ADMINISTRATION; CENTER FOR DEVICES AND RADIOLOGICAL HEALTH; CENTER FOR BIOLOGICS EVALUATION AND RESEARCH (21 de julio de 2011), *Draft Guidance for Industry and Food and Drug Administration Staff: Mobile Medical Applications*, pp. 5 – 6, disponible en: https://www.federalregister.gov/documents/2011/07/21/2011-18537/draft guidance-for-industry-and-food-and-drug-administration-staff-mobile-medical-*app*lications, última consulta: 25/11/2022.

U.S. DEPARTMENT OF HEALTH AND HUMAN SERVICES, FOOD AND DRUG ADMINISTRATION; CENTER FOR DEVICES AND RADIOLOGICAL HEALTH; CENTER FOR BIOLOGICS EVALUATION AND RESEARCH (27 de septiembre de 2019), *Policy for Device Software Functions and Mobile Medical Applications: Guidance for Industry and Food and Drug Administration Staff*, disponible en: https://www.fda.gov/media/80958/download, última consulta: 25/11/2022.

U.S. DEPARTMENT OF HEALTH AND HUMAN SERVICES, FOOD AND DRUG ADMINISTRATION; CENTER FOR DEVICES AND RADIOLOGICAL HEALTH, OFFICE OF DEVICE EVALUATION, OFFICE OF IN VITRO DIAGNOSTICS; CENTER FOR BIOLOGICS EVALUATION AND RESEARCH, OFFICE OF BLOOD RESEARCH AND REVIEW (28 septiembre 2022), *Policy for Device Software Functions and Mobile Medical Applications Guidance for Industry and Food and Drug Administration Staff*, disponible en: https://www.fda.gov/regulatory-information/search-fda-guidance-documents/policy-device-software-functions-and-mobile-medical-applications última consulta: 16/4/2023.

UELMEN, S. y MACLEOD, J., Diabetes technologies to support behavior change: challenges and opportunities, en D. C. KLONOFF, D. KERR, S. A. MULVANEY (eds.), *Diabetes Digital Health*, Elsevier: India, 2020, pp. 25 – 36.

UNICEF, *La brecha digital impacta en la educación*, disponible en: https://www.unicef.es/educa/blog/covid-19-brecha-educativa, última consulta: 29/4/2022.

UNITED STATES CONGRESS, *Hearing before the subcommittee on health of the Committee on energy and commerce house of representatives, one hundred thirteenth congress, first session, November 19, 2013. Serial No. 113 – 99.* disponible en: https://books.google.es/books?id=rm_GlZmIFrMC&pg=PA14&lpg=PA14&dq=Draft+Draft+Guidance+for+Industry+and+Food+and+Drug+Administration+Staff:+Mobile+Medical+*App*lications&source=bl&ots=1DS0fupO4D&sig=ACfU3U3WkAXUfA7DXoc9IP0JZHA02OT0jA&hl=es&sa=X&ved=2ahUKEwjZquDB1IvpAhUMLBoKHeNlD8E4ChDoATAAegQIChAB#v=onepage&q=Draft%20Draft%20Guidance%20for%20Industry%20and%20Food%20and%20Drug%20Administration%20Staff%3A%20Mobile%20Medical%20*App*lications&f=false, última consulta: 25/11/2022.

US CENSUS BUREAU (2016). *An aging world: 2015.* Washington, DC: Government Printing Office.

VALLEJOS, X. y WU, C., Digital Medicine: Innovative Drug-Device Combination as New Measure of Medication Adherence, *Journal of Pharmacy Technology*, 33 (4), 2017, pp. 137 – 139.

VAN NORMAN, G. A., Drugs and Devices Comparison of European and U.S., *Approval Processes, JACC: Basic to Translational Science,* 1 (5), 2016, pp. 399 – 412.

VAN NORMAN, G. A., Drugs, Devices, and the FDA: Part 2 An Overview of Approval Processes: FDA *App*roval of Medical Devices, *JACC: Basic to Translational Science,* 1 (4), 2016, pp. 277 – 287.

VAN UEM, J. M. T. et al., Twelve-Week Sensor Assessment in Parkinson's Disease: Impact on Quality of Life, *Movement Disorders,* 0 (0), 2016, pp. 1-2.

VARELA FERRÍO, J., *La Brecha Digital en España.* UGT Comunicaciones: España.

VAYENA, E. et al., Digital health: meeting the ethical and policy challenges, *Swiss Medical Weekly,* (148), 2018, w14571.

VIRDI, N. et al., P134 Optimizing treatment in patients with uncontrolled hypertension and type 2 diabetes by using a digital health offering, *Journal of the American Society of Hypertension,* 10 (4s), 2016, e56-e73.

VIRDI, N. S., Digital Medicines to Measure Drug Ingestion Adherence, en M. BURNIER (ed.), *Drug Adherence in Hypertension and Cardiovascular Protection,* Springer: Switzerland, 2018, pp. 87-98.

WAMSLEY, L. (14 de noviembre de 2017), FDA Approves First Digital Pill That Can Track Whether You've Taken It, *NPR,* disponible en: https://www.npr.org/sections/thetwo-way/2017/11/14/564112345/fda-approves-first-digital-pill-that-can-track-if-youve-taken-it, última consulta: 25/11/2022.

WHO, *mHealth: New horizons for health through mobile technologies*, World Health Organization: Geneva, 2011.

WHO. *Active ageing: a policy framework*, 2003, disponible en: https://extranet.who.int/agefriendlyworld/wp-content/uploads/2014/06/WHO-Active-Ageing-Framework.pdf, última consulta: 3/2/2023.

WORLD HEALTH ORGANISATION, *Adherence to long-term therapies: evidence for action*, Ginebra, Suiza, 2003.

WORLD HEALTH ORGANIZATION, *Diabetes*, disponible en: https://www.who.int/es/news-room/fact-sheets/detail/diabetes, última consulta: 25/11/2022.

WORLD HEALTH ORGANIZATION, *HIV*, disponible en: https://www.who.int/news-room/fact-sheets/detail/hiv-aids, última consulta: 24/11/2022.

WORLD HEALTH ORGANIZATION, *Hypertension*, disponible en: https://www.who.int/news-room/fact-sheets/detail/hypertension, última consulta: 25/11/2022.

WORLD HEALTH ORGANIZATION, *Infectious diseases*, disponible en: https://www.emro.who.int/health-topics/infectious-diseases/index.html, última consulta: 24/11/2022.

WORLD HEALTH ORGANIZATION. *Hepatitis-C*, disponible en: https://www.who.int/es/news-room/fact-sheets/detail/hepatitis-c, última consulta: 25/11/2022.

YACH, D., Tuberculosis in the western cape health region of South Africa, *Social & Science Medicine*, 27 (7), 1988, pp. 683 – 689.

YANG, G. et al., *Body sensor networks*, Springer: London, 2014m.

ZULLIG, L. L. et al, Applying Technology to Medication Management and Adherence, en L. A. MARSCH, S. E. LORD y J. DALLERY (eds.), *Behavioral Healthcare and Technology*, Oxford University Press: USA, 2015, pp. 81 – 94.